LE

PATISSIER MODERNE

ou

TRAITÉ ÉLÉMENTAIRE ET PRATIQUE

DE LA PATISSERIE FRANÇAISE AU XIXe SIÈCLE.

Paris. Imprimerie Preve et Compagnie, rue J.-J.-Rousseau, 15.

LE
PATISSIER MODERNE

OU

TRAITÉ

ÉLÉMENTAIRE ET PRATIQUE

DE LA PATISSERIE FRANÇAISE

AU DIX-NEUVIÈME SIÈCLE

PAR

LOUIS BAILLEUX.

PARIS

CHEZ L'AUTEUR, BOULEVARD MONTMARTRE, 3

ET CHEZ TOUS LES LIBRAIRES.

1856

A M. A. CINTRACT

Ex-Chef et Fondateur de la Maison Frascati

ACTUELLEMENT CORRESPONDANT DE LA PATISSERIE FRANÇAISE.

Mon cher Maitre,

En vous dédiant ce livre et en le plaçant sous vos auspices, j'accomplis un devoir et j'obéis en même temps aux secrètes inspirations de mon cœur. En effet, qui, mieux que vous, saurait apprécier les immenses ramifications d'un art au progrès duquel vous avez voué votre vie? Quel autre pourrait revendiquer la gloire d'avoir élevé cette belle industrie au point où nous la voyons aujourd'hui?

Quant à ce qui m'est personnel, et pour expliquer les sympathies qui m'ont toujours entraîné vers vous, laissez-moi vous rappeler que depuis longtemps déjà j'ai l'honneur de vous compter au nombre de mes amis. Cette amitié, dont je m'honore, remonte à 1838, époque à laquelle vous commenciez la fortune de la maison Frascati.

Toujours votre admirateur et désireux de profiter des leçons d'un praticien tel que vous, mon attachement pourrait tout d'abord paraître intéressé si je ne m'empressais de constater ici que mon affection s'adresse autant au mérite de l'artiste qu'aux qualités de l'honnête homme.

Quelque répugnance que j'aie à parler de moi, je crois utile cependant d'expliquer que si je possède aujourd'hui quelque valeur, c'est à vous que je le dois ; mon expérience a, pour ainsi dire, grandi à l'abri de la vôtre ; vos sages conseils, qui ne m'ont jamais manqué, vos exemples, ont fait développer chez moi ce besoin d'étudier qui, je le crois, fait seul les vrais artistes, et j'ose dire que cette pensée que je marchais dans le sentier tracé par vous a été pour une bonne part dans la persévérance que j'ai mise à mener à bonne fin l'œuvre que je livre aujourd'hui à la publicité.

Si j'ai un instant douté du succès de mon ouvrage, je vous avoue, mon cher Maître, que ce doute s'est évanoui dès que j'ai eu cette heureuse et juste pensée de le placer sous votre patronage.

Recevez, je vous prie, la nouvelle expression de mes sentiments affectueux.

Votre tout dévoué,

Louis BAILLEUX.

PRÉFACE.

La Pâtisserie, qui est devenue dans nos goûts et nos habitudes un besoin de tous les jours, a pris depuis une vingtaine d'années une si grande extension, s'est mise tellement au niveau d'un art nouveau, qu'il nous a semblé nécessaire, pour en faire connaître toutes les ramifications, d'en retracer avec soin toutes les recettes dans un ouvrage spécial.

Dans le principe, la Pâtisserie n'avait été qu'un accessoire de l'art culinaire; aussi, dans tous les écrits qui ont été publiés jusqu'à ce jour sur cette matière, a-t-on généralement fait de regrettables confusions, et le plus souvent on n'a donné de la Pâtisserie qu'un léger aperçu, que l'on prenait soin de reléguer à la fin des ouvrages de cuisine.

Tous ces ouvrages, y compris ceux de Carême (bien que ces derniers soient fort étendus), n'ont donné que bien faiblement une idée réelle de cet art, enfant de notre siècle, négligé pendant longtemps. Nos devanciers l'ont traité trop légèrement pour que nous puissions suivre avec succès les recettes qu'ils nous ont léguées. Carême lui-même, habitué comme cuisinier au travail des grandes maisons bourgeoises où l'économie n'était pas recommandée, nous met dans l'impossibilité de rien exécuter d'après ses écrits. En effet, il n'y est question que de grandes opérations et de pièces fabuleuses qu'il serait fort difficile de construire; il faut aujourd'hui avec peu faire beaucoup d'effet; de là, la nécessité d'améliorer en laissant de côté les détails inutiles ; car, en simplifiant le travail, il deviendra moins coûteux et l'exécution n'en sera que meilleure.

Carême et tant d'autres n'ont donc laissé que des ouvrages obscurs et amplifiés et peu propres à nos contemporains. Il est juste de reconnaître pourtant qu'à l'époque où le maître écrivait ses mémoires, l'art de la Pâtisserie, encore dans l'enfance, se restreignait dans un cercle fort étroit ; lui-même, chef habile, homme expérimenté, se connaissait trop peu aux exigences de la vente de détail, devenue si importante de nos jours, pour avoir pu donner des notes très précises.

Nos premiers pas ont cependant été guidés dans la carrière par son ouvrage intitulé : le *Pâtissier parisien*. Nous lui savons le plus grand gré d'avoir été notre premier maître ; mais nous osons dire qu'ayant acquis par une longue pratique une expérience consommée, nous avons reconnu l'insuffisance de ses recettes, qui, en raison du progrès, se trouvent aujourd'hui complètement délaissées.

Et d'ailleurs, il est à remarquer que ces ouvrages n'ont pas été écrits par le maître, par l'homme pratique, mais bien par un écrivain à gages, lequel, pour arriver à faire un gros volume, s'est cru obligé, pour obtenir ce résultat, de traiter divers sujets le plus souvent étrangers à la matière. Le novice et même le praticien cherchent en vain dans les beaux récits, dans les anecdotes, les renseignements dont ils ont besoin. Il arrive, parfois, qu'on est forcé d'intervertir l'emploi des substances, attendu que le mode de travail, si coûteux autrefois, a subi de nos jours de notables améliorations.

Selon moi, pour être compris de tous, il faut se mettre à la portée de tous ; pour arriver à la pratique, il faut écrire cette pratique, et rappeler dans les moindres détails le doigt du praticien. De cette manière, on trouve le renseignement aussitôt qu'on le cherche, et l'exécution devient alors facile. Voilà l'idée principale qui m'a préoccupé en écrivant ce livre. Les soins et les veilles qu'il m'a coûtés seront mille fois récompensés si, en atteignant le succès après lequel j'aspire, on veut bien me rendre cette justice de reconnaitre que j'ai été utile à mes contemporains.

Il y a vingt ans que j'exerce l'art sur lequel j'écris aujourd'hui ; pendant ce même laps de temps, j'ai étudié le dessin ; enfin, grâce à ma persévérance de chaque jour, j'ai pu réunir ici toutes les notes que j'ai recueillies et donner le modèle de toutes les pièces que j'ai édifiées dans ma longue carrière tant à Paris que dans les principales villes de France. On reconnaitra dans mes recettes et dans mes dessins les idées de tous les innovateurs de notre époque ; je les reproduits avec exactitude et dans leurs moindres détails, et les rends par ce fait des plus faciles à exécuter.

Toutes les recettes contenues dans cet ouvrage sont le résultat positif de mon expérience ; toutes ont été employées avec le plus grand succès et la plus grande économie ; j'en garantis l'exactitude et la réussite si l'on observe scrupuleusement le mode de travail que je prescris à chaque article, ainsi que la qualité des ingrédiens nécessaires à leur confection.

Je pense n'avoir rien omis qui pût avoir trait à la pâtisserie et au dessert en général ; j'ai réuni dans ce volume quatorze cents articles, divisés suivant leurs catégories, en douze chapitres, qui contiennent chacun les détails les plus minutieux et du plus grand intérêt.

Cet ouvrage, par son esprit simple et vrai, a été apprécié par des hommes compétents et qui n'ont pas hésité à lui prédire un beau succès. Avouons, en effet, qu'il sera d'un très grand secours aux personnes qui s'occupent de l'art culinaire : les Pâtissiers, Chefs de Cuisine, Maitres d'Hôtel, Chef d'Office, Glaciers et Confiseurs, pourront y gagner un surcroit de capacité, qui pourra les placer à la tête d'excellentes maisons. Les cuisinières même, en étudiant nos principes, doivent espérer un avenir meilleur en augmentant la somme de leurs connaissances et en voyant par là s'ouvrir pour elles les maisons importantes dont la préférence leur sera nécessairement acquise ; enfin, les maitresses de maison ne trouveront-elles point dans notre livre les moyens de se distraire ? Ne sait-on pas, au reste, quel prix acquiert un entremets fin et délicat préparé par une main charmante et savouré par des convives aimables ?

Je croirais manquer de reconnaissance si je ne citais en tête de mon livre le nom de ceux qui, en Pâtisserie, se sont le plus distingués depuis vingt ans ; ce sont principalement : MM. Chiboust, Jullien, Piché, Magnan, Haudricour dit Frascati, Lançon, Audry dit Félix, Quillet, Rollet, Vincent et beaucoup d'autres, qui, par des efforts constants, ont rendu de véritables services à l'art.

Ces praticiens ont d'autant plus de mérite, qu'ils ne sont arrivés à une juste renommée et à former des établissements de premier ordre que par des efforts soutenus et grâce à une intelligence particulière. J'ai puisé souvent chez eux, et leur école m'a fourni bon nombres d'idées et de recettes ; je leur en sais gré à plusieurs titres, et je me plais ici à leur en rendre hommage.

Louis BAILLEUX.

TERMES TECHNIQUES.

Assembler, — réunir.
Appareil, — apprêts et mélanges.
Amalgamer, — mêler.
A blanc, — four entièrement doux.
Accessoires, — ustensiles.
Atre du four, — foyer.
Araser, — mettre de niveau.
Abaisse, — pâte qui fait le fond de toute pâtisserie.
Abaisser, — étendre la pâte avec le rouleau.
A plat, — attirer la braise au milieu du four.
Arracher, — détacher avec effort.
Autel du four, — plate-forme en avant du four.
Allume, — bois pour éclairer le four et qui se met en bouche.
Affaisser, — abaisser.
Agglomérer, — former en pelotte.
Bain-Marie, — eau chaude où l'on met un vase.
Bassin, — ustensile en cuivre à l'usage des blancs d'œufs.
Bouche du four, — entrée du four.
Bassine, — grand bassin.
Brillanter, — donner du brillant.
Brochette, — petite broche.
Blanchir, — mettre à l'eau bouillante pour ensuite marquer en cuisson.
Blanc pour cuisson, — préparation de farine, eau et sel.
Biseau, — outil.
Bombe, — moule.
Bande, — abaisse qui forme les parois des pâtés, tourtes, etc.
Bander, — placer la bande.
Barder, — application de lames de lard.

Beurrer, — enduire de beurre.
Bouchoir, — plaque qui ferme le four.
Cuisson, — façon de cuire.
Calotte, — vase en terre.
Corps (donner du), — faire épaissir.
Clarifier, — rendre clair un liquide.
Chausse, — sac en flanelle pour passer.
Concasser, — mettre en morceaux.
Cornes, — outil en corne pour relever la pâte.
Chapelle du four, — ce qui en forme la voûte.
Coupe-Pâte, — ustensile pour couper la pâte.
Cloche, — couvercle en fer-blanc.
Canneler, — creuser des cannelures.
Cerner, — couper à une certaine distance du bord une abaisse mise en couvercle.
Chaud (four), — à son plus haut degré de chaleur.
Couchage, — action de coucher.
Cercle à flan, — moule en forme de disque.
Cuissot, — cuisse de veau.
Cuire à blanc, — mettre au four sans dorer la pâtisserie.
Côtoyer, — changer de côté.
Clayon, — objet plat en osier.
Cassé (au), — cuite de sucre.
Combler, — mesurer bien plein.
Cailleboter, — coaguler.
Congélation, — action de geler.
Chevrette, — trois pieds en fer.
Coulé, — sucre.
Crête, — hauteur d'une tourte, pâté, etc.
Chien-courant, — inciser avec le couteau.

Croisillon, — bandes croisées.

Cannelon, — moule à grosses côtes.

Crever (faire), — cuire un grain quelconque.

Détremper, — amalgamer la farine avec un corps liquide.

Doubler, — mettre deux plaques l'une sur l'autre.

Douille, — outil en fer-blanc qui s'adapte à une poche.

Dorer, — masquer une pâte avec une dorure aux œufs.

Dépouiller, — faire sortir d'un liquide par l'effet de l'ébullition les ingrédients étrangers qui s'y trouvent.

Dessécher, — altérer une pâte par l'action du feu.

Décorer, — faire des ornements.

Déglacer, — sucre.

Dresser, — disposer la pâte.

Délayer, — détremper.

Doux (fourneau), — chaleur du fourneau paralysée par la cendre.

Densité, — épais.

Décoction, — mettre en ébullition des ingrédients.

Diamanter, — obtenir un grain brillant.

Décalquer, — tirer une contre-épreuve.

Dalle, — tranche mince.

Doroir, — vase renfermant la dorure aux œufs.

Dilater, — étendre.

Dissoudre. — faire fondre.

Étuver, — mettre à l'étuve.

Étuve, — petit four, sécher et entretenir chaud.

Échiqueter, — faire des dents avec un couteau, autour d'un fond quelconque.

Emporte-pièce, — ustensile en fer-blanc.

Effets du levain, — fermentation.

Ébullition, — faire bouillir.

Echauder, — faire cuire ou pocher dans l'eau chaude.

Emonder, — enlever une peau d'un fruit après l'avoir blanchi.

Emincer, — couper par feuille mince.

Etamine, — passoire de tissu.

Ecumoire, — ustensile en fer-blanc ou cuivre.

Étrangler, — ce qui est étroit au milieu d'une pièce.

Enduire, — couvrir d'un enduit.

Exprimer, — jus de fruits fermentés.

Écouvillon, — outil pour nettoyer le four.

Fontaine (faire la), — creuser la farine au milieu.

Fraiser, — assembler la pâte en la couchant avec le talon de la main.

Fouet, — outil en fil de fer ou en bois.

Feuilletage, — pâte feuilletée.

Fouetter, — faire prendre les blancs d'œufs.

Fermentation, — agitation d'une pâte ou d'un liquide.

Frapper, — mettre à la glace.

Filé, — sucre.

Financière, — mélange de garnitures.

Fleuron, — pâte courbée et dentelée.

Foncer, — faire un fond quelconque.

Feuille, — couteau pour hacher.

Glace, — sucre.

Gaufrier, — ustensile pour les gaufres.

Garniture, — préparation pour garnir les croûtes.

Grumeleux, — qui a des inégalités.

Gonflement, — effet par l'action du feu.

Guillocher, — ornement fait au couteau.

Glacer, — présenter à la surface du four.

Garnir, — emplir une croûte de farine ou de noyaux pour maintenir à la cuisson.

Hacher, —couper en menus morceaux.

Hachoir, — table servant à hacher.

Humecter, — imbiber d'eau.

Houlette, — cuillère pour cailleboter.

Hâtelet, — petite brochette pour pièce montée.

Ingrédients, — partie d'un mélange.

Infiltrer, — faire passer.

Infusion, — action d'infuser, faire tremper.

Imprégner, — imbiber.

Inciser, — tailler.

Jonction, — assemblage.

Levure, — écume de bière.
Levain, — ce qui fait fermenter.
Lissé, — sucre.
Liquéfier, — rendre liquide.
Limpide, — transparent.
Liaison, — union, ce qui lie.
Mouler, — donner une forme quelconque.
Manipuler, — opérer avec les mains.
Mortier, — vase pour piler.
Moule, — ustensile pour donner la forme.
Moulure, — partie réunie.
Masquer, — recouvrir.
Mignonnette, — sucre.
Modéré (four), — chaleur douce.
Meringuer, — garnir d'appareil à meringue.
Manier, — pétrir avec la main.
Mouilloir, — pinceau pour humecter les abaisses.
Mirepoix, — mélange de légumes.
Marquer, — mettre en cuisson.
Mouvette, — cuillère de bois.
Nappe, — cuite de sucre.
Nompareille, — mélange de plusieurs couleurs.
Noix de veau, — partie choisie du cuissot.
Opération, — manière d'opérer.
Office, — tout ce qui est relatif à l'entremets.
Ordinaire (four), — action de chaleur.
Ouras, — soupirail du four.
Pâte, — mélange de différents ingrédients.
Pinceau, — outil en plumes ou en crin.
Poêlon d'office, — casserole de cuivre non étamée.
Poche, — sac en toile.
Paillane, — braise étendue sur le four.
Parures, — rognures de pâte.
Plaque, — ustensile en cuivre ou fer battu.
Plafond, — id. en fer-blanc étamé.
Pince-pâte, — outil en cuivre pour ornementer.

Pincer, — faire des dessins avec la pince.
Parois, — tour intérieur d'un vase.
Poudre, — sucre fin.
Pilon, — ustensile en buis.
Petits-fours, — pâtisserie au kilog.
Pocher, — jeter dans l'eau bouillante une substance molle pour la rendre ferme.
Profusion, — grande quantité.
Profiser, — donner un profil.
Panacher, — mélange d'ingrédients.
Provision, — assortiment de plusieurs ingrédients.
Palette, — cuillère de bois.
Passoire, — ustensile en fer-blanc.
Quenelle, — petite boule de godiveau.
Quasi, — morceau de veau tiré du cuissot.
Rompre (la pâte), — appuyer la pâte avec les mains, pour la remettre dans son état primitif.
Réduction, — action de réduire.
Repérer, — réunir deux corps ensemble au moyen d'une pâte.
Rouleau, — ustensile en buis.
Rafraîchir, — mettre à grande eau.
Rouler (la pâte), — la mouler dans la main, pour en faire une boule unie.
Raccacher, — pâtisserie mal cuite, s'affaissant sur elle-même en sortant du four.
Rassembler, — réunir la pâte une fois détrempée.
Réchaud, — ustensile pour chauffer.
Rodage, — faire aller çà et là.
Raccorder, — faire des raccords.
Rouelle, — tranche coupée en long d'après un cuissot de veau.
Redorer, — dorer de nouveau.
Spatule, — cuillère de bois.
Saupoudrer, — secouer du sucre avec la glacière.
Seringuer, — opérer avec la seringue.
Sabot, — ustensile en étain pour congeler les liquides.
Substances, — ingrédients servant aux aliments.
Sebile, — vase en bois.
Seringue, — outil en fer-blanc.

Sangler, — entourer de glace.

Soufflure, — cavité dans la pâte.

Semelle, — partie du cuissot.

Souris, — partie du cuissot.

Sasser, — passer au sas.

Socle, — base d'une pièce.

Tour (la pâte), — table en marbre ou en bois.

Tamiser, — passer au tamis.

Terrine, — vase en terre.

Tourtière, — ustensile en fer battu ou en tôle.

Tourer, — donner à la pâte un ou plusieurs tours.

Tamis, — ustensile.

Tourner, — pâte ou appareil détérioré.

Tourner le four, — retirer la braise.

Transvaser, — verser dans un autre vase.

Tiédeur, — chaleur d'étuve.

Tranche-lard, — couteau d'office à lame flexible.

Tatouer, — barioler une pièce quelconque.

Tronçon, — anguille coupée par morceaux.

Ustensiles, — tous les objets que comporte le travail.

Veloutés, — sauce espagnole d'un blond léger.

FOUR MODÈLE DU PATISSIER
D'APRÈS L'AUTEUR.

1. Porte de gauche en fonte représentant une moitié de la bouche fermée
2. Porte de droite idem représentant l'autre moitié de la bouche ouverte
3. Bouche du Four
4. Plaque en fonte (...)
5. (...) ouvertures pour faire tirer le Four et se fermant avec des (...)
6. Massif en maçonnerie
7. Échappement de la Cheminée
8. Pilastres en briques de (...) réfractaires supportant le tablier du Four
9. Partie (...) servant à (...) le tablier du Four
10. Portes en fonte de l'Étuve placées sous l'Autel
11. Barre en fer sur laquelle glissent les portes du Four.

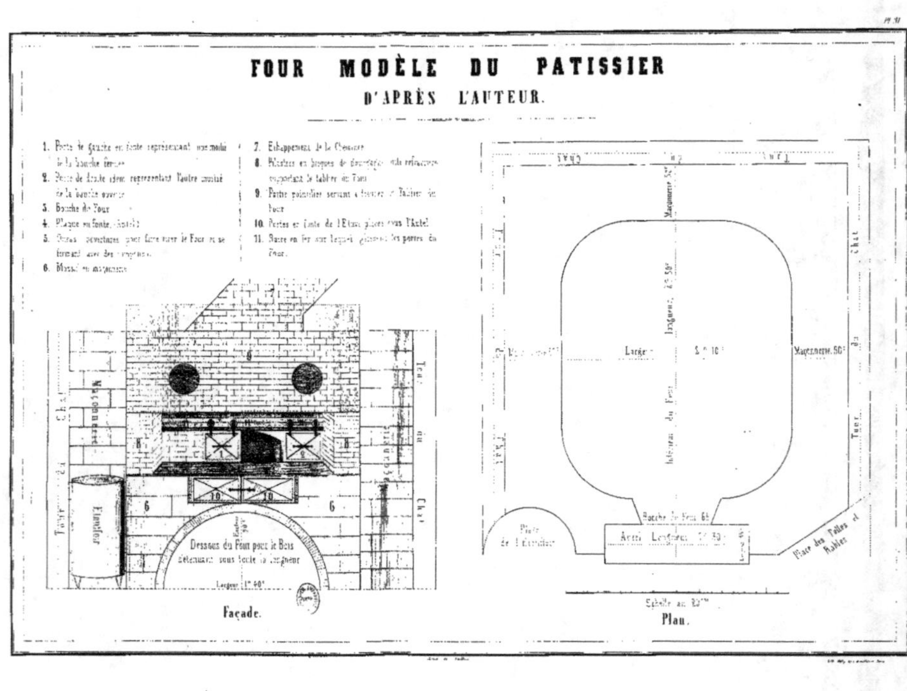

31.

D

'A

gne (

rer le

LE PATISSIER MODERNE.

CHAPITRE PREMIER.

DU FOUR ET DES USTENSILES.

Description d'un four modèle.

CONSTRUCTION D'APRÈS UN NOUVEAU PLAN DESSINÉ PAR L'AUTEUR.

Le four, par le rôle important qu'il joue en pâtisserie, doit attirer au plus haut degré, dans sa construction comme dans son chauffage, l'attention du praticien. Il ne suffit pas pour celui-ci qu'il sache bien préparer et manipuler une pâte pour en faire une pièce quelconque, il est nécessaire avant tout, lorsque la pièce est confectionnée, de savoir la faire cuire, en sorte qu'elle soit par la cuisson bien levée, légère et d'une couleur qui flatte. Il faut pour obtenir ce résultat beaucoup d'attention et une longue pratique; une partie de nos jeunes gens négligent cette étude : c'est un tort. Qu'en résulte-t-il? C'est que l'on rencontre chez nos ouvriers dix bons touriers contre un adroit fournier; cependant, à Paris, le praticien a toutes les facilités pour bien faire. La construction des fours et le mode de chauffage ne laissent rien à désirer. Chez nos confrères de province, c'est bien différent : les fours sont très mal construits, pèchent surtout en ce qui concerne les bouchoirs, et le chauffage est des plus mauvais; ils font usage de bois mince, tel que fagots, bourrées, bois de vigne dit *sarment*, etc., etc. Il leur faut une demi-journée pour chauffer un four, et encore n'obtiennent-ils qu'une chaleur médiocre et insuffisante pour un long travail; il en résulte que l'on est obligé de cuire à four fermé, ce qui est très nuisible à la pâtisserie, surtout lorsqu'elle est pour être glacée. Pour remédier à cet inconvénient et apporter une grande amélioration dans ce mode de travail, je donne ici le plan d'un four modèle, tel qu'il est construit à

Paris. Le dessin représenté sur la planche ci-contre mettra les patrons et les constructeurs à même d'établir des fours avec beaucoup d'avantage. Je crois rendre un service important à mes confrères, et ils me sauront gré d'avoir essayé, par tous les moyens, de leur être agréable en leur donnant la possibilité de produire à l'avenir un travail égal et parfait.

Chauffage du four.

Pour bien chauffer un four, il est essentiel de se servir de bois de traverse, qui est composé de chêne, hêtre et charme, ou de cotrets ; ces bois doivent être d'égale grosseur et bien secs. Pour arriver à ce moyen, on devra, aussitôt que la marchandise est retirée du four, la remplacer par le bois ; avec ce soin, on n'est jamais pris au dépourvu.

Lorsque vous avez assez de pâtisserie à cuire pour en remplir votre four, chauffez-le en entier en tenant vos ouras ouverts ; si, au contraire, vous n'en avez qu'une faible partie, tenez vos ouras fermés et ne chauffez que ce qui est nécessaire. Pour le chauffage complet, disposez vos morceaux de bois en couronnes en les superposant de bout en bout tout autour et au fond du four, de manière à donner au bois l'air qui lui est nécessaire pour bien brûler ; une fois ce premier rang consumé, doublez-le, c'est-à-dire placez çà et là sur la braise quelques nouveaux morceaux de bois ; lorsqu'ils sont brûlés, mettez à plat. Cette opération se fait en ramenant la braise au milieu du four et en l'étalant de toute part. Placez sur cette braise quatre morceaux de bois que vous mettez à égale distance au centre du four, pour qu'une fois enflammés toute la chapelle de votre four se trouve embrasée ; ce bois entièrement brûlé, attirez avec le râble toute la braise en avant de la bouche du four (ceci s'appelle mettre en bouche). Enfin, pour terminer, mettez sur cette braise un fort morceau de bois ; lorsque le four est arrivé à ce degré de chaude, votre pâtisserie doit être prête, du moins celle qui doit essuyer la première chaleur ; sitôt que la flamme du bois placé à la bouche du four est éteinte, retirez toute la braise avec un petit râble en bois fait avec une douve cintrée de tonneau et emmanchée après un long bâton ; puis renfermez-la dans l'étouffoir. Ecouvillonnez le four (l'écouvillon n'est autre chose qu'un paquet de vieux chiffons que l'on noue au bout d'une grande perche et que l'on mouille pour bien nettoyer le four) ; retirez vos ouras ; fermez alors le four hermétiquement, laissez-le ainsi pendant cinq minutes, afin de modérer un peu la chaleur primitive et pour donner le temps à la poussière de retomber. Aussitôt votre four ouvert, allumez sur un des côtés de la bouche un éclat de bois que vous entretenez selon le besoin ; remettez les ouras pendant le temps de la cuisson. La chaleur du four se divise en cinq degrés, qui sont : le four vif, dix minutes après la braise retirée ; le four chaud, une heure après ; le four modéré, deux heures ; le four blanc, quatre heures ; et le four doux, chaleur d'étuve.

Ustensiles.

On désigne comme ustensiles et batterie tout le cuivre, tel que : casserole, bain-marie, passoire, écumoire, etc., etc. Tous ces objets demandent beaucoup d'entretien et à être étamés, sauf quelques-uns dont nous ferons mention ; chaque ustensile a sa place dans le travail, à proximité de son emploi.

Travail.

Le travail du pâtissier se compose d'une ou plusieurs pièces au rez-de-chaussée ou à la cave, et où se trouvent : le four, le tour, tables, tablettes, moules et autres ustensiles. Il faut autant que possible que ce local soit vaste, clair et bien aéré.

Tour à pâte.

Le tour est une table de marbre ou de bois de hêtre, entouré, à la partie opposée où se place l'ouvrier et sur les côtés, de trois galeries qui se joignent et servent de réservoir à toutes les détrempes. Le tour de marbre est préférable à tout autre, attendu qu'il est toujours froid, très droit et facile à entretenir propre. Il est de toute nécessité, soit bois ou marbre, de le laver à l'eau froide.

Souvent le tour se trouve posé sur un coffre de grandeur à contenir deux sacs de farine ; d'un côté se place le gruau et de l'autre la farine ordinaire. Lorsqu'il y a possibilité, on fait mouvoir le tour sur le côté, au moyen de galets qui roulent sur les montants du coffre.

Rouleaux.

Généralement les rouleaux sont de buis ; ce buis, par sa lourdeur et sa dureté, est on ne peu plus commode pour le travail des tourneurs qui en font leur spécialité, et les dressent dans la perfection. Le plus souvent ces rouleaux ont cinquante centimètres de long sur quinze centimètres de diamètre et unis à chaque bout.

On doit les nettoyer avec le dos d'un couteau et ne les laver qu'à la dernière extrémité. Il faut, dans ce cas, les laisser sécher naturellement, puis avoir à côté du tour un râtelier où l'on peut le placer à l'instant même.

Moules.

On entend par moules tous les ustensiles qui servent à la confection de la pâtisserie ; le nombre et les formes varient à l'infini. Les plus usités sont les moules à pâtés, à biscuits, charlottes, gelées, diverses pièces montées, flans, petits gâteaux et différents entremets. Les uns sont en cuivre et les autres en fer-blanc ; les premiers doivent être toujours en bon état d'étamage et les seconds nettoyés avec le plus grand soin ; car le fer-blanc étant très fragile, une fois bosselé ou brûlé, il n'o père qu'avec difficulté. Tous les moules, sans exception, doivent être placés dans un endroit *sec* et parfaitement entretenus.

Cuivre rouge ou non étamé.

Il est impossible de se passer de cuivre rouge pour certains travaux. Par exemple, sans bassin de cuivre on ne pourrait pas élever et fouetter les blancs d'œufs, ni leur donner la fermeté nécessaire, car il est prouvé que l'étamage paralyse l'action des blancs d'œufs.

Sont également en cuivre rouge les poêlons d'office pour les cuites de sucre et les bassines et écumoires pour les confitures. Si ces ustensiles étaient étamés, l'acide des fruits ayant beaucoup d'empire sur l'étain, ce dernier deviendrait noir et se détacherait par couches ; dans cet état, il serait très nuisible à toutes les conserves.

Pince-pâte.

Petit outil en cuivre à double branche. Il se trouve garni aux deux extrémités d'une petite dentelure. On s'en sert pour faire les crêtes de pâtés, les bords de cercle à flan et différents décors.

Grattoir.

Cet outil est de grande utilité, il sert à ramener constamment la farine au centre des détrempes. Pour la plupart, c'est une feuille de fer battu de huit centimètres de largeur sur dix de longueur; une des extrémités est tranchante et l'autre est terminée par une douille retroussée avec la même feuille. Il faut avoir soin de nettoyer ce grattoir chaque fois que l'on s'en est servi et de le placer à côté du tour.

Feuilles.

Les feuilles sont des couteaux très larges, montés sur de petits manches. Il est plus facile d'opérer avec deux que de hacher avec une seule; il faut cependant y être habitué pour obtenir de bons résultats. Pour les nettoyer, il suffit de les chauffer légèrement, de bien les essuyer et les tenir au sec.

Hachoir.

Table de hêtre de dix centimètres d'épaisseur, dont on se sert pour faire les farces et les godiveaux. Il suffit, pour l'entretenir propre, de la gratter avec force, en ayant soin de la tenir toujours bien droite et d'éviter d'y laisser tomber de l'eau, ce qui attendrit le bois et le rend des plus incommodes.

Mortier.

Le mortier doit être de marbre, de préférence au granit, au bois ou au fer. Le marbre, indépendamment de sa fraîcheur, a beaucoup de propreté par la raison qu'il se nettoie avec facilité. Pour plus de commodité, il doit être élevé sur un pied en bois, dans lequel le mortier se trouve enclavé.

Aussitôt le mortier vide, il faut le nettoyer à l'eau bouillante, le rincer à l'eau froide, l'essuyer et le couvrir ensuite d'une planche taillée à cet usage.

Pilon.

Le pilon doit être de buis ou de bois de gaïac, et, comme le mortier, cet objet demande beaucoup de propreté. Aussitôt nettoyé, on doit le suspendre après une corde. Un côté du pilon sert pour piler tous les corps gras, et l'autre côté, pour le sucre, les pâtes d'amandes, etc., etc.

Poches.

Les poches sont des petits sacs en coutil, de différentes grandeurs, au bout desquels on fait adhérer une douille. On s'en sert pour coucher les pâtes liquides et les appareils. Par son utilité, la poche rend de très grands services en pâtisserie.

Douilles.

Petit outil en fer-blanc plus ou moins étroit à son embouchure, d'égale grosseur au côté opposé pour s'adapter à toutes les poches.

Cornes.

Les cornes sont indispensables au pâtissier, elles évitent bien du coulage. On s'en sert pour relever les pâtes et les appareils. Le seul moyen de les conserver toujours souples, est de les mettre dans l'eau chaque fois que l'on s'en est servi.

Mouilloir.

Le mouilloir est un vase profond qui renferme l'eau nécessaire au travail. On doit le laver et le changer d'eau plusieurs fois par jour.

Pinceaux.

Les pinceaux les plus commodes sont faits par les pâtissiers. Ce sont des plumes que l'on extrait des queues de dindes. On les effile en ne laissant des franges que ce qui est nécessaire, et on les réunit au moyen de ficelles pour terminer le pinceau.

Ils servent à dorer et à mouiller différentes pâtisseries. Il faut tous les jours laver ces pinceaux à grande eau et les mettre à rafraîchir, c'est-à-dire ne jamais les laisser sécher. Viennent ensuite les pinceaux de soie; ces derniers ne servent que pour beurrer les moules. Il faut éviter, lorsque l'on fait chauffer ou clarifier le beurre, de laisser le pinceau dedans, car on le détériorerait et il ne pourrait plus servir.

Glacière.

La glacière est une petite boîte en fer-blanc, fermée avec un couvercle à jour. Elle sert pour saupoudrer les articles qui réclament le glaçage.

Étuve.

On distingue plusieurs sortes d'étuves : la première est immobile, elle se trouve construite au-dessous de l'autel du four ou à côté de ce dernier. Cette étuve sert à faire revenir les pâtes à levain ; puis l'étuve en fer-blanc qui sert à entretenir chaude la pâtisserie que l'on porte en ville ; vient ensuite l'étuve, plus ou moins riche, qui orne les magasins de pâtisserie. Elle se chauffe à la vapeur ou au moyen d'une petite poêle garnie de poussier.

Tourtière.

Les tourtières sont de fer battu ou de tôle doublée. Le pâtissier doit en avoir de toutes grandeurs. Il est nécessaire, pour les bien nettoyer, de les prendre à la sortie du four ; s'il arrive qu'on les laisse refroidir, il faut de nouveau les mettre au four avant de les essuyer.

Plaques.

Les plaques sont carrées, longues, à rebords droits, élevés d'un centimètre et de même métal que les tourtières. On les nettoie comme ces dernières.

Fouet.

On se sert en pâtisserie de deux sortes de fouets ; le premier est confectionné de brins de buis et se prépare ainsi : lorsque le buis est en pleine sève, on le dégarnit des plus fortes branches, puis les plus petites se trempent dans l'eau bouillante jusqu'à ce qu'elles soient dépouillées de leur écorce ; elles sont ainsi blanchies et à nu ; rafraîchissez-les alors dans l'eau froide ; réunissez une poignée de ces brins ; nouez-les fortement, et vous obtenez une petite verge que l'on appelle fouet. Le second est en fil de laiton : courbez sur un petit rouleau de bois une quantité de fil de laiton, nouez-le fortement après ce manche, et vous obtenez également un fouet à l'usage des blancs d'œufs. L'un et l'autre de ces fouets ne doivent jamais se laver, à moins que l'on n'en fasse usage pour les blancs d'œufs sucrés. Aussitôt que l'ouvrier n'en a plus besoin, il doit les accrocher dans un endroit où ils sont maintenus en état de propreté et au sec.

Etamine.

C'est un composé de flanelle qui sert à passer les sauces. Après s'en être servi, il faut la laver à l'eau bouillante, la rincer à l'eau froide et la mettre sécher, pour ensuite la serrer dans un endroit exempt de poussière.

Tamis.

Il y a trois sortes de tamis : le premier est en crin ; il sert aux sucres, aux farces et au sel ; le second, en fil de laiton ; il sert pour les fruits ; le troisième, dit tambour à glace, est en soie ; il sert pour le sucre glacé. Ces tamis, excepté celui de soie, doivent être lavés avec le plus grand soin et accrochés dans un endroit à part à cause de leur fragilité.

Tiroirs et Galons.

Les tiroirs et les galons sont destinés à recevoir tous les ingrédients à leur état de préparation, tel que sucre, riz, raisin, amandes, sel, etc. Ils doivent être fermés hermétiquement, placés à proximité du tour à pâte et à hauteur d'homme.

Coupe pâte.

Emporte-pièce en fer-blanc, qui sert à l'empreinte des pâtes. Il y en a de toutes formes et de toutes grandeurs ; les plus usités sont en boîtes ; ils s'appellent coupe-pâte uni, rond, cannelé, larmes, octogone, etc. Ces coupe-pâtes doivent être placés par ordre sur une planche qui se trouve au-dessus du tour à pâte. Il suffit, pour les entretenir propres, de les essuyer de temps en temps avec un linge sec, et éviter surtout de les laisser traîner dans l'eau, ce qui les ferait rouiller.

Seringue.

La seringue rend de très grands services en raison de l'activité avec laquelle on opère ; lorsque l'on fait usage de cet outil, pour éviter son engorgement, il faut, chaque fois que l'on veut la remplir de pâte, la vider et la nettoyer ; puis, aussitôt le travail terminé, la laver à l'eau chaude, la rafraîchir à l'eau froide, la faire sécher à l'étuve et la resserrer vingt-quatre heures après. Il faut avoir le même soin pour les douilles.

Caisses.

Les caisses servent à dresser les génoises, les pâtes à manquer et à coucher certains biscuits ; les caisses en cuivre se nettoient au grès et les caisses en fer-blanc se lavent à l'eau fraîche et se font sécher à l'étuve. Il faut autant que possible tenir ces ustensiles suspendus ou renversés sur des planches, de toute manière garantir l'intérieur contre la poussière.

Cloches et Plafonds.

Ces ustensiles sont en fer-blanc ; ils servent pour transporter les articles en ville. Pour les entretenir propres, il suffit de les passer au blanc et de les essuyer lorsqu'ils sont encore humides ; on doit les tenir constamment au crochet, à cause de leur fragilité.

Terrines et Calottes.

Ces deux objets sont en terre et servent à transvaser les appareils et les garnitures. Il est essentiel, lorsque le travail est terminé, de les laver à l'eau froide et de les tenir renversées sur une planche afin de bien les égoutter et garantir l'intérieur contre la poussière. Il faut éviter autant que possible de les mettre au feu, ce qui les rendrait impropres au travail ; car, dans ce cas, elles conservent un goût de graillon qui se répand dans les appareils quand ils sont encore chauds.

Spatules et Mouvettes.

Les spatules sont faites avec des fonds de tonneaux et fabriquées par les pâtissiers eux-mêmes. Les mouvettes et les cuillères en bois se trouvent chez tous les boisseliers. Le pâtissier doit toujours être pourvu de ces objets, car il arrive très souvent que, lorsque l'on en manque, cela occasionne de grand coulage par le manque de précaution des ouvriers qui en font usage.

Couteau d'office.

Les couteaux d'office, propres aux travaux du pâtissier, sont : le tranche-lard, le couteau droit et le couteau dit batte ; ils doivent être de bonne trempe et d'acier fondu sortant des magasins Sabatier.

Etouffoir.

L'étouffoir est indispensable chez le pâtissier ; le plus souvent il est en fer battu ; il ne doit avoir aucun jour, ce qui serait très nuisible à la braise, et doit être tenu constamment fermé.

Clayons, Mannes et Corbeilles.

Ces objets ont pour utilité, une fois la pâtisserie chaude dessus, de la ressuyer et de la refroidir sans humidité. Maison Vallienne.

Balances.

Les balances en fer-blanc sont préférables aux balances de cuivre à cause du vert de gris. Il faut, autant que possible, que les balances se trouvent suspendues au-dessus du tour à pâte, à droite ou à gauche, suivant la disposition du travail ; il faut aussi une série de poids des mieux conditionnées.

Pelles et Râbles.

Le pâtissier doit porter beaucoup d'attention pour ces ustensiles, se les procurer toujours de bonne condition, car le plus adroit ouvrier, lorsqu'il est mal outillé, est parfois des plus gauches et se trouve dans de certains moments très embarrassé.

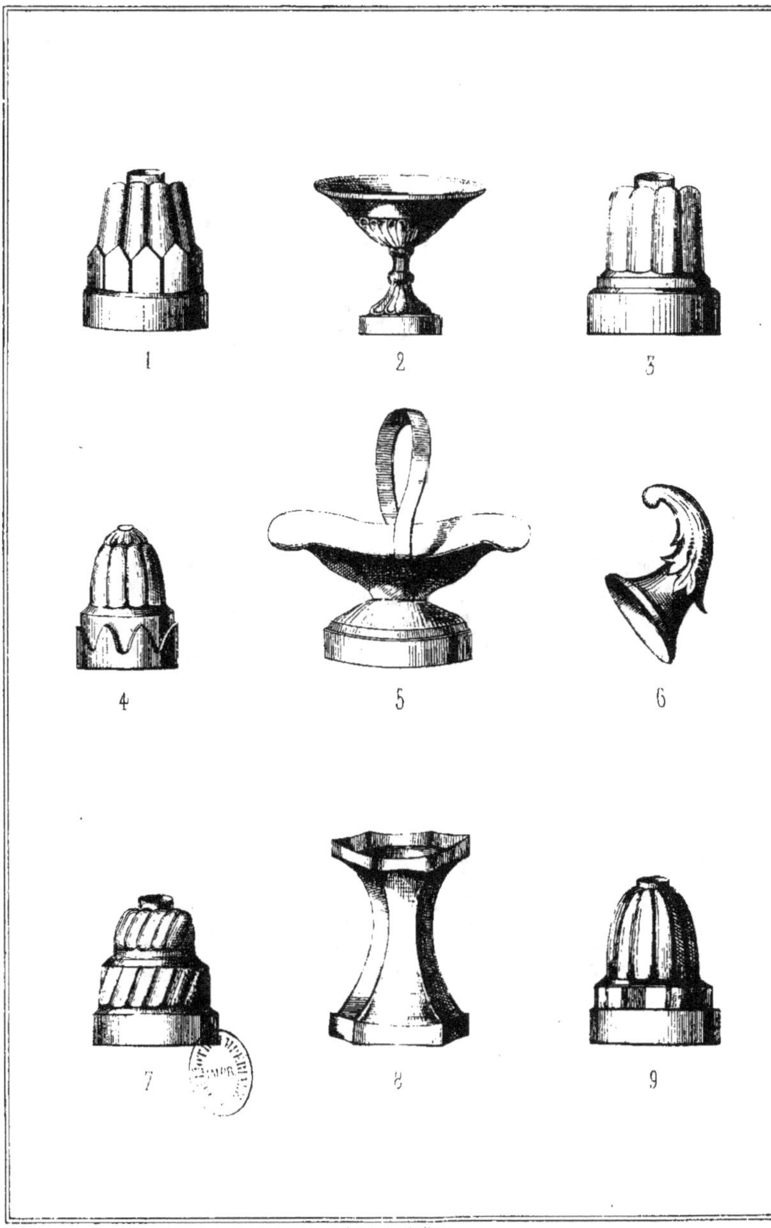

1

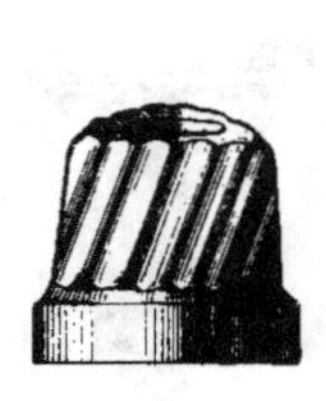

2

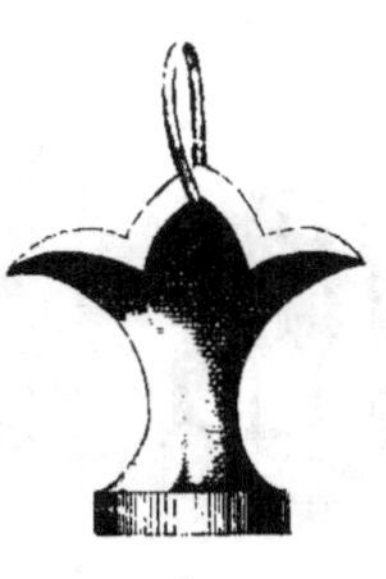

3

4

5

6

7

8

9

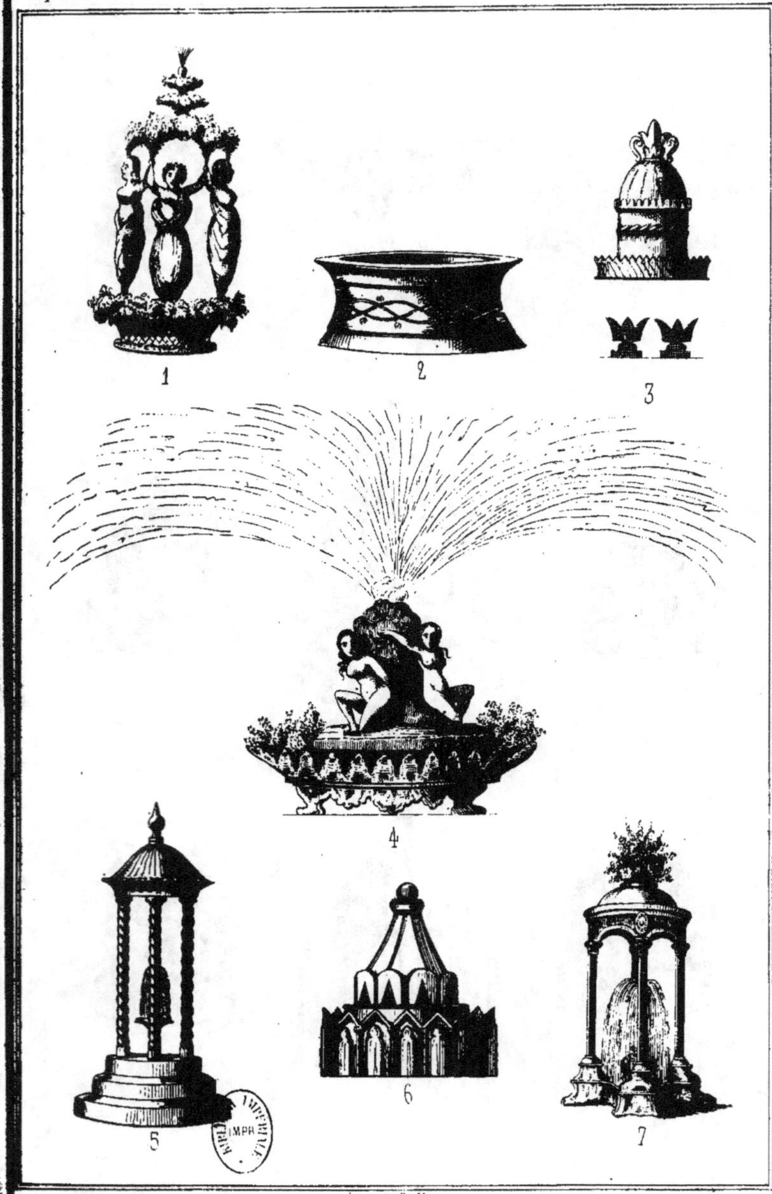

CHAPITRE II.

DES SUBSTANCES ET INGRÉDIENTS

QUE L'ON EMPLOIE EN PATISSERIE.

Farine de froment.

Il est essentiel, pour bien opérer, de ne jamais employer de farine fraîche, mais bien deux mois après que le blé est moulu, et sans l'avoir tamisée de nouveau; car il arrive souvent qu'après avoir séjourné dans les sacs elle s'est agglomérée, formée en pelote, et dans cet état est nuisible au travail. Même par propreté on doit toujours avoir soin de la tamiser pour enlever les ingrédients étrangers qui proviennent de la mouture. Les premières marques, pour la pâtisserie de Paris, sont de MM. Rabourdin, Darbley et Fasquel.

Farine de riz.

Il faut, autant que possible, choisir cette farine pure, sans mélange et aussi fraîche que possible; elle a pour inconvénient, lorsqu'on la renferme, de se rancir, ce qui est détestable pour le travail et laisse aux appareils un arrière-goût difficile à faire disparaître.

Fécule de pommes de terre.

La fécule de pommes de terre renferme une humidité qui parfois nuit aux mélanges des pâtes à biscuits dans lesquels on en fait emploi. Il est donc nécessaire de la faire sécher à l'étuve avant d'en faire usage, et de la tenir constamment dans un endroit sec.

Des beurres.

Les beurres les plus estimés et propres au travail de la pâtisserie proviennent de la Normandie, Beauce, Bretagne, Brie, Bourgogne et Flandre. On reçoit à Paris deux fois par semaine, le mercredi et le samedi, des beurres en mottes dits d'Isigny. Indépendamment de leur goût parfait, ces beurres sont très fermes et de belle couleur naturelle. La première qualité se conserve avec le même parfum et la même fraîcheur pendant huit jours sans subir la moindre altération. La seconde qualité, en beurre de Normandie, est ainsi désignée : beurre de ferme et beurre de Gournay. Le premier, dit beurre de ferme, est par petits pains du poids d'un demi-kilog.; il est de pâte ferme et de beaucoup de corps; peu d'endroits donnent cette qualité, qui, en tout temps, est très recherchée. Le second, dit de Gournay, est par grosses mottes; il s'emploie très avantageusement et peut également se conserver frais pendant huit à dix jours. Les autres qualités, non moins estimées, nous viennent de Rennes et de ses environs. Les fermiers de ces localités ont la mauvaise habitude de saler leur beurre, ce qui lui enlève de son mérite, surtout pour notre travail, où bien des articles sont sucrés et par cette raison rejettent toute atteinte de sel. Et puis, à quoi bon saler le beurre s'il doit être employé frais? C'est l'observation que je leur ai faite lorsque j'étais dans cette contrée. Ils me donnaient pour défaite qu'il leur était impossible de faire autrement; bonne raison, ma foi! Espérons qu'ils comprendront plus tard cet inconvénient et qu'ils y remédieront. Si on peut les amener à ce résultat, la qualité de leur beurre, amené par voie de fer à Paris, rivalisera avec nos premiers beurres de Normandie.

On reçoit également des beurres de Bourgogne, Brie, Flandre et Picardie : toutes ces qualités sont secondaires et bien inférieures aux beurres ci-dessus; on en fait emploi pour les pâtes communes et les pâtisseries sèches. Il va sans dire que, n'importe quel beurre on voudra employer, il devra être de premier choix et de bonne qualité, sans goût ni odeur; car le beurre étant l'ingrédient principal de notre travail, on ne saurait assez porter d'attention à le bien choisir.

Œufs.

Tous les environs de Paris, sans distinction, alimentent cette ville de cette substance; cependant, les plus gros œufs, dits de premier choix, nous viennent du département de la Sarthe et de l'Orléanais. Ces œufs sont toujours cotés 4 et 5 fr. au-dessus du cours ordinaire.

Autant que possible, on ne devra employer que des œufs frais; mais comme il arrive quelquefois, en hiver, que l'on ne peut s'en procurer que de conserve, on devra les mirer, les casser un par un et les flairer. Avoir soin de passer le doigt dans la coquille, afin d'éviter qu'il ne reste quelque parcelle du blanc, et se servir d'un vase dans lequel on les casso; car s'il se trouvait un œuf du goût de paille ou autre odeur, il gâterait tous les autres.

Sucres.

On distingue deux sortes de sucres propres au travail de la pâtisserie : le sucre de canne, provenant des colonies, et le sucre de betterave, dit sucre du Nord. Nous donnons la préférence au premier, parce qu'il a plus de corps et plus de sucre, quoique étant bien moins blanc que l'autre.

Ce produit, à son état brut, c'est-à-dire avant d'être raffiné, est connu sous le nom de vergeoises.

Le sucre de betterave a toujours le grain plus blanc et mieux cristallisé; mais il ne produit pas au travail l'effet du sucre de canne. Cependant, si on n'avait que du sucre de betterave, on obtiendrait un bon résultat en augmentant légèrement la quantité.

Eau.

L'eau est une des principales bases de toute opération. Son choix contribue beaucoup à la réussite de certaines pâtes. L'eau de fontaine ou de rivière, filtrée ou épurée, est préférable à l'eau de puits ou de citerne. Cette dernière est trop crue et porte en elle un arrière-goût. Cependant, si l'on était obligé de s'en servir, on devra la faire bouillir avant d'en faire usage et la laisser bien refroidir; dans cet état, elle perd son âcreté et devient assez douce pour opérer son mélange avec facilité.

Sel.

On n'emploie pour le travail de la pâtisserie que le sel gris dit de cuisine ; on ne l'appelle sel fin que lorsqu'il est séché, pilé et passé au tamis fin. Il faut toujours le tenir dans un endroit sec.

Lait.

Le lait chaud ou froid doit toujours être pris dans son état de pureté et le plus frais possible. On doit observer beaucoup d'attention dans son mélange à la pâte; car s'il a pour vertu de la lier et de l'adoucir, il est funeste quand il est employé en trop grande quantité.

FRUITS SECS.

Amandes douces et amères.

On distingue trois sortes d'amandes douces, qui sont le *flot*, l'amande en *sorte* et la *triée*. L'amande flot est une amande de toute beauté et très régulière; on en fait usage pour les entremets ordinaires et les pièces montées. Dans ce cas, on doit les émonder dans du lait afin de conserver leur blancheur.

L'amande en sorte est un mélange de toutes les amandes, où il s'en trouve des cassées et des amères. On en fait emploi dans les pâtes sèches et pour piler. L'amande triée est extraite de l'amande en sorte, et par cette raison de belle grosseur et de bonne qualité. On l'emploie pour effiler et pour petits-fours.

L'amande amère est tirée des amandes ci-dessus. On en extrait également des noyaux d'abricots. Ces deux amandes s'emploient avec modération pour appareils et différentes pâtes sèches.

Manière d'émonder les amandes.

Mettez dans une casserole de l'eau à moitié et selon la quantité d'amandes que vous désirez émonder; placez votre casserole sur le feu; lorsque le contenu est en ébullition, versez-y vos amandes, et lorsque l'épiderme s'enlève facilement, égouttez-les dans un grand tamis, puis rafraîchissez-les à grande eau; égouttez-les de nouveau et émondez-les aussitôt. Cette opération terminée, lavez vos amandes à l'eau froide, égouttez et ressuyez-les à la bouche du four ou tout autre endroit, chaleur d'étuve.

Amandes effilées.

Lorsque vos amandes sont ressuyées, comme il est dit à l'article ci-dessus, fendez-les en deux parties à plat et sur leur longueur; puis, coupez-les par petits filets d'égale grosseur, relevez-les ensuite sur une feuille de papier qui, au préalable, aura dû être placée sur une plaque ordinaire. Etalez vos amandes aussi minces que possible, mettez-les à la bouche du four, remuez-les jusqu'à ce qu'elles soient bien sèches, et placez-les dans un galon ou tiroir fermé hermétiquement.

Amandes hachées.

Prenez des amandes, les mêmes que pour effiler (voyez ci-dessus), posez-les sur le tour, et, au moyen de feuilles, hachez-les menues, passez-les ensuite dans un tamis du numéro trois; lorsqu'elles y seront toutes passées, repassez-les dans un tamis numéro deux. Vous avez, par cette opération, obtenu des amandes de deux grosseurs. Chacune d'elles a, en pâtisserie, son emploi différent; relevez-les à part sur des feuilles de papier que vous placez ensuite sur des plaques, mettez-les sécher à la bouche du four ou à l'étuve. Lorsqu'elles seront bien sèches, relevez-les dans un galon que vous tenez hermétiquement fermé.

Raisins de Corinthe.

Lorsque ce raisin est extrait de sa caisse, brassez-le avec un peu de farine pour en détacher les queues, puis mettez-le dans une passoire fine, et, avec la main, remuez-le pour en faire tomber toutes les ordures; versez-le ensuite sur une table; épluchez-le avec soin, lavez-le alors à grande eau; égouttez-le et faites-le ressuyer sur des plaques; ayez soin de remuer votre raisin jusqu'à ce qu'il soit entièrement sec; relevez-le aussitôt froid et placez-le dans un tiroir hermétiquement fermé.

Raisins de Malaga.

Pour faire usage de ce raisin, il faut le couper par moitié et en extraire les pépins, puis hachez-le menu et mélangez-le avec des raisins de Corinthe et de Smyrne. Comme ce raisin possède beaucoup de corps et de sucre, il est très agréable à tous mélanges.

Raisins de Smyrne.

Le raisin de Smyrne étant extrêmement propre, il suffit, avant de l'employer, d'en extraire seulement la queue; par sa qualité supérieure, on peut, sans le mélanger, en faire usage pour toutes les pâtes fines.

Raisin de caisse, dit d'Espagne.

Ce raisin est toujours vert et en grappe. On le reçoit en France dans des petits barils de vingt à trente kilog. Pour le conserver, on le tient constamment dans de la sciure de bois. Lorsque l'on veut en faire usage, il faut le secouer fortement, puis le laver, l'égoutter et le sécher ensuite dans une étuve. Il est de grand secours une fois glacé au sucre grand cassé, pour garnir les pièces montées.

FRUITS PRIMEURS.

Abricots.

Ce fruit est d'un parfum très agréable, soit en primeur, soit en conserve; il est très estimé en pâtisserie.

Les abricots d'Auvergne et de Bordeaux sont les plus recherchés pour marmelade, et ceux de Montreuil près Paris pour les conserves; ces derniers joignent à leur fraîcheur un goût parfait et conservent à l'ébullition toute leur fermeté. Il faut, autant que possible, employer ce fruit aussitôt cueilli.

Pêches.

Ce fruit, par sa délicatesse, supporte difficilement un long voyage; une fois froissé, on ne peut le conserver. Bien que les pêches du Midi aient une grande supériorité en grosseur sur celles des environs de Paris, on recherche toujours ces dernières pour leur fraîcheur et leur beauté. D'abord, elles sont plus sucrées, leur chair est plus ferme; par cette raison, elles peuvent se conserver avec succès en bouteille comme en sirop.

Cerises.

On ne fait usage en pâtisserie que de deux sortes de cerises, qui sont l'anglaise, cerise hâtive, et la bâtarde, dite cerise de Montmorency. La première s'emploie, dans sa primeur, pour garnir les entremets et pour compote; la seconde se conserve en bouteille et en sirops. Dans ces deux sortes de cerises, il y a un grand choix.

Prunes de Mirabelle.

Les mirabelles de Metz, par leur forme et leur saveur, ont la préférence sur toutes les prunes de ce nom et conservent toujours leur parfum et leur beauté.

Prunes de reine Claude.

Dans sa primeur on en fait usage pour garnir différents entremets; dans ce cas, on les choisit extrêmement mûres; pour les conserver en bouteille ou en sirop, c'est le contraire, il faut se les procurer bien fermes et couleur vert-pré.

Poires.

On n'emploie en pâtisserie que deux sortes de poires, l'Angleterre et le Messire-Jean; la première étant de chair très molle ne dure que le temps de sa primeur; c'est à ce moment seulement que l'on en fait des conserves. La seconde, au contraire, est bonne en nature pendant toute l'année.

Pommes.

Les pommes calville et les reinettes Canada sont les seules estimées pour le travail de la pâtisserie.

Le calville se blanchit par quartier pour entremets nappés et la reinette pour faire la marmelade. Ces deux sortes de pommes étant de très bonne nature, elles peuvent se conserver pendant toute une année sans subir aucune détérioration.

Coings.

Le coing est peu considéré chez le pâtissier. Il n'est guère employé que pour les gelées; aussi, comme pour se dédommager, produit-il dans cet emploi des résultats magnifiques. On peut, vu la fermeté de cette gelée, la couper sous toutes les formes sans qu'elle se détende, ce qui est on ne peut plus agréable pour ce genre de travail.

Fraises.

La fraise anglaise et celle dite des quatre saisons sont les seules

estimées. Les premières, pour conserve en bouteille et en sirop, et les
secondes pour garnir (pendant toute leur durée) des entremets et des
petits gâteaux.

Framboises.

On se sert de framboises rouges et blanches fraîchement cueillies et
autant que possible sur le vert, c'est-à-dire à peine dans leur maturité.
On doit les choisir d'égales grosseurs et sans taches pour conserver en
bouteille et sirop.

Groseilles dites à maquereau.

Servez-vous de cette groseille tout à fait sur le vert; on en garnit
des entremets et différents petits gâteaux. Ce fruit est généralement
estimé des Anglais.

Groseilles franches.

Cette groseille, rouge ou blanche, est excellente en confiture et en
conserve. Il faut se les procurer, autant que possible, fraîchement
cueillies et de bonne maturité.

Vanille.

Cette graine n'est de bonne qualité que deux ou trois années après
qu'elle est récoltée; son parfum, des plus agréables, est de grande utilité
dans la pâtisserie, principalement pour les crèmes et les appareils. On
ne doit cependant en faire usage que modérément, car le trop est parfois nuisible au mélange et désagréable au goût.

On ne cultive cette plante que dans certaines colonies. La récolte
manque très souvent, aussi le prix en est-il toujours exorbitant et monte
parfois jusqu'à trois cents francs le kilogramme. Il existe un grand
choix dans ce parfum, qui se trouve classé en trois catégories. La qualité supérieure se reconnaît aux gousses, qui sont grasses et garnies de
petites fibres blanches; les autres qualités sont plus sèches : ces
diverses vanilles doivent être constamment tenues au frais et renfermées
dans des boîtes en fer-blanc garnies de feuilles de plomb et fermées
hermétiquement.

Levure.

Partout où il y a des brasseries, on peut se procurer la levure. Cet ingrédient provient de la fermentation de la bière. Une fois cette dernière
écumée, on jette le résidu dans une passoire; lorsque cette mousse est
bien égouttée et épurée, on a obtenu la levure ; en cet état, elle forme
pâte et se roule en forme de boule. On peut la conserver cinq ou six
jours au plus et la tenir constamment au frais.

Acide acétique.

Ce vinaigre est un produit simple extrait du goudron, qui, lui-même.

est un résidu provenant de la carbonisation du bois. Il sert en pâtisserie dans différents appareils, tel que glace royale, cuisson de sucre, dans les blancs d'œufs fouettés, etc., etc. On doit en faire usage avec beaucoup de modération pour éviter de détériorer les substances auxquelles on le mélange.

PRÉPARATION DES DORURES.

Dorure ordinaire.

Cassez dans une terrine, selon votre besoin, un ou plusieurs œufs; battez-les bien avec une fourchette. Ceci fait, versez dans une passoire fine; s'il arrive, une fois votre marchandise dorée, qu'il vous reste de la dorure, employez-la dans différentes pâtes, car il est urgent de renouveler cette dorure chaque jour.

Dorure brillante.

Mettez dans une petite casserole deux cuillerées à bouche de sucre dit glace, humectez-le avec quatre cuillerées de lait, et faites un mélange de ces deux substances en les fouettant avec un pinceau.

Dorure collante.

Faites dissoudre dans un peu d'eau tiède dix grammes de gélatine et servez-vous-en aussitôt préparée.

Dorure blanche.

Cassez des œufs selon votre besoin, séparez les jaunes des blancs; mettez ces derniers dans une petite terrine, jetez dessus du sucre dit glace (pour quatre blancs d'œufs quatre cuillerées de sucre); battez ces deux ingrédients avec une fourchette, puis passez dans une passoire fine.

Dorure simple.

Cette dorure ne se fait qu'avec des jaunes d'œufs que l'on bat en y joignant quelques gouttes d'eau : le tout bien mélangé.

Dorure émaillée.

Cette dorure est un vernis préparé d'avance; il se vend chez les droguistes. On s'en sert chez les confiseurs pour brillanter les bonbons, et chez les pâtissiers pour différents petits fours.

Dorure glacée.

Mettez quatre cuillerées de sucre-glace dans une petite terrine, humectez-le avec quelques gouttes d'eau et servez-vous-en selon besoin.

Des chocolats divers à l'usage de la pâtisserie.

Faites brûler avec soin deux kilog. d'amandes de cacao, vannez-les pour en ôter l'enveloppe. Lorsque votre cacao est bien net, mettez-le sur une pierre à broyer, que vous chauffez par degrés jusqu'à ce qu'elle soit à l'état de tiédeur; broyez alors votre cacao au moyen d'un rouleau d'acier. Lorsqu'il ne reste plus aucune trace d'amandes, joignez-y un kilog. de beau sucre en poudre, plus dix grains de sucre vanillé; le tout bien mélangé, relevez-le dans des moules et frappez-les fortement, afin que le chocolat en prenne bien la forme.

Chocolat ordinaire.

Faites un mélange, par moitié, de Caraque et de Maragnan, un demi-kilog. de chaque; brûlez ces deux sortes d'amandes, vannez-les, mettez-les ensuite sur une pierre à chocolat chauffée comme ci-dessus. Lorsque vos amandes sont bien broyées, joignez-y sept cent cinquante grammes de sucre en poudre; mêlez bien le tout; moulez ce chocolat dans des moules que vous frappez à coups redoublés, puis démoulez aussitôt froid.

Chocolat sans sucre.

Prenez un kilog. d'amandes de cacao, brûlez et vannez-les, mettez-les ensuite sur une pierre à chocolat que vous chauffez comme ci-dessus. Aussitôt que votre cacao est broyé, relevez-le dans une caisse bien droite et laissez-le refroidir. Lorsque vous voulez en faire usage, cassez à même ce morceau la quantité qui vous est nécessaire.

CHAPITRE III.

PATES DE FONDS.

Pâte à foncer.

Mesurez sur le tour un litre de farine dite gruau, bien tamisée, que vous disposez en fontaine; mettez-y quinze grammes de sel fin, deux cent cinquante grammes de beurre frais, un demi-litre d'eau; assemblez bien le tout, puis fraisez, une fois en été et deux fois en hiver. De cette manière, votre pâte est moelleuse et ne s'attache pas aux doigts; on s'en sert pour toutes pièces de fond; on peut l'employer de suite ou autrement la tenir dans un endroit frais.

Pâte pour cercle à flan.

Tamisez sur le tour un litre de farine dite gruau, disposez-la en fontaine; ajoutez-y quinze grammes de sel fin, trente grammes de sucre en poudre, deux cent cinquante grammes de beurre frais, un jaune d'œuf, un demi-litre d'eau; assemblez le tout, que vous fraisez trois fois.

Pâte pour pâtés dressés à la main.

Placez sur le tour un litre de belle farine bien tamisée, joignez-y quinze grammes de sel fin, cent vingt-cinq grammes de beurre frais, un jaune d'œuf, le tiers d'un litre d'eau; assemblez le tout convenablement, fraisez trois fois. Cette pâte, pour être bien faite, doit être tenue très ferme.

Pâte à pâtés en moule.

Mettez sur le tour un litre de belle farine que vous tamisez; disposez-la en fontaine, joignez-y quinze grammes de sel fin, cent vingt-cinq grammes de beurre frais, un œuf entier, un demi-litre d'eau; assemblez le tout légèrement, fraisez trois fois.

Pâte brisée (dite Galette des Rois).

Après avoir mis un litre de farine ordinaire sur le tour, disposez-la en fontaine; ajoutez-y quinze grammes de sel, deux cent cinquante grammes de beurre frais, les deux tiers d'un litre d'eau; assemblez le tout légèrement, puis fraisez deux fois.

Pâte feuilletée (dite Galette des Rois).

Tamisez sur le tour un litre de farine ordinaire que vous disposez en fontaine; ajoutez-y quinze grammes de sel fin, cent cinquante grammes beurre frais, un demi-litre d'eau; assemblez le tout légèrement, puis donnez deux tours à cette pâte; laissez-la ainsi se reposer quelques minutes, ensuite donnez de nouveau deux autres tours.

Pâte à galette (dite du Gymnase).

Placez sur le tour un litre de farine tamisée, disposez-la en fontaine; ajoutez au centre quinze grammes de sel fin, trois quarts d'un litre d'eau; assemblez le tout en roulant cette pâte dans vos doigts, que vous tenez écartés le plus possible; ensuite, vous en faites un pain rond sur lequel vous mettez deux cent cinquante grammes de beurre de ferme que vous enfermez dans votre pâte; donnez à cette dernière quatre tours en deux fois différentes et à très peu d'intervalle; vous lui donnerez après cela la forme que l'on pourrait désirer.

Pâte à galette de ménage.

Après avoir tamisé sur le tour un litre de farine dite gruau, vous faites la fontaine; mettez au milieu quinze grammes de sel fin, trente grammes de sucre en poudre, deux cent cinquante grammes de beurre frais dit d'Isigny, un œuf entier, un demi-litre de crème ou de bon lait; assemblez bien le tout en fouettant cette pâte légèrement; laissez-la reposer une heure environ avant de l'employer.

Pâte feuilletée (dit feuilletage).

Mettez sur le tour un litre de farine dite gruau que vous tamisez avec soin; disposez-la en fontaine; placez au milieu quinze grammes de sel fin, les trois quarts d'un litre d'eau, que vous versez à mesure que vous délayez cette détrempe, tout en la tenant entre vos doigts jusqu'à ce qu'elle forme pâte. Ceci fait, mettez au centre de votre pâte un demi-kilog. de beurre dit de ferme de premier choix. Il arrive parfois, en hiver, qu'il se trouve un peu dur : on devra alors le manier légèrement avec la main, de manière à ce qu'il se trouve toujours égal à la détrempe, puis l'enfermer carrément dans cette dernière. On y donne quatre tours, deux par deux et à une demi-heure d'intervalle; ensuite le disposer selon le besoin.

Pâte à brioche.

PRÉPARATION DU LEVAIN.

Mesurez sur le tour un litre de farine dite gruau, divisez-le en quatre parties égales; disposez en fontaine une de ces parties, mettez-y quinze grammes de levure de bière, que vous ferez dissoudre dans cette dite fontaine avec de l'eau tiède, en ramenant peu à peu la farine sur le levain jusqu'à ce que le tout ait formé un ensemble égal à une boule liquide; vous la fouettez légèrement avec les doigts pendant une minute; ensuite vous la moulez de manière à la resserrer le plus possible. Le levain arrivé à cet état, vous donnez dessus deux coups de couteau en croix pour séparer légèrement les parties. Mettez le tout dans une petite casserole, en ayant soin d'y ajouter quelques gouttes d'eau, de manière à ce qu'il ne s'attache pas au fond; vous le couvrez pour intercepter l'air et le placez dans un endroit chaleur d'étuve.

Le levain, pour être à son point et propre au mélange, doit avoir trois fois le volume qu'il avait primitivement.

DÉTREMPE DE LA PATE A BRIOCHE.

Pendant que le levain fait son effet, vous prenez le reste de votre farine, et la disposez également en fontaine; mettez-y quinze grammes de sel fin, trente grammes de sucre en poudre, et délayez ces deux substances avec un peu d'eau pour les faire fondre seulement; placez-y trois cent soixante-quinze grammes de beurre fin dit d'Isigny, plus quatre œufs, que vous avez eu soin de casser à part pour vous assurer de leur bonne qualité; versez-les sur votre beurre. Mettez le tout, en ramenant peu à peu votre farine au centre, jusqu'à mélange complet; alors vous fouettez avec la main jusqu'à ce que votre pâte se trouve bien mélangée et douce à la main; vous cassez de nouveau un œuf entier et le mêlez légèrement en repliant la pâte sur elle-même, puis un sixième et dernier œuf, que vous mêlez en fouettant votre pâte avec vos mains; une dizaine de tours seulement.

MÉLANGE DU LEVAIN A LA PATE.

Votre levain étant bien à point, égouttez-le et faites-en une couche mince sur votre pâte, que vous avez le soin d'étaler d'avance; coupez avec les doigts ces deux couches par parties : vous les superposez les unes sur les autres. Maniez votre pâte jusqu'à parfait mélange; relevez-la et placez-la dans une terrine saupoudrée de farine; saupoudrez également la pâte lorsqu'elle y est placée, et laissez-la reposer quatre heures environ pour donner le temps à la fermentation de s'opérer.

Lorsqu'on veut l'employer, on la retire du vase et on la pose sur le
tour, qu'on a eu soin de saupoudrer; là, on la rompt en la ployant
plusieurs fois sur elle-même; alors on la dispose suivant le besoin.

Pâte à Baba parisien.

Mesurez un litre de belle farine que vous aurez tamisée, mettez-en
le quart dans une sebile, ajoutez-y trente grammes de levure; délayez
le tout très doucement et peu à peu avec du lait tiède. Prenez garde de
noyer ce levain, donnez-lui, au contraire, beaucoup de corps; faites-le
revenir dans un endroit chaleur d'étuve, jusqu'à ce qu'il ait atteint
quatre fois sa grosseur primitive. Lorsqu'il est à son degré de fermentation, ajoutez-y, et à la fois, ce qui vous reste de farine; puis, cassez
sept œufs, toujours avec le soin de les vérifier; mélangez-les peu à peu
à votre farine, en la fouet tant avec la main jusqu'à ce que votre pâte
ait atteint le degré convenable (*bien filante et douce*). Si, par hasard, avec
cette quantité d'œufs, votre pâte se trouvait trop ferme, vous y ajouteriez,
en la fouettant de nouveau, une petite quantité de lait froid, pour remettre votre pâte dans un état plus moelleux; cela fait, vous garnissez
avec trois cent soixante-quinze grammes de beurre frais que vous couchez aux parois de votre sebile en forme de cercle, et le ramenez peu à
peu dans votre pâte en la manipulant pour faire un mélange parfait;
mettez-y alors quinze grammes de sel fin, trente de sucre en poudre;
mêlez le tout ensemble; laissez reposer cette pâte jusqu'à ce qu'elle ait
gonflé, et disposez-la selon le besoin. Tenir au frais, sans humidité, si
l'on ne s'en sert immédiatement.

Pâte à Lingot.

Pesez un demi-kilog. de belle farine que vous tamiserez sur le tour;
prenez-en le quart, disposez-le en fontaine, mettez au centre douze
grammes de levure que vous délayez avec un peu de lait tiède, en le
versant par petite quantité, afin de ne pas noyer ce levain; ramenez votre
farine, tout en la mêlant avec les doigts, jusqu'à ce qu'elle forme boule,
pas trop ferme; donnez deux coups de couteau légers en travers; mettez-le dans une petite casserole, en y joignant une goutte de lait, le
placer dans un endroit chaleur d'étuve, pour qu'il produise sa fermentation, qui n'aura lieu seulement que lorsque ce levain aura atteint
quatre fois sa grosseur primitive. Pendant ce temps, vous disposez en
fontaine les trois quarts restant de votre farine; vous y placez quinze
grammes de sel fin, trente grammes de sucre en poudre, deux œufs entiers, puis un verre et demi de lait non écrémé, que vous versez peu à
peu. Réunissez le tout, faites-en un mélange parfait, et fouettez légèrement avec la main, sans pour cela trop travailler cette pâte, pour qu'elle
soit douce et onctueuse. Ceci fait, joignez-y votre levain, mélangez
bien le tout jusqu'à ce qu'il soit parfait; fouettez de nouveau, et laissez
reposer cette pâte quatre heures environ avant de la mettre en moule.

Pâte à Gâteaux de Plomb.

Mettez sur le tour un litre de belle farine tamisée; disposez-la en fontaine, placez-y quinze grammes de sel fin, trente grammes de sucre en poudre, trois cent soixante-quinze grammes de beurre fin d'Isigny, un œuf entier, plus un jaune; assemblez le tout légèrement avec du lait, en ramenant au centre votre farine au moyen des doigts demi-écartés; tenez cette pâte un peu molle, ne la travaillez pas trop, laissez-la reposer une heure avant d'en faire usage; il faut la tenir au frais.

Pâte à Boise.

Tamisez dans une sebile un litre de belle farine; disposez-la en fontaine; placez au centre trente grammes de levure, que vous délayerez avec une petite quantité de lait tiède et un quart de la farine seulement contenue dans votre sebile, jusqu'à ce que votre levain ait pris un certain corps; ramenez alors le reste de votre farine autour de ce levain. Placez-le dans un endroit chaud chaleur d'étuve, et laissez-le fermenter jusqu'à ce qu'il ait atteint quatre fois sa grosseur primitive; cassez trois œufs, toujours avec les précautions d'usage; vous versez peu à peu, sur votre levain, le quart d'un litre de lait froid, ainsi que vos œufs, sans oublier de fouetter constamment avec la main. Quand ce mélange est terminé, ajoutez-y cent vingt-cinq grammes de beurre de ferme bien manié, quatre-vingt grammes de sucre en poudre, quinze grammes de sel fin et soixante grammes de raisins de Corinthe et Malaga mélangés. Vous mêlez de nouveau le tout en le manipulant. Laissez reposer six heures dans un endroit chaleur modérée, pour permettre la fermentation.

Pâte à Savarin.

Pesez un demi-kilog. de farine dite gruau, tamisée avec soin; prenez-en le quart, que vous mettez dans une sebile; joignez-y vingt grammes de beurre, que vous délayez avec un peu de lait tiède, tout en remuant avec la main; donnez beaucoup de corps à ce levain, ne le tenez pas trop ferme; ramassez-le bien dans le fond de votre sebile, mettez-le revenir dans un endroit chaleur d'étuve; lorsqu'il aura atteint quatre fois sa grosseur primitive, il est convenablement revenu. Pendant ce temps, vous avez placé sur le tour les trois quarts de la farine qui vous reste; vous la disposez en fontaine. Vous y mettez quinze grammes de sel fin, soixante grammes de sucre en poudre, six œufs cassés avec les précautions d'usage, que vous mettez à mesure, tout en fouettant votre pâte de manière à la rendre légère. Vous y ajoutez, goutte à goutte, tout en la manipulant, un demi-verre de bon lait non écrêmé, trois cent soixante-quinze grammes de beurre fin bien manié; vous mélangez le tout de manière à ne laisser aucune trace de beurre; enfin, que votre pâte soit bien lisse; placez alors votre levain au centre; mêlez légèrement, et fouettez le tout jusqu'à parfait mélange.

Cette pâte demande toujours quelques heures de repos; elle peut au besoin s'employer de suite avec succès.

Pâte à Choux.

Prenez une casserole en cuivre étamée, de la contenance d'un litre environ, dans laquelle vous versez un verre ordinaire d'eau filtrée froide; vous y mettez cent vingt-cinq grammes de beurre de ferme et un grain de sel gris; vous placez votre casserole sur le fourneau; lorsque le contenu est en ébullition et monte vers les bords, retirez-la du feu, jetez-y cent vingt-cinq grammes de farine dite gruau, bien tamisée, que vous mêlez légèrement avec une spatule; vous replacez alors votre casserole sur le fourneau, toujours en remuant pendant une minute seulement (ce que l'on appelle la dessécher); retirez-la de nouveau; cassez dedans quatre œufs entiers, tout en les mêlant à mesure; ajoutez-y cinq grammes de sucre en poudre et un peu d'eau de fleurs d'oranger; mêlez bien le tout ensemble; couchez-la chaude autant que possible.

Pâte à Échaudés.

Tamisez sur le tour un demi-kilog. de belle farine, disposez-la en fontaine; placez-y vingt-cinq grammes de sel fin, quinze grammes de potasse; faites dissoudre ces deux ingrédients avec un peu d'eau froide; joignez-y cent vingt-cinq grammes de beurre de ferme bien manié; cassez quatre œufs entiers; réunissez le tout et formez-en une pâte bien mélangée; disposez-la elle-même en fontaine; cassez de nouveau deux œufs; remaniez pour bien mêler et fraisez une fois avec le dessus des doigts, la main étant fermée; réunissez votre pâte en un seul morceau; disposez-la une deuxième fois en fontaine; cassez encore deux œufs et travaillez-la comme précédemment. Si votre pâte n'avait point atteint le degré de fermeté voulue, ajoutez encore un œuf ou deux et continuez votre opération comme auparavant; enfin, relevez-la sur un linge saupoudré de farine et laissez-la reposer quatre heures dans un endroit frais. Maintenant, faites bouillir dans une casserole six litres d'eau environ; pendant ce temps, découpez votre pâte par morceaux de la grosseur d'une forte noix; relevez-les et placez-les sur une tourtière, que vous aurez eu le soin d'enduire de beurre, et qui sera d'une dimension plus petite, afin de pouvoir entrer dans votre casserole. Votre eau étant bouillante, rafraîchissez-la avec un peu d'eau froide, afin d'éviter l'ébullition; mettez-y votre tourtière, garnie de vos morceaux de pâte; couvrez alors votre casserole, sortez-la de dessus le feu, et laissez-la seulement sur le bord du fourneau, afin qu'elle conserve le même degré de chaleur. Aussitôt que vos échaudés monteront sur l'eau, détachez-les légèrement, avec une cuillère de bois, les uns des autres, et lorsqu'ils auront pris une certaine fermeté, enlevez-les et jetez-les dans un seau d'eau fraîche. Quatre heures après, vous les faites égoutter pour les rendre propres à la cuisson.

Pâte à Repairer.

Mettez dans une casserole de cuivre étamée cent vingt-cinq grammes de belle farine tamisée; ajoutez-y cent vingt-cinq grammes de sucre glace; délayez ces deux substances avec deux blancs d'œufs; remuez avec la spatule; faites prendre cette pâte sur un fourneau bien doux; retirez-la lorsqu'elle est prête à bouillir; versez-la dans un vase étroit et profond, afin d'éviter la sécheresse superficielle, et bouchez le vase hermétiquement.

Cette pâte sert à repairer, c'est-à-dire joindre toutes espèces de bordures.

Pâte à Frol.

Placez sur le tour un litre de belle farine bien tamisée; disposez-la en fontaine; placez au centre deux cent cinquante grammes de sucre glace, deux cent cinquante grammes de beurre manié; cassez dedans deux œufs entiers, accompagnés de quelques gouttes d'eau de fleurs d'oranger; mélangez et maniez bien cette pâte, et ajoutez-y deux ou trois jaunes d'œufs pour la colorer légèrement; fraisez-la deux fois et tenez-la ferme comme la pâte à foncer. On s'en sert pour toutes les croûtes propres à renfermer des crèmes frappées et des fruits, tels que: corbeilles, paniers, etc., etc.

Pâte anglaise.

Mettez sur le tour un litre de belle farine bien tamisée; disposez-la en fontaine; placez au centre cent soixante-quinze grammes de sucre glace, que vous détrempez, ainsi que votre farine, avec de l'eau tiède; versez goutte à goutte et en ramenant le tout ensemble avec la main; lorsque le mélange sera bien fait, vous fouetterez cette pâte pendant une minute, en ayant le soin cependant de la tenir un peu moelleuse; vous la laisserez refroidir avant de l'employer. Cette pâte sert pour bordures et ornements de tous genres.

Pâte de Pastillage.

Pesez dans une terrine vernissée un demi-kilog. de gomme adragante, que vous couvrirez d'eau filtrée froide, afin de la faire gonfler; ajoutez peu à peu l'eau nécessaire pour la dissoudre totalement; lorsqu'elle est liquide, quoique consistante, vous la versez sur un tour, ou table en marbre; disposez-la alors en fontaine; placez au centre une poignée d'amidon blanc bien tamisé, deux poignées de sucre glace; mélangez bien le tout avec votre gomme et fouettez avec la main. Comme vous n'aurez encore obtenu qu'une pâte liquide, vous y ajouterez de nouveau une poignée d'amidon et deux poignées de sucre glace. Vous continuerez à fouetter, et si cette pâte n'avait point encore acquis assez de fermeté, vous recommenceriez de nouveau, en y ajoutant toujours une poignée d'amidon et deux de glace. Cette pâte, pour s'en servir, doit être très ferme. Il faut la tenir constamment au frais.

Pâte d'office.

Versez sur le tour un demi-kilog. de farine dite gruau; tamisez-la avec soin; disposez-la en fontaine; mettez-y cent cinquante grammes de sucre en poudre, trente grammes de beurre, deux œufs entiers; manipulez bien le tout, et lorsque votre mélange est bien fait, ajoutez alors autant de jaunes d'œufs qu'il sera nécessaire pour obtenir une pâte douce et assez ferme, puis fraisez deux fois. Elle doit avoir la même fermeté que la pâte à foncer. On s'en sert pour les socles et tous les fonds de pièces.

Pâte macaronée (dit Gâteau de Nantes).

Versez sur le tour un demi-litre de farine dite gruau; tamisez-la avec soin; disposez-la en fontaine; mettez-y cent soixante grammes de beurre frais, cent vingt-cinq grammes de sucre en poudre, trente grammes d'amandes douces hachées très menues, soixante grammes de fruits hachés et mélangés, un œuf entier, plus un jaune, quelques gouttes d'eau de fleurs d'oranger; versez du lait, tout en la mélangeant avec la main, jusqu'à ce qu'elle ait atteint le degré de fermeté de la pâte à foncer; assemblez-la convenablement, puis fraisez deux fois.

Cette pâte doit reposer au frais quelques heures avant d'être employée.

Pâte à Napolitains.

Posez sur le tour un litre de belle farine, que vous avez eu le soin de tamiser; disposez-la en fontaine; placez au centre soixante-quinze grammes de sucre glace, deux cent cinquante grammes d'amandes de Provence émondées et hachées très menu, plus deux œufs entiers et quelques gouttes d'eau de fleurs d'oranger; ramenez le tout en manipulant bien votre pâte; ajoutez-y des jaunes d'œufs, la quantité nécessaire pour en faire une pâte lisse et moelleuse. Fraisez deux fois très légèrement.

Ne l'employez qu'après deux heures de repos.

Pâte à Plumkett.

Faites chauffer légèrement une terrine dans laquelle vous mettrez un demi-kilog. de beurre fin; remuez-le jusqu'à ce qu'il blanchisse. Une fois bien blanc et bien crémé, mettez-y un demi-kilog. de sucre fin, bien tamisé, que vous remuerez également jusqu'à parfait mélange; mettez onze œufs, que vous casserez de minute en minute, en ayant soin

de bien mêler chaque œuf. Ajoutez ensuite un demi-kilog. de belle
farine, que vous aurez eu soin de tamiser; mêlez seulement, puis jetez-
y trois cents grammes de raisins secs mélangés et un petit verre de vieux
rhum; le tout à peine mêlé.

Il y a deux sortes de plumkett, le plumkett mat et le plumkett léger;
la désignation ci-dessus est pour le premier. Si vous désirez une pâte
plus légère, fouettez deux blancs d'œufs dans un bassin; une fois bien
fermes, vous les joindrez à votre pâte et les mêlerez légèrement.

Pâte à Biscuits fins.

La pâte à biscuits exige la plus grande propreté; aussi doit-on parfaitement laver à l'eau froide le bassin, la terrine et le fouet, les faire
bien sécher après les avoir essuyés. Vous choisissez alors douze beaux
œufs, vous séparez les blancs d'avec les jaunes; vous mettez vos blancs
dans le bassin et les jaunes dans la terrine; mettez dans cette dernière
un demi-kilog. de sucre en poudre, et battez ces deux ingrédients avec
deux spatules en bois, une de chaque main, et toujours en leur faisant
faire le tour sur elles-mêmes jusqu'à parfait mélange et après avoir
obtenu une couleur blanchâtre; mettez-y une pincée de vanille en
poudre pour lui donner du goût. — Dans le cas où votre mélange vous
paraîtrait un peu ferme, cassez dedans, en battant de nouveau, un œuf
entier; puis pesez trois cent dix grammes de belle farine et de fécule de
pommes de terre, moitié de chaque; versez ces deux ingrédients dans
votre terrine et mêlez parfaitement, de manière à ce que votre pâte soit
bien lisse. Prenez alors le bassin dans lequel sont vos blancs, et fouettez
jusqu'à ce qu'ils montent au bord du bassin. Cette opération demande
à être faite avec beaucoup d'activité; elle est bien réussie lorsque le fouet,
placé au centre, se tient facilement debout. Ceci bien fait, prenez-les
par petites parties avec votre fouet pour les joindre à votre pâte en mêlant bien chaque portion jusqu'à la fin de vos blancs, et, pour finir,
vous donnerez une douzaine de tours de spatule, afin de bien mélanger
le tout.

Cette pâte s'emploie ordinairement pour biscuits de Savoie et grosses
pièces du même genre.

Pâte à Biscuits ordinaires.

Pour faire un demi-kilog. de biscuits ordinaires, mettez dans une terrine bien propre un demi-kilog. de sucre fin en poudre; cassez séparément, et après les avoir vérifiés un à un, vingt œufs dont vous jetez les
jaunes peu à peu sur votre sucre, tout en les battant vivement, de manière à leur donner du corps et de la blancheur; mettez-y trois cent
soixante-quinze grammes de belle farine tamisée; ajoutez-y quelques
gouttes d'eau de fleurs d'oranger. Ensuite prenez vos blancs qui se trouvent dans le bassin, fouettez-les activement jusqu'à ce qu'ils s'élèvent
au bord et qu'ils soient très fermes; versez-les aussitôt sur vos jaunes

par petites portions, en les mêlant lentement avec la spatule jusqu'à mélange parfait.

Cette pâte sert pour le biscuit à la cuillère et les petits fours, garnis, glacés, etc.

Pâte à Biscuit commun.

Il faut pour ce biscuit vingt-cinq œufs par demi-kilog. de sucre fin. Séparez les blancs d'avec les jaunes, battez ces derniers avec le sucre, de manière à les rendre le plus légers possible; joignez-y un demi-kilog. de belle farine, mêlez légèrement; ajoutez vos blancs une fois battus et mélangez vivement pendant quelques secondes.

Pâte à Biscuit de Reims.

Prenez un demi-kilog. de sucre fin en poudre, et mettez-le dans un bassin; cassez dedans, un par un, en les fouettant chaque fois, huit œufs entiers. Lorsque vous avez obtenu de la blancheur et de la légèreté, mêlez peu à peu un demi-kilog. de farine tamisée et quelques gouttes d'essence de vanille.

Tout ceci doit être fait légèrement avec la spatule.

Pâte à Biscuit (dit manqué).

Cette pâte est à peu près la même que celle du biscuit commun.

Mettez un demi-kilog. de sucre fin en poudre dans une terrine; choisissez vingt-quatre beaux œufs, cassez-les un à un en les séparant des blancs, que vous mettrez dans un bassin; versez vos jaunes sur votre sucre tout en battant avec deux spatules jusqu'à ce que vous ayez obtenu de la blancheur et de la légèreté.

Ajoutez ensuite un demi-kilog. de farine tamisée que vous mêlerez à peine. Pendant cette opération, vous semez dessus cent vingt-cinq grammes de raisins secs; mélangez et hachez très fin. Faites fondre légèrement (au bain-marie de préférence ou sur un fourneau) cent vingt-cinq grammes de beurre frais; vous fouettez vos blancs d'œufs jusqu'à ce qu'ils soient bien fermes; vous versez en même temps et peu à peu votre beurre dans le contenu de votre terrine, et vous remuez le tout faiblement pour obtenir le mélange; puis vous ajoutez un petit verre de rhum.

Cette pâte sert à faire les gros biscuits dits en caisse, qui se coupent ordinairement par morceaux.

Pâte à Biscuit à la Reine.

Mettez dans une terrine un demi-kilog. de sucre en poudre; cassez seize œufs, séparez-en les blancs que vous mettrez dans un bassin, et versez les jaunes un à un sur votre sucre, en battant ces deux ingrédients avec deux spatules jusqu'à la fin. Ces jaunes doivent prendre une couleur blanchâtre, tout en ayant un certain corps. Ceci fait, vous jetez dedans

cent quatre-vingt-dix grammes de farine tamisée, vous mêlez légèrement en y ajoutant un peu d'eau de fleurs d'oranger; fouettez alors
vos blancs dans votre bassin jusqu'à ce qu'ils soient bien fermes, versez-
les peu à peu sur votre pâte en les mêlant faiblement.

Cette pâte sert principalement pour petits gâteaux de soirée.

Pâte à Biscuit chauffé.

Mettez dans un bassin un demi-kilog. de sucre en poudre, cassez-y
cinq œufs entiers, et fouettez ferme ces deux ingrédients jusqu'à ce que
vous ayez obtenu blancheur et légèreté; placez votre bassin sur un fourneau bien doux; cassez-y de nouveau dix œufs, en les fouettant l'un
après l'autre, afin d'obtenir un ensemble mousseux; retirez votre bassin du feu; joignez-y trois cent soixante-quinze grammes de fécule de
pommes de terre et de farine tamisée par moitié, plus une pincée de
vanille en poudre; le tout mêlé légèrement.

Cette pâte s'emploie pour les gros biscuits de Savoie, qu'on est souvent obligé (par le manque de temps) de faire cuire à four très chaud.

Pâte à Biscuit au citron.

Versez dans une terrine cent quatre-vingts grammes de sucre en
poudre; cassez dedans, un à un, en les fouettant, deux gros œufs entiers. Lorsque ces deux substances seront blanches et légères, ajoutez-y
cent cinquante grammes de farine tamisée, un zeste de citron, hachez
bien fin et mêlez le tout légèrement.

Cette pâte s'emploie également pour les biscuits d'Alger, etc.

Pâte mate (dite Génoise.)

Mettez dans un bassin un demi-kilog. de sucre en poudre; cassez
dessus quatre œufs entiers, deux par deux; fouettez-les, ce qui vous
donnera un liquide blanchâtre et onctueux; mettez-y de nouveau huit
œufs, toujours deux par deux, en fouettant vivement; cette opération
terminée, vous faites fondre à peine sur un feu bien doux ou au bain-
marie cent vingt-cinq grammes de beurre fin, vous y ajoutez un demi-
kilog. de farine, et vous joignez ces deux ingrédients en les versant ensemble dans votre bassin; à mesure que ces substances se mêlent, vous
y versez quelques gouttes d'eau de fleurs d'oranger.

Le tout n'a besoin que d'être mêlé légèrement avec la spatule, et
non fouetté. Cette pâte sert pour coucher les grandes caisses à Génoise
que l'on coupe par tranches, et que l'on glace pour soirées.

Pâte à Génoise ordinaire et sèche.

Mettez dans une terrine un demi-kilog. de beau sucre en poudre;
cassez dessus huit œufs entiers, mais seulement deux par deux en les
battant avec la spatule; vous devez obtenir un ensemble blanc et léger;
cassez de nouveau quatre œufs; séparez-en les blancs, que vous met-

trez dans un bassin; versez les jaunes dans votre terrine et mêlez lentement, puis vous pèserez un demi-kilog. de belle farine, cent vingt-cinq grammes d'amandes douces hachées menu ; ensuite vous ferez fondre dans une petite casserole et sur un feu doux cent vingt-cinq grammes de beurre fin ; vous fouetterez bien vos blancs, et vous réunirez peu à peu ces objets à votre premier travail ; terminez par un peu d'eau de fleurs d'oranger.

Cette pâte sert pour les gros biscuits plats et entremets décorés pour soirées.

Pâte à Biscuit de Londres (dit Capitaine).

Placez sur le tour (1) un demi-kilog. de farine de gruau bien tamisée ; disposez-la en fontaine ; mettez au centre quinze grammes de sel fin, trente grammes de sucre ; faites fondre dans trente-trois centilitres, ou un tiers de litre de lait, cent cinquante grammes de beurre fin ; une fois fondu, versez ce lait doucement, et peu à peu, en ramenant votre farine au centre, et en la manipulant de manière à former une pâte ferme et assez douce.

On ne doit coucher cette pâte que lorsqu'elle est froide.

On s'en sert pour gâteaux à thé, etc.

Pâte à Biscuit aux amandes.

Prenez un demi-kilog. d'amandes douces, cent vingt-cinq grammes d'amandes amères ; émondez-les, lavez-les, ressuyez-les bien entre deux linges, pilez-les dans un mortier extrêmement propre ; jetez dessus un demi-kilog. de sucre fin ; continuez à piler ; mouillez le tout avec douze jaunes d'œufs bien frais ; pilez de nouveau pour ne faire qu'un seul corps, que vous relevez dans une terrine en y mêlant cent vingt-cinq grammes de farine de gruau bien tamisée ; fouettez à part dans un bassin douze blancs d'œufs jusqu'à ce qu'ils deviennent bien fermes ; versez-les peu à peu, et toujours en remuant, sur votre pâte, en y ajoutant quelques gouttes d'eau de fleurs d'oranger.

Cette pâte sert aux gâteaux de soirées ; elle se conserve pendant plusieurs jours, sans subir aucune dépréciation.

Pâte à Biscote parisienne.

Mettez sur le tour un demi-kilog. de farine tamisée ; disposez-la en fontaine ; placez au centre cent cinquante grammes de sucre glace, soixante grammes de beurre fin, quelques gouttes d'eau de fleurs d'oranger ; mouillez ces ingrédients avec deux œufs entiers et quatre jaunes ; assemblez le tout pour en faire une pâte, que vous fraisez trois fois ; tenez-la ferme comme la pâte à foncer.

(1) Voir le terme technique.

Pâte à Madeleine (dite de Commercy).

Pesez et mettez dans une terrine un demi-kilog. de sucre en poudre, non déglacé; cassez dedans un à un, tout en les mêlant à votre sucre, huit œufs entiers. Lorsque votre appareil est devenu blanc et a pris beaucoup de corps, joignez-y de nouveau quatre jaunes d'œufs; réservez les blancs dans un bassin; ajoutez à vos substances, déjà placées dans votre terrine, quelques gouttes d'eau de fleurs d'oranger que vous mêlez à peine; puis, pesez deux cent quatre-vingts grammes de farine de gruau, fraîchement tamisée, que vous mélangerez également; fouettez alors les blancs qui se trouvent dans votre bassin; aussitôt qu'ils deviennent fermes, ajoutez-les à votre pâte en les y mêlant parfaitement.

Pâte Allemande.

Mesurez sur le tour un demi-kilog. de farine fraîche, tamisée; disposez-la en fontaine, ajoutez au centre cent cinquante grammes de sucre glace, soixante grammes de beurre de ferme, quelques gouttes d'eau de fleurs d'oranger, quatre jaunes d'œufs, et la quantité de lait nécessaire pour amalgamer le tout, jusqu'à ce que cela forme un corps solide comme la pâte à foncer.

Pâte à Madeleine de Paris.

Versez dans une terrine un demi-kilog. de sucre glace; cassez un à un six œufs entiers; mêlez-les vivement à votre sucre avec la spatule, jusqu'à ce que vous ayez obtenu un appareil blanc et léger; jetez-y un demi-kilog. de belle farine bien tamisée, et versez sur le tout un demi-kilog. de bon beurre de Gournay à peine fondu, plus quelques gouttes de fleurs d'oranger; mêlez légèrement et avec précaution.

On emploie aussi cette pâte pour divers petits gâteaux de soirées.

Pâte à Provençaux.

Jetez dans un mortier cent vingt-cinq grammes d'amandes douces fraîches, émondées et bien ressuyées; joignez-y cent vingt-cinq grammes de sucre en poudre; pilez ces deux objets; ajoutez cent vingt-cinq grammes de beurre fin; mouillez cet appareil avec deux œufs entiers, plus un jaune; continuez à piler jusqu'à ce que vous ayez obtenu un certain corps; relevez cet appareil dans une terrine; ajoutez quarante-cinq grammes de belle farine, un petit verre de vieux rhum, et mêlez le tout bien légèrement.

Pâte à Seringuer.

PETIT-FOUR ORDINAIRE.

Mettez sur le tour un demi-kilog. de belle farine, bien tamisée, que vous disposez en fontaine; placez au centre deux cent cinquante grammes de sucre en poudre, deux cent cinquante grammes de beurre fin, un zeste de citron ; hachez très menu ; mouillez avec huit ou dix jaunes d'œufs ; assemblez et manipulez bien le tout ; formez-en une pâte que vous fraisez deux fois (1) jusqu'à ce qu'elle ait atteint le degré de fermeté de la pâte à foncer.

On s'en sert couchée dans une seringue pour petits fours à l'usage du thé.

Pâte à Nouille.

Tamisez sur le tour un demi-kilog. de belle farine que vous disposez en fontaine ; mettez au centre quinze grammes de sel fin ; détrempez le tout avec environ dix jaunes d'œufs ; assemblez et manipulez bien votre pâte ; fraisez-la au besoin ; donnez-lui du corps afin qu'elle soit ferme comme la pâte à pâté pour dresser.

On s'en sert pour potage, bordures de plats d'entrées, etc., etc.

Pâte à Croquantis.

Mesurez sur le tour un demi-kilog. de farine tamisée, que vous disposez en fontaine ; mettez au centre deux cent cinquante grammes de sucre fin, deux cent cinquante grammes d'amandes douces fraîches émondées et bien séchées ; un zeste de citron ; hachez amandes et citron très menu ; mouillez ensuite avec huit ou dix blancs d'œufs ; assemblez et mêlez bien la totalité ; faites-en une pâte ferme que vous fraiserez trois fois,

Pâte fondante.

Placez sur le tour un litre de belle farine, bien tamisée, que vous disposez en fontaine ; mettez au centre un demi-kilog. de sucre fin et quelques gouttes d'eau de fleurs d'oranger ; faites fondre votre sucre avec trente-trois centilitres, ou un tiers de litre de lait ; fouettez à part, dans un bassin, seize blancs d'œufs, jusqu'à ce qu'ils soient bien fermes, versez-les dans votre fontaine, en manipulant le tout avec les mains. Tenir cette pâte assez liquide.

Pâte à Rubanettes.

Mettez dans un mortier deux cent dix grammes d'amandes douces, fraîches, émondées et ressuyées ; pilez-les avec deux cent dix grammes de sucre fin ; joignez-y cent cinquante grammes de belle farine bien tamisée ; cassez dedans quatre ou cinq œufs entiers ; continuez à piler, jusqu'à ce que cette pâte ait pris beaucoup de corps, puis relevez-la dans une terrine.

(1) Avec la paume de la main.

Pâte à Copeaux.

Clarifiez, dans un bassin, seize blancs d'œufs; fouettez jusqu'à ce qu'ils soient bien pris; versez dessus un demi-kilog de sucre glace; faites le mélange en continuant à fouetter pour obtenir un certain corps; ajoutez un demi-kilog. de belle farine bien tamisée, un petit verre de vieux cognac; mêlez le tout et disposez de suite.

Pâte à Langue de chat.

Versez dans une terrine cent vingt-cinq grammes de belle farine bien tamisée, cent vingt-cinq grammes de sucre glace, un peu de vanille en poudre; mouillez ces substances avec deux œufs entiers, que vous cassez un par un en les mêlant avec la spatule jusqu'à ce que vous ayez obtenu un certain corps.

On peut s'en servir plus tard en la tenant au frais.

Pâte à Pain de Grésigny.

Prenez un demi-kilog. de pàte à brioche; joignez-y cent vingt-cinq grammes de sucre en poudre, deux œufs entiers; mêlez le tout et fouettez légèrement avec la main; relevez ensuite dans une terrine, ne la couchez qu'après quatre heures de repos.

Pâte croustillante.

Pesez dans une terrine vingt-cinq grammes de farine tamisée, deux cent cinquante grammes de sucre en poudre et deux cent cinquante grammes d'amandes douces, fraîches, émondées, et hachez très fin; mouillez le tout avec deux œufs entiers, cassés un à un, que vous mêlez avec la spatule jusqu'à ce que votre pâte prenne du corps; ajoutez un peu de fleurs d'oranger.

Pâte à Palais riche.

Mettez dans une terrine cent cinquante grammes de sucre sans être déglacé; cassez-y six œufs, un à un, en les fouettant de manière à ce que cette pàte devienne très légère; ajoutez deux cent cinquante grammes de farine, soixante grammes de raisins de Corinthe, quelques gouttes d'eau de fleurs d'oranger, et mêlez légèrement.

Pâte à Palais de dame.

Clarifiez, dans un bassin, six blancs d'œufs; conservez à part les jaunes; faites cuire au grand lissé deux cent cinquante grammes de sucre bien blanc; placez sur une tourtière cent quatre-vingts grammes de farine de gruau bien tamisée; fouettez alors vos blancs d'œufs jusqu'à ce qu'ils soient bien fermes; versez dessus votre sucre, jetez-y la farine, mouillez avec les jaunes que vous avez conservés, et mêlez le tout avec la spatule.

Pâte à Cornets.

Versez dans une terrine cent vingt-cinq grammes de belle farine, cent vingt-cinq grammes de sucre glace; détrempez ces deux ingrédiens avec deux œufs entiers que vous casserez partiellement en les mêlant vivement; ajoutez-y un demi-verre de vieux cognac et mêlez légèrement.

Pâte à Gaufre allemande.

Mettez dans une terrine cent vingt-cinq grammes d'amandes douces, fraîches, émondées et ressuyées ; hachez très menu; cent vingt-cinq grammes de sucre en poudre, soixante grammes de farine tamisée; mouillez le tout avec deux œufs entiers, que vous cassez partiellement ; remuez avec la spatule jusqu'à ce que cette pâte ait beaucoup de corps, joignez-y un peu de vieux cognac.

Pâte à Gaufre d'office.

Versez dans une terrine un demi-kilog. de belle farine et un demi-kilog. de sucre glace; détrempez ces deux ingrédients avec six aunes d'œufs, que vous mêlez un à un en remuant vivement ; il faut que cette pâte ait beaucoup de corps ; ensuite, faites fondre un morceau de beurre (gros comme une noisette) dans un peu d'eau tiède et un peu de cognac; versez le tout sur votre pâte en remuant légèrement : elle doit s'étaler d'elle-même.

Pâte à Infusion de thé.

Tamisez sur le tour un litre de belle farine, que vous disposez en fontaine ; placez au centre trois cents grammes de sucre en poudre et cent vingt-cinq de beurre frais; détrempez ces ingrédients avec une infusion de thé froid; assemblez le tout pour en former la pâte, que vous fraisez trois fois; tenez-la ferme comme celle à foncer.

Pâte à Biscuits anglais.

Mettez sur le tour un demi-kilog. de belle farine tamisée que vous disposez en fontaine; versez-y deux cent cinquante grammes de sucre en poudre, cent quatre-vingts de beurre ordinaire, dix de carbonate en poudre et quelques gouttes d'eau de fleurs d'oranger ; mouillez le tout avec deux œufs entiers, plus quatre jaunes ; manipulez bien votre pâte et fraisez-la trois fois.

Pâte à biscotes de Bruxelles.

Mesurez dans une terrine un litre cinquante décilitres de farine de gruau tamisée, et deux cent cinquante grammes de sucre en poudre; cassez dedans quatre œufs, un à un, en les remuant avec la spatule. Lorsque cette appareil devient pâte et qu'il a acquis beaucoup de corps, joignez-y trente grammes de beurre à peine fondu et un peu d'eau de fleurs d'oranger ; ensuite vous fouetterez dans un bassin deux blancs d'œufs très fermes que vous mêlerez légèrement à votre pâte.

Pâte à Croquignoles.

Cassez huit œufs ; ne vous servez que des blancs, que vous versez dans un bassin ; pesez un demi-kilog. de sucre en poudre glace, que vous placez d'avance sur une tourtière, un demi-kilog. de belle farine tamisée que vous tenez à part ; fouettez alors vos blancs, que vous faites prendre à moitié ; mettez-y votre sucre ; continuez à fouetter pour bien mélanger et donner du corps ; ajoutez-y votre farine, un peu d'eau de fleurs d'oranger, et remuez le tout avec la spatule deux minutes environ.

On s'en sert pour les os de grenouilles et petits fours.

Observation essentielle sur les Pâtes d'amandes.

Les pâtes d'amandes étant susceptibles de tourner, il est essentiel d'observer la plus grande propreté dans les accessoires qui servent à leur préparation.

Pour émonder les amandes, on doit les jeter dans une eau propre très chaude, mais non bouillante, les couvrir hermétiquement et tenir la casserole près du fourneau, de manière à ce qu'elle ne perde pas sa chaleur primitive ; au bout de dix minutes, les amandes sont pochées et la peau s'en détache facilement ; égouttez-les sur un tamis ou dans une passoire ; jetez-les dans une eau très fraîche ; aussitôt rafraîchies, égouttez-les de nouveau, enlevez l'épiderme, replongez-les dans un autre vase d'eau froide, lavez et égouttez de nouveau ; essuyez-les entre deux linges blancs, ou, mieux encore, sur une plaque d'office à la bouche du four ; une fois bien séchées, vous les retirez et les laissez refroidir.

C'est seulement à ce moment qu'elles sont bonnes à employer.

Pâte d'amandes ordinaires.

Prenez un demi-kilog. d'amandes douces, fraîches, émondées et bien séchées ; mettez-les dans un mortier, pilez en mouillant peu à peu avec trois blancs d'œufs ; ajoutez un demi-kilog. de sucre glace en poudre ; continuez à piler jusqu'à ce que vous ayez obtenu une pâte fine et douce ; saupoudrez d'un peu de vanille.

Si la pâte est un peu ferme, vous pouvez l'amollir avec un peu de blancs d'œufs.

Pâte d'amandes fines.

Même travail que ci-dessus, même quantité d'œufs et d'amandes ; seulement un kilog. de sucre glace au lieu d'un demi (goût vanille).

Pâte d'amandes légères.

Pesez un demi-kilog. d'amandes douces, fraîches, émondées et bien ressuyées; pilez-les très fin dans un mortier avec un kilog. et demi de sucre en poudre; passez le tout dans un tamis, mettez ce mélange dans votre mortier avec un peu de vanille, et continuez à piler en mouillant avec six blancs d'œufs, cassés un à un, jusqu'à ce que cette pâte obtienne un certain corps.

Pâte d'amandes jaunes.

Pilez dans un mortier un demi-kilog. d'amandes douces, fraîches, émondées et ressuyées; mouillez, tout en continuant à piler, avec quatre ou cinq jaunes d'œufs, jusqu'à ce que cette pâte ait pris du corps; ajoutez un kilog. de sucre en poudre sans être déglacé, une pincée de vanille, et pilez de nouveau jusqu'à parfait mélange.

Pâte d'amandes desséchées.

Mettez dans un mortier un demi-kilog. d'amandes douces, fraîches, émondées et seulement ressuyées, que vous pilez en les mouillant peu à peu avec environ quatre blancs d'œufs; jetez dedans, tout en continuant à piler, un kilog. de sucre non déglacé et un peu de vanille, jusqu'à ce que le mélange soit parfait; relevez cette pâte dans un poêlon d'office, que vous placez sur un feu très doux; remuez avec la spatule à peu près dix minutes, afin de resserrer vos blancs d'œufs; versez alors votre pâte sur le tour, saupoudrez avec cent vingt-cinq grammes de belle farine tamisée, roulez-la bien pour mélanger ce dernier ingrédient, et couchez-la de suite, soit à la main, soit à la seringue.

Pâte à Croquets ordinaires.

Disposez en fontaine, sur le tour, un litre de farine ordinaire; placez au centre trois cent soixante-quinze grammes d'amandes douces sans être émondées, mais bien épluchées, deux cent cinquante grammes de sucre en poudre; mouillez le tout avec quatre œufs entiers; ajoutez un peu d'eau de fleurs d'oranger, faites un parfait mélange, et fraisez trois fois.

Pâte à Croquets blancs.

Mesurez sur le tour un litre de farine tamisée que vous disposez en fontaine; placez au centre un demi-kilog. de sucre en poudre, un kilog. d'amandes douces, fraîches, émondées; cassez dessus quatre œufs entiers, bien choisis; ajoutez quelques gouttes d'eau de fleurs d'oranger, manipulez bien le tout et fraisez trois fois.

Pâte à Croquets gomme.

Mettez sur le tour un demi-kilog. de farine tamisée que vous disposez en fontaine; placez au centre un demi-kilog. de sucre en poudre, un kilog. d'amandes émondées, cent vingt-cinq grammes de beurre, deux gouttes d'essence de bergamote; mouillez le tout avec huit blancs d'œufs, assemblez bien et fraisez trois fois.

Pâte à Croquets à la Reine.

Fouettez dans un bassin huit blancs d'œufs; tenez très ferme; ajoutez un demi-kilog. de sucre glace, que vous fouetterez également avec vos blancs, cent cinquante grammes de farine de gruau, deux gouttes d'essence de bergamote, et mêlez le tout légèrement à la spatule.

Pâte à Croquets ponges.

Pesez un demi-kilog. de farine, versez-le sur le tour, et disposez-le en fontaine; placez au centre trois cents grammes de sucre glace, deux cent cinquante grammes d'amandes douces fraîchement émondées et bien pilées; mouillez le tout avec assez d'eau de fleurs d'oranger pour en faire le mélange; manipulez, afin d'obtenir une pàte ferme comme la pàte à foncer; assemblez et fraisez trois fois.

Pâte à Croquets légers.

Mettez sur le tour deux litres de farine que vous disposez en fontaine; placez au centre un demi-kilog. d'amandes sans être émondées, triez et lavez seulement; pesez trois cent soixante-quinze grammes de sucre que vous tiendrez à part; fouettez dans un bassin neuf œufs entiers, jetez-y votre sucre et quelques gouttes d'eau de fleurs d'oranger; continuez à fouetter sur un fourneau doux; sitôt la fermentation de la mousse, versez le tout dans votre farine, assemblez et fraisez trois fois.

Pâte à Croquets de Bordeaux.

Mettez sur le tour un litre de farine ordinaire disposé en fontaine; placez au centre un kilog. de sucre vergeoises et un kilog. d'amandes sans être émondées; mouillez le tout suffisamment avec de l'eau de fleurs d'oranger pour obtenir une pàte ferme comme la pàte à pàté pour dresser; manipulez bien et fraisez trois fois.

Pâte flamande.

Tamisez sur le tour un demi-kilog. de farine ordinaire disposée en fontaine; placez au centre cent vingt-cinq grammes de sucre fin en poudre, trente grammes de beurre, trente grammes d'amandes douces émondées et hachées menu, un petit verre à liqueur d'eau de fleurs d'oranger; assemblez le tout avec trois blancs d'œufs et fraisez trois fois.

Pâte à Pain d'Écosse.

Mesurez sur le tour un litre de gruau tamisé, et disposez-le en fon-

taine; placez au centre deux cent cinquante grammes de sucre en
poudre, cent quatre-vingts grammes de beurre de ferme, un œuf entier,
plus quatre jaunes et un dé de fleurs d'oranger; manipulez le tout,
fraisez deux fois.

Cette pâte doit avoir la fermeté de la pâte à foncer.

Pâte à Milan.

Pesez un demi-kilog. de farine de gruau que vous disposez en fontaine sur le tour; placez au centre cent quatre-vingts grammes de sucre
fin en poudre, cent quatre-vingts grammes de beurre de ferme, deux
gouttes d'essence de citron, un œuf entier, plus cinq jaunes; mêlez le
tout, et fraisez deux fois.

Pâte anisée.

Mesurez sur le tour un litre de farine de gruau que vous disposez en
fontaine; mettez au milieu deux cent cinquante grammes de sucre en
poudre, cent vingt-cinq grammes de beurre, vingt grammes d'anis en
grains bien épluchés; mouillez ces ingrédients avec deux œufs entiers,
plus trois jaunes; assemblez le tout, et fraisez trois fois.

Pâte à Biscuits bretons.

Mettez dans une terrine quatre cent soixante grammes de sucre
en poudre, cassez dedans, un à un, cinq œufs entiers tout en remuant
votre pâte avec la spatule de manière à lui donner du corps; ajoutez
deux cent quatre-vingts grammes de farine de gruau tamisée et un zeste
de citron haché menu; fouettez dans un bassin cinq blancs d'œufs bien
fermes, que vous mêlez légèrement à vos ingrédients; relevez le tout
dans une terrine.

Pâte de Francfort.

Tamisez un demi-kilog. de belle farine que vous placez sur le tour et
que vous disposez en fontaine; mettez au centre cent quatre-vingts
grammes de sucre en poudre, cent quatre-vingts grammes de beurre de
ferme, cent quatre-vingts de raisins secs mélangés, quelques gouttes
d'eau de fleurs d'oranger, deux œufs entiers et vingt centilitres ou un
cinquième de litre de lait; manipulez le tout, et fraisez deux fois.

Pâte à Pain d'avelines.

Mettez dans un mortier cent cinquante grammes d'amandes noisettes
dites avelines, cent cinquante grammes d'amandes douces de Provence
émondées; pilez ensemble, en mouillant avec quatre blancs d'œufs cassés un à un; ajoutez un peu de vanille; faites le mélange, et couchez
cet appareil immédiatement.

Pâte de Marrons.

Epluchez un demi-kilog. de marrons de Lyon que vous faites cuire
à grande eau, jusqu'à ce qu'ils deviennent souples sous les doigts;
égouttez, enlevez l'épiderme et nettoyez-les; une fois bien propres,
vous les pilez dans un mortier, avec cent vingt-cinq grammes de sucre
en poudre et un peu de vanille : continuez à piler jusqu'à ce que cette
pâte devienne fine; relevez dans une terrine pour vous en servir au
besoin.

Pâte à Pains anglais.

Tamisez sur le tour un litre de belle farine de gruau que vous disposez en fontaine; placez au centre cent vingt-cinq grammes d'avelines
pilées, trois cent soixante-quinze grammes de sucre glace; versez-y
huit à dix jaunes d'œufs et quelques gouttes d'eau de fleurs d'oranger ;
manipulez le tout, fraisez trois fois, et relevez dans une terrine.

Pâte à frire.

Versez dans une terrine un demi-litre de belle farine que vous détrempez avec la même quantité d'eau ; versez cette eau goutte à goutte
pour bien délayer; lorsque votre pâte a pris beaucoup de corps, ajoutez
un grain de sel et quelques gouttes d'huile fine, fouettez deux blancs
d'œufs bien fermes, et mêlez légèrement.

Pâte ou composition du Plumpudding anglais.

Epluchez trois cents grammes de graisse de rognons de bœuf que
vous hachez finement, en y ajoutant cent cinquante grammes de farine
ordinaire, cassez dessus six œufs entiers, mêlez ces trois ingrédients en
continuant de hacher; relevez le tout dans une terrine; jetez-y trois
cents grammes de raisins mélangés hachés menus, deux cents grammes
de fruits frais, tels que pommes de reinette, abricots, cerises et autres,
également hachés; faites le mélange général avec la spatule jusqu'à ce
que cette pâte prenne beaucoup de corps; ajoutez encore vingt-cinq
centilitres ou un quart de litre de vieux rhum, cent grammes de sucre
en poudre et environ cent grammes de mie de pain ; émiettez dans
votre main; une fois le tout bien mélangé, votre appareil est bon à
mouler.

Composition du Plumpudding parisien.

Réunissez, quels qu'ils soient, vos gâteaux de la veille; mettez-les
dans une casserole, en jetant dessus la quantité de lait nécessaire pour
les détremper; posez votre casserole sur un fourneau doux, avec le
soin de remuer jusqu'à ce que cela forme pâte; ajoutez une certaine

quantité proportionnée de raisins secs assortis, tels que Corinthe, Malaga, Smyrne, et hachés très menu, le sucre nécessaire, du rhum et un jus de citron; mélangez bien le tout avec la spatule; couchez dans vos moules dits caisses à manquer; cuisez à four chaud; aussitôt d'un blond foncé, démoulez de suite.

CHAPITRE IV.

DIVERS APPAREILS.

Appareil à Macarons de Nancy.

Prenez un demi-kilog. de belles amandes douces que vous avez triées, émondées, lavées et séchées, pilez-les dans un mortier en les mouillant avec quatre blancs d'œufs, cassés un à un ; lorsque vos amandes sont bien lisses, ajoutez un kilog. de beau sucre en poudre sans être déglacé, un peu de vanille, continuez à piler jusqu'à parfait mélange, relevez le tout dans une terrine ; ceci fait, fouettez à part dans un bassin deux blancs d'œufs bien fermes que vous mêlerez légèrement à vos autres ingrédients.

Appareil à Macarons moelleux.

Emondez et ressuyez un demi-kilog. d'amandes douces de Provence et cent vingt-cinq grammes d'amandes amères ; pilez-les dans un mortier jusqu'à ce qu'elles forment une pâte très fine ; ajoutez-y un kilog. et demi de beau sucre en poudre, deux cent cinquante grammes de sucre vergeoise bien tamisé ; continuez à piler tout en mouillant avec sept blancs d'œufs cassés un à un, jusqu'à parfait mélange ; relevez cet appareil dans une terrine ; ceci fait, cassez à part, dans un bassin, quatre blancs d'œufs que vous fouettez très ferme et que vous versez par portion dans votre appareil ; mêlez le tout légèrement à la spatule.

Ce mélange doit être assez ferme pour ne pas s'étaler lorsqu'il est couché.

Appareil à Macarons croquants.

Emondez deux cent soixante-quinze grammes d'amandes douces bien séchées; pilez-les avec sept cent cinquante grammes de sucre en poudre; passez le tout dans un tamis fin; remettez dans un mortier et cassez un à un, en pilant de nouveau, huit blancs d'œufs. Lorsque cet appareil a beaucoup de corps, vous le relevez dans une terrine pour le coucher au besoin.

Appareil à Massepains chocolat.

Prenez un demi-kilog. d'amandes douces émondées et bien séchées; pilez-les dans un mortier jusqu'à ce que vous ayez obtenu une pâte fine; mouillez avec six blancs d'œufs cassés un à un; continuez à piler en y joignant un kilog. de beau sucre en poudre; lorsque le tout est bien amalgamé, ajoutez deux tablettes de chocolat que vous avez fait fondre à la bouche d'un four, soit dans une casserole, soit sur une tourtière; pilez le tout, et relevez cet appareil dans une terrine pour le coucher de suite.

Appareil à Chocolat croquant.

Cassez trois œufs; versez les blancs dans un bassin; fouettez jusqu'à ce qu'ils soient très fermes; ôtez votre fouet, que vous remplacez par la spatule; mettez dans votre bassin trois cent grammes de sucre en poudre sans être déglacé, cent quatre-vingts grammes d'amandes effilées et cent vingt-cinq grammes de chocolat fondu; mélangez le tout, et remuez jusqu'à ce que vous ayez obtenu un appareil lisse.

Appareil à Massepains légers au chocolat.

Fouettez légèrement dans un bassin huit blancs d'œufs; ajoutez deux cent cinquante grammes de sucre en poudre dit glace; continuez votre mélange avec le fouet; posez votre bassin sur un fourneau doux, toujours en fouettant, pour faire prendre votre appareil jusqu'à ce qu'il soit cuit comme au grand lissé. (*Voir* article des Sucres cuits.)

Cet appareil demande à être couché promptement; il sert à divers petits fours.

Appareil et préparation du Nougat blanc.

Mettez dans un poêlon d'office un demi-kilog. de sucre en poudre; versez-y un dé d'eau filtrée; placez votre poêlon sur un fourneau vif afin de faire fondre votre sucre promptement; aussitôt qu'il commencera à bouillir, jetez dessus un demi-kilog. d'amandes douces fraîches, émondées, séchées et hachées le plus également possible; mélangez le tout, et couchez à chaud.

Cet appareil sert principalement pour les pièces montées.

Appareil et apprêt du Nougat parisien.

Prenez, suivant votre besoin, la quantité nécessaire d'amandes douces triées, que vous mettrez dans du lait bien chaud pour les émonder; jetez-les dans un seau d'eau fraîche; lavez et ressuyez dans un linge blanc de lessive; si elles vous paraissent trop grosses, séparez-les en deux; faites cuire au grand cassé (*Voyez* Sucres cuits) un peu de sucre, trempez dedans vos amandes une à une, en ayant soin de les dresser dans un moule à charlotte l'une sur l'autre au moyen de la pointe d'une lardoire.

Appareil du Nougat panaché.

Emondez dans l'eau bouillante trois cent soixante-quinze grammes d'amandes douces hachées et séchées à l'étuve; jetez-les dans deux cent cinquante grammes de sucre fondu au même degré que pour le nougat ordinaire; couchez cet appareil partiellement, en ayant soin de garnir la surface d'un panaché (*Voir* au chapitre des Préparations), puis placez-le dans ce sens autour de vos moules.

Cette préparation s'emploie pour grosses pièces et différents socles.

Appareil à Nougat ordinaire.

Prenez un poêlon d'office très propre; mettez dedans quelques gouttes de jus de citron et cent vingt-cinq grammes de sucre en poudre; faites-le fondre sur un feu vif, tout en remuant avec la spatule; aussitôt qu'il blanchit, joignez-y cent quatre-vingt-cinq grammes d'amandes effilées que vous avez eu soin de tenir chaudement sur une feuille de papier afin de ne pas saisir votre sucre lorsqu'il est en sirop; mêlez le tout et couchez promptement, selon le besoin.

Appareil à Nougat perlé.

Prenez un kilog. cent cinquante grammes d'amandes douces émondées et lavées avec soin; séchez-les à l'étuve; sitôt qu'elles sont essuyées, hachez très menu et mettez-les un instant au four; ensuite, pesez un kilog. de sucre en poudre que vous versez dans un poêlon d'office; placez-le sur un feu bien ardent et remuez constamment avec la spatule; lorsque votre sucre fait un léger bouillon, placez vos amandes dedans et mêlez-les bien.

Ce nougat sert à la confection des pièces montées.

Appareil à Nougat de Marseille.

Cassez dix œufs; versez les blancs dans un bassin; fouettez-les bien ferme; ajoutez un demi-kilog. de miel de Narbonne, un demi-kilog. de sucre en poudre dit glace; continuez à fouetter en plaçant votre bassin sur un feu doux. Lorsque votre appareil sera cuit au lissé, ôtez votre bassin du feu; jetez-y un demi-kilog. d'amandes douces de Provence fraîches, émondées et essuyées, cent vingt-cinq grammes de pistaches et cent vingt-cinq grammes de pralines fines; mélangez le tout, en ayant soin de ramener constamment au centre; couchez cette préparation dans une caisse en fer-blanc garnie de pains enchantés; mettez-la vingt-quatre heures à l'étuve, et l'opération sera terminée.

Cet appareil peut se conserver fort longtemps.

Appareil dit Glace royale pour décorer.

Prenez cent vingt-cinq grammes de sucre dit glace fraîchement tamisé, que vous mettez dans une terrine en le mouillant avec deux ou trois blancs d'œufs et une goutte de citron; mêlez avec la spatule jusqu'à ce que vous ayez obtenu assez de corps pour que, élevant vivement votre spatule à dix centimètres au-dessus de votre terrine, votre appareil ne s'en détache pas et forme au contraire une pâte légère et filandreuse. Lorsque cet appareil est destiné à faire des bordures renversées, on y ajoute une goutte de vinaigre de bois ou une pincée de gomme adragante en poudre.

Appareil à Suédois.

Mettez dans une terrine un demi-kilog. de sucre fin dit glace; cassez dessus quatre blancs d'œufs que vous mêlez un à un avec la spatule; lorsque par le mélange cet appareil a gagné du corps, vous y joignez un demi-kilog. d'amandes effilées, un peu de vanille, et vous mêlez légèrement.

Appareil à Meringues ordinaires.

Cassez douze beaux œufs, ne vous servez que des blancs, que vous mettrez dans un bassin et que vous fouetterez jusqu'à ce qu'ils deviennent très fermes; joignez-y, en le versant partiellement, un demi-kilog. de sucre en poudre et quelques gouttes d'eau de fleurs d'oranger; mêlez le tout légèrement à la spatule.

Appareil à Meringues fines dites moelleuses.

Prenez huit blancs d'œufs que vous mettez dans un bassin et que vous fouettez jusqu'à ce qu'ils deviennent très fermes; joignez-y un demi-kilog. de beau sucre en poudre et un peu de vanille; mêlez le tout légèrement à la spatule.

Appareil à Meringue italienne au petit cassé.

Mettez dans un bassin quatre beaux blancs d'œufs; fouettez-les bien fermes; joignez-y un demi-kilog. de beau sucre de canne que vous faites cuire au petit cassé; mêlez le tout légèrement.

Cet appareil s'emploie pour les petits fours imitant les fruits primeurs, etc.

Appareil à Meringue italienne au bassin.

Fouettez dans un petit bassin, avec un fouet d'osier, huit beaux blancs d'œufs jusqu'à ce qu'ils soient à moitié pris; ajoutez, tout en continuant de fouetter, un demi-kilog. de sucre glace; mettez le bassin sur un fourneau doux, et fouettez toujours en ramenant vos coups au centre, jusqu'à ce que votre appareil soit cuit au grand lissé; à la fin, joignez-y un peu de vanille en poudre.

Cette meringue, une fois couchée en petits fours, se conserve très longtemps brillante et moelleuse; il ne faut pas la tenir renfermée; on peut lui donner toutes les formes imaginables.

Appareil à Frangipane dite Crême pâtisserie.

Tamisez un litre de farine de gruau que vous mettez dans une casserole; cassez dedans dix œufs un à un, en les mêlant avec la spatule ou une cuillère de bois; versez-y un litre de bon lait que vous mêlerez partiellement, en ayant le soin de donner du corps à cette détrempe; ajoutez ensuite cent vingt-cinq grammes de beurre fin, et mettez cette crême sur un fourneau, toujours en remuant; lorsque le tout sera lié, retirez votre casserole du feu, continuez à remuer pour bien lisser cette crême; remettez bouillir pendant cinq minutes, puis versez-la dans une terrine; lorsqu'on veut l'employer, il est nécessaire de l'étoffer en y ajoutant de nouveau quatre œufs entiers mêlés un à un, deux cent cinquante grammes de sucre en poudre, quelques gouttes d'eau de fleurs d'oranger et cent soixante-quinze grammes de beurre cuit à la noisette, fondu à petit feu jusqu'à ce qu'il soit entièrement clarifié et qu'il répande une odeur de noisette; une fois ces ingrédients réunis, mêlez le tout légèrement.

Appareil vanillé pour Frapper.

Mettez dans un saladier six jaunes d'œufs; ajoutez à ces jaunes un demi-kilog. de sucre en poudre; mêlez à la spatule et versez dedans, peu à peu, en remuant toujours, un litre de bon lait; pour donner du goût, mettez deux gousses de vanille; transvasez alors cet appareil dans une casserole bien propre que vous placez sur un fourneau ardent; remuez jusqu'à ce que votre crême soit bien liée et ait acquis une certaine densité sans pour cela la laisser bouillir; retirez-la du feu toujours en tournant pour la rendre le plus lisse possible; lorsque vous aurez obtenu ce résultat, reposez-la sur le feu, et remuez jusqu'à la première ébullition; à ce moment, versez le tout dans un tamis de soie placé sur un saladier afin que votre crême soit bien passée et que cet appareil ne soit pas grumeleux; laissez refroidir; remuez-la de temps en temps jusqu'au moment de frapper à la glace.

Appareil à Crême vanille ordinaire.

Mettez dans une casserole cent vingt-cinq grammes de fécule, cent vingt-cinq grammes de farine de riz et deux cent cinquante grammes de sucre en poudre, plus deux pincées de vanille en poudre ; mouillez ces ingrédients avec un œuf entier et quatre jaunes ; délayez bien le tout et joignez-y un litre de bon lait, que vous versez peu à peu en le mêlant bien ; ajoutez deux cent cinquante grammes de beurre fin, et placez cette crême sur un fourneau doux ; remuez constamment avec la spatule jusqu'à ce que votre crême se trouve liée ; remuez plus vivement afin de la faire prendre ; lorsqu'elle est entièrement lisse et compacte, ôtez-la au premier bouillon et versez-la de suite dans un vase ; passez ensuite dessus un morceau de beurre frais, afin d'éviter qu'il s'y forme une croûte.

Maintenez dans cet état jusqu'au moment de vous en servir.

Appareil à Crême fine à la Bordelaise.

Mettez dans une petite casserole trois jaunes d'œufs ; ajoutez une cuillerée à bouche de fécule et une de sucre en poudre ; mouillez ces ingrédients avec un tiers de litre de lait que vous versez peu à peu en remuant toujours, et gros comme un œuf de beurre fin ; mettez sur le feu, et remuez avec la spatule jusqu'à ce que cet appareil forme crême ; retirez du feu ; continuez à remuer, puis remettez sur le feu pour lui faire faire un bouillon ; retirez de nouveau et transvasez-la dans une terrine.

Appareil à Crême d'amandes.

Prenez un demi-kilog. d'amandes douces, fraîches, émondées, et une pincée d'amandes amères ; pilez-les dans un mortier jusqu'à extinction ; joignez-y un demi-kilog, de sucre en poudre ; mêlez bien le tout ; imbibez ce mélange avec le jus de deux ou trois citrons ; continuez à piler jusqu'à ce que vous ayez obtenu une espèce de pâte ; lorsque vous voulez en faire usage, étoffez cet appareil avec de la crême de lait, en y versant la quantité nécessaire pour obtenir un appareil mollet qui forme nappe, et relevez à la corne dans une terrine.

Appareil à Crême de riz.

Mettez dans une casserole de la contenance de deux litres à peu près deux cents grammes de riz ; couvrez-le d'eau fraîche et placez-le sur un fourneau doux ; sitôt votre eau tiède, lavez votre riz avec la main, égouttez-le dans une passoire et remettez-le dans votre casserole ; versez dessus les deux tiers d'un litre de lait, un grain de sel gris, un zeste de citron et deux cents grammes de beurre fin d'Isigny ; replacez votre casserole sur le fourneau ; lorsque le contenu est en ébullition, sortez de dessus le feu, couvrez hermétiquement et placez-le dessous votre fourneau, de manière à ce qu'il se trouve entre deux chaleurs ; tenez ainsi jusqu'à ce que votre riz soit bien crevé, ce qui a lieu lorsqu'il s'écrase facilement entre deux doigts et qu'il a bu tout votre lait ; remuez avec la spatule pour lui donner du corps ; mouillez alors avec six ou huit œufs entiers cassés un à un en les mêlant ; ajoutez cent grammes de sucre en poudre, quelques gouttes d'eau de fleurs d'oranger, et mélangez bien le tout.

Appareil à Crême de Pithiviers à la vanille.

Emondez un demi-kilog. d'amandes douces ; lavez-les dans l'eau fraîche et essuyez dans un linge blanc ; placez-les ensuite dans un mortier et pilez jusqu'à extinction ; aioutez un demi-kilog. de sucre en poudre et un demi-kilog. de beurre fin ; pilez le tout jusqu'à ce que cela forme pâte ; mouillez ensuite avec huit œufs entiers, cassés un à un ; pilez toujours en ajoutant à cet appareil un peu de vanille en poudre ; relevez le tout à la corne et placez dans une terrine.

Appareil à Crême aux pistaches.

Emondez deux pincées de pistaches ; lavez-les à grande eau ; essuyez-les dans un linge blanc ; pilez-les ensuite dans un mortier très propre ; lorsqu'elles auront rendu toute leur liqueur, relevez le tout dans une serviette que vous tordez fortement ; mettez alors dans une casserole trois jaunes d'œufs, cent vingt-cinq grammes de sucre en poudre, le quart d'un litre de bon lait que vous versez par petite partie en mêlant bien avec la spatule ; versez-y votre liqueur de pistaches, et faites prendre cet appareil sur un feu bien doux ; n'oubliez pas de remuer constamment pendant l'opération ; laissez bouillir une seconde ; une fois bien lisse, versez votre crême dans un vase étroit et profond, que vous couvrez aussitôt froid, jusqu'au moment d'employer votre crême.

Appareil pour Crême tartelette.

Mettez dans une casserole deux verres d'eau, soixante grammes de beurre fin et un grain de sel ; posez cette casserole sur un fourneau ardent ; lorsque ces ingrédients seront en ébullition, sortez du feu et joignez-y cent quatre-vingt-dix grammes de farine de gruau ; mêlez-la au reste avec la spatule ; une fois bien mélangée, remettez sur le feu seulement pendant deux minutes ; retirez alors sans cesser de remuer ; mouillez ensuite cet appareil avec trois œufs entiers et trois jaunes cassés un à un, toujours en remuant, jusqu'à ce que vous ayez obtenu une pâte assez ferme ; ajoutez-y soixante grammes de sucre en poudre et quelques gouttes d'eau de fleurs d'oranger que vous mêlerez parfaitement bien.

Appareil à Crême au chocolat.

Mettez dans une casserole deux cent cinquante grammes de chocolat
non sucré, que vous faites dissoudre sur un fourneau très doux ; ajoutez-y soixante grammes de farine de riz, soixante grammes de fécule,
cent vingt-cinq grammes de sucre en poudre et six jaunes d'œufs ;
mêlez le tout et mouillez avec un litre de lait, que vous versez peu à
peu et que vous faites prendre en remuant sur un fourneau très doux ;
lorsqu'il épaissit, remuez avec plus d'activité jusqu'à ce qu'il soit prêt
à bouillir ; arrivé à ce point, vous le mettez dans un vase étroit et profond. L'employer sitôt froid.

Appareil à Crême fouettée (dite Chantilly).

Le Pâtissier parisien, plus heureux que ses confrères de province, a
l'avantage de trouver cette crème toute apprêtée, à toute heure du jour,
et presque toujours de bonne qualité. Plusieurs maisons de crêmerie
font cette spécialité et réussissent parfaitement à la conserver. A la
campagne, c'est bien différent : le pâtissier est obligé de fouetter sa
crême, qui se trouve, il est vrai, plus fraîche et meilleure qu'à la ville ;
mais la glace en été lui fait souvent défaut.

OPÉRATION.

Prenez de la crême de lait, aussi fraîche que possible ; versez-la dans
un vase que vous entourez de glace à rafraîchir (ceci sert à frapper (1) ;
lorsque votre vase est bien saisi, bien froid, laissez-la pendant plusieurs
minutes, fouettez alors légèrement avec un fouet d'osier ; lorsqu'elle
commence à mousser, ralentissez vos coups, afin qu'elle arrive à son
degré de fermeté ; faites bien attention de ne pas la fatiguer, elle tour-
nerait au beurre et l'on ne pourrait plus s'en servir comme crême ;
laissez-la entourée de glace et bien s'égoutter jusqu'à ce qu'elle soit
totalement employée.

Cette crême est très usitée en pâtisserie et s'emploie à différentes
choses, telles que meringues, bavaroises, chocolat frappé, Saint-Honoré, etc., etc.

Appareil à Macaroni.

Mettez sur le feu une casserole d'eau, environ cinq litres, et quelques grains de sel gris ; aussitôt qu'elle commencera à bouillir, jetez
dedans un demi-kilog. de macaroni d'Italie ; continuez à faire bouillir
jusqu'à ce qu'il soit blanchi, autrement dit cuit moelleux ; égouttez-le
dans une passoire et remettez-le dans un vase d'eau fraîche.

Mettez alors dans une casserole un bon morceau de beurre fin, jetez-

(1) Vase entouré de glace.

y votre macaroni après l'avoir fait bien égoutter; placez votre casserole sur un fourneau ardent, ajoutez trois cent soixante-quinze grammes de fromage de Gruyère et cent vingt-cinq grammes de Parmesan. Ces deux fromages doivent être râpés; puis sel, poivre, muscade pour bien épicer; faites sauter de manière à bien mêler cet appareil; pour être à point, il doit avoir beaucoup de corps et être très filandreux.

Appareil de Nouille.

Abaissez le plus mince possible, sur un tour de marbre ou de bois bien droit, de la pâte de nouille (1), que vous coupez par petits filets de deux millimètres de largeur; mettez dans une casserole la quantité d'eau proportionnée à votre nouille et quelques grains de sel; sitôt que votre eau est en ébullition, placez-y votre pâte; faites bouillir jusqu'à cuisson complète; égouttez votre nouille et videz votre eau. Mettez dans cette même casserole un bon morceau de beurre d'Isigny; lorsqu'il est fondu, jetez-y votre nouille et ajoutez poivre, sel, muscade, fromage de Gruyère et de Parmesan râpé, et de la tomate; le tout, bien mélangé, doit vous donner un appareil bien fait et filandreux comme le macaroni.

Appareil dit Crême anglaise.

Mettez dans une petite casserole quatre jaunes d'œufs, plus cent vingt-cinq grammes de sucre en poudre; mélangez ces deux ingrédients à la spatule; faites ensuite bouillir le quart d'un litre de bon lait, dans lequel vous placez deux gousses de vanille qui servent plusieurs fois à cet effet. Puis à côté faites dissoudre dans un bain-marie, en les recouvrant d'eau, vingt-cinq grammes de gélatine; mêlez à votre appareil, en versant doucement, du lait bouillant et votre gélatine, toujours en remuant; passez aussitôt cet appareil dans un tamis de soie que vous placez sur un saladier; laissez-le refroidir jusqu'au moment d'y mêler de la crème dite Chantilly.

Manière de sangler un Sabot pour frapper les appareils.

On ne saurait assez porter d'attention ni prendre de précaution pour bien sangler un sabot; de là dépend presque toujours la réussite des appareils frappés; beaucoup de personnes croient qu'il suffit de le garnir de glace plus ou moins pour qu'il soit en état de fonctionner convenablement.

Cependant il n'en est pas ainsi, et nous engageons les personnes qui n'ont pas une longue habitude de s'en servir à faire bien attention aux observations que nous allons décrire à ce sujet. Vous mettez dans un

(1) Voir au chapitre des Pâtes.

seau un morceau de glace très uni et assez épais; vous posez sur ce morceau de glace votre sabotière, ou sarbotière; puis, avec de la glace pilée assez menu (les plus gros morceaux doivent être de la grosseur d'un œuf), vous en placez à la main une couche de quatre centimètres de hauteur dans le fond et autour du morceau de glace qui vous sert de pivot; tassez-la bien avec le bout d'un manche à balai, ou le manche de votre houlette, de manière à ce qu'elle soit bien serrée, et que, sans être écrasée, il reste le moins de vide possible; semez dessus cette couche de glace et tout autour une forte poignée de sel gris, que vous saupoudrez elle-même d'une poignée de salpêtre; ceci fait, faites une seconde couche de glace comme la première, tassez-la également et saupoudrez de même; continuez à superposer le nombre de couches nécessaires, jusqu'à ce que votre seau soit comble; lorsque tout cela est bien préparé, donnez vivement deux ou trois tours de main à votre sabotière pour lui faire bien prendre son aplomb. Quand vous aurez reconnu qu'elle tourne sans difficulté, vous mettrez dedans l'appareil que vous voudrez frapper, comme crême, fruits, etc., et vous refermerez votre sabot hermétiquement et fortement, de manière à ce que le couvercle ne puisse ni tourner ni se détacher.

Passons maintenant à la manipulation, qui est une chose d'habitude, et qui demande de la force, de l'énergie et beaucoup d'activité.

Il nous sera difficile, sans doute, d'expliquer ce travail; mais nous espérons le faire comprendre, et par là même rendre un service important au jeune praticien.

La même personne sert ordinairement trois ou quatre sabotières à la fois, et pour cela, avant de commencer à en tourner une seule, elle doit les placer en demi-cercle, non par terre, mais à la hauteur convenable, pour conserver toute sa force en les tournant, et les avoir sous la main, à droite, à gauche et devant soi.

Une fois bien établies, attaquez vivement de chaque main les sabotières les plus éloignées, et, d'un bras vigoureux, après leur avoir fait faire deux ou trois demi-tours, lancez-les brusquement en rapprochant les coudes du corps, de manière à ce qu'elles puissent encore tourner avec activité lorsque vous attaquerez celles qui sont devant vous; revenez aussitôt sur les premières, et continuez ainsi l'opération pendant cinq minutes sans vous arrêter. Reposez-vous deux ou trois minutes; pendant ce temps, découvrez vos sabotières, et avec une cuillère à glace, détachez bien les parties frappées qui sont autour de chacun de vos sabots pour les caillebotter en les mêlant au liquide non pris, et donner ainsi à votre appareil plus de fraîcheur et plus de facilité à s'approcher des bords. Lorsque cette opération est bien faite à toutes vos sabotières et que vous les avez recouvertes, toujours fortement, vous recommencez pendant cinq minutes à leur donner une action de rodage, toujours très vivement.

Il faut, à un homme habile, environ trois quarts d'heure pour faire prendre ces sabots, ou une heure à peu près à celui qui n'a pas encore exercé.

Si, pendant ce temps, la glace qui entoure la sabotière était par trop fondue, que les morceaux surnagent visiblement, on devra immédiatement, et sans perdre de temps, faire écouler une partie de cette eau et la remplacer aussitôt par de la glace saupoudrée de sel gris et de salpêtre, qu'on aura le soin de tasser comme la première fois, puis recommencer à tourner de suite ces sabotières.

Lorsque vous ferez écouler l'eau qui se trouve dans le seau, laissez-en à peu près la moitié, car elle n'est pas inutile à la congélation; loin de là, l'eau émanant de la glace fondue se rapproche intimement du corps de la sabotière et ne laisse aucun espace sans en être atteint, puis entraîne avec elle toute la partie alcaline qui sert à vivifier la glace. Comme vous avez vérifié et caillebotté souvent vos appareils, vous devez voir quand ils sont tous pris; vous retirez alors le bouchon de votre seau pour laisser couler l'eau entièrement; puis, vous regarnissez de glace le tour de votre sabotière; tassez-la bien; ajoutez-y sel et salpêtre; recouvrez le tout de glace dépassant votre sabotière; remettez sel et salpêtre; posez par-dessus un linge humide et laissez reposer jusqu'au moment de vous en servir, c'est-à-dire une heure ou deux tout au plus; passé ce temps, il est nécessaire de vérifier les appareils, et s'ils ont une tendance à mollir, frappez-les de nouveau en les regarnissant de glace.

Appareil pour Glace à la vanille.

Cassez six œufs, mettez les jaunes dans une casserole bien propre, jetez dedans un demi-kilog. de sucre en poudre; délayez à la spatule ces deux substances, puis mouillez-les avec un litre de lait; versez peu à peu, joignez-y deux gousses de vanille; posez votre casserole sur un fourneau doux; remuez cet appareil, jusqu'à ce que vous sentiez qu'il s'épaississe; retirez-le un instant du feu, toujours en remuant pour le bien lisser; remettez-le de nouveau sur le fourneau pour lui faire faire un seul bouillon; passez ensuite cette crème dans une étamine ou passoire fine, puis laissez refroidir jusqu'au moment de le frapper.

Appareil pour Glace au café.

Faites brûler à point deux cents grammes de café Moka; jetez-le dans un litre vingt-cinq centilitres de lait bouillant; laissez continuer l'ébullition pendant cinq minutes, dessus ou au bord du fourneau; couvrez alors votre casserole pour laisser infuser votre café et concentrer la vapeur; passez ensuite ce liquide dans un tamis de crin (du numéro deux); puis faites avec lait, sucre, etc., etc, le même appareil que pour la glace vanille (voir ci-dessus), et mouillez avec votre infusion de café, au lieu de mouiller avec votre lait vanille. La manière de frapper est exactement la même.

Appareil pour Glace au chocolat.

Prenez quatre cents grammes de chocolat non sucré et de pur Caraque, faites-le fondre dans une casserole que vous posez sur un fourneau très doux; remuez toujours votre chocolat jusqu'à ce qu'il soit dissous; ajoutez-y quatre cents grammes de sucre en poudre; mouillez ces deux ingrédients avec un litre cinquante centilitres de lait, tout en continuant à remuer votre appareil jusqu'à ce qu'il soit en ébullition; passez-le ensuite dans une passoire fine, et laissez-le refroidir jusqu'au moment de le frapper.

Maintenant, si vos glaces sont pour soirées et qu'il faille y transporter vos sabotières, frappez d'abord chez vous votre appareil à chocolat, mais à moitié seulement, pour que, quand vous serez rendu à domicile, vous puissiez le caillebotter avec de la crème Chantilly, ce qui allégera votre premier appareil au chocolat et le rendra plus onctueux. Lorsque vous verserez votre crème Chantilly dans votre sabot, mêlez-la bien avec une cuillère à glace dite houlette, dont vous faites rouler le manche le plus vivement possible entre vos mains. Dressez ensuite votre appareil dans un bol, coquille ou soucoupe.

Appareil pour Glace aux fruits.

Si c'est dans la primeur, choisissez des fruits sans être trop avancés; retirez-en le jus en les écrasant dans un tamis ou en les étreignant dans une serviette; le jus une fois exprimé, versez-le dans un sirop de quinze à dix-huit degrés; passez-le alors dans un tamis de soie, et laissez-le refroidir avant de le frapper; ajoutez le jus de plusieurs citrons. Si, au contraire, c'est en hiver, et que vous n'ayez que des fruits de conserve, versez le contenu de votre bocal dans un tamis; laissez égoutter et ajoutez-y jus de citron; de cet appareil, faites-en un sirop en y joignant assez de sucre pour obtenir quinze ou dix-huit degrés d'élévation, et laissez reposer jusqu'au moment de frapper.

On peut également obtenir un très bon résultat en faisant ses appareils à froid; la fin de l'opération est exactement la même.

Appareil pour Sorbets.

Pressez le jus d'une quantité de citrons que vous passez au tamis de soie; joignez-y un peu d'eau et le sucre nécessaire pour obtenir un sirop à trente degrés; remplissez-en les deux tiers de votre sabot; frappez cet appareil à moitié seulement, c'est-à-dire qu'il ne soit pas tout à fait pris; ajoutez une assez forte partie de rhum; caillebottez bien le tout, et dressez aussitôt dans des verres ou coupes.

Punch à la Romaine.

Mesurez dans une casserole deux litres de rhum et un litre d'eau ; ajoutez-y la quantité de sucre nécessaire pour obtenir un sirop à vingt degrés ; jetez le zeste de deux citrons dans votre appareil ; posez votre casserole sur le feu ; lorsque le sirop est chaud, allumez-le et lais- sez-le brûler pendant deux minutes ; passez le tout au tamis, et laissez- le refroidir jusqu'au moment de le frapper.

Ainsi que les appareils aux fruits, celui-ci doit être fortement frappé et dressé dans de petites coupes plates.

Appareil pour Glacer à chaud.

Prenez du sucre au grand lissé, très chaud (*Voir* chapitre des Sucres), versez-le peu à peu dans une terrine et remuez-le constamment pour le faire blanchir. Lorsque vous croirez en avoir mis la quantité suffisante pour enduire votre ou vos gâteaux, versez-y une pointe de liqueur, selon votre goût ; si c'est un entremets que vous voulez glacer, versez dessus de votre appareil et étendez-le également avec la lame d'un cou- teau ; si, au contraire, ce sont de petits gâteaux assortis et faciles à ma- nier, trempez-les dans votre appareil.

Appareil pour Glacer à froid.

Mettez dans une terrine, selon votre besoin, du sucre en poudre dit glace ; délayez ce sucre avec une liqueur quelconque ; remuez-le à la spatule pour lui donner un corps solide, puis mouillez ce mélange avec suffisamment d'eau pour liquifier votre sucre et le rendre apte au glaçage ; ce que vous reconnaîtrez lorsqu'il s'étendra facilement, sans être trop liquide. Le reste de l'opération comme à l'article ci-dessus.

Appareil pour Glacer au chocolat.

Prenez du sirop de sucre cuit au grand lissé et bien bouillant ; ver- sez-en dans une terrine la quantité dont vous aurez besoin ; cette ter- rine doit contenir une ou plusieurs tablettes de chocolat pur cacao, non sucré et bien râpé ; délayez bien le tout, et remuez jusqu'à ce que vous aperceviez à la surface de votre appareil une nappe brillante et glacée ; si par hasard cette glace se produisait trop promptement et qu'elle fît une croûte terne en la posant sur l'un de vos gâteaux, étendez votre glace chocolat avec un peu d'eau fraîche ; remuez de nouveau et glacez vos pièces promptement.

Cet appareil se recuit jusqu'à extinction en y ajoutant chaque fois un peu d'eau et de sucre.

Appareil pour Glacer à l'orange ou au citron.

Prenez un beau morceau de sucre de canne ; frottez dessus l'écorce d'une orange ou d'un citron ; lorsque votre sucre en est bien pénétré, enlevez avec la lame d'un couteau la partie qui se trouve humectée et placez-la dans une terrine aussitôt que vous en aurez assez pour donner du goût et de la teinte à votre glace ; versez dessus, peu à peu, et toujours en remuant, un sirop de sucre cuit au grand lissé ; continuez à remuer cet appareil jusqu'à ce qu'il se trouve à l'état de glaçage.

Pour le reste, opérez comme ci-dessus.

Appareil pour glacer à la groseille.

Mettez dans une terrine une certaine quantité de sucre dit glace, que vous délayez avec du jus de groseilles à l'état de conserves. Lorsque votre sucre est dissous et forme une glace liquide, vous employez votre appareil selon besoin.

Appareil pour glacer au café.

Versez dans un poêlon d'office du sucre glace que vous délayez avec de l'essence de café à l'eau ; lorsque votre sucre en est liquéfié, posez votre poêlon sur un feu doux ; remuez-en le contour jusqu'à ce que votre appareil devienne liquide et brillant ; aussitôt ce résultat obtenu, glacez votre pièce promptement et d'une couche extrêmement mince.

Appareil fondant pour glacer toutes espèces d'entremets.

Prenez un sirop de sucre cuit au grand boulé (*voir* Sucre) et le plus chaud possible ; versez-le sur une table de marbre huilée ; retournez votre sucre en tout sens jusqu'au moment où il sera assez froid pour pouvoir le manier à la main ; prenez-le alors et tirez-le comme vous feriez d'une corde, et vous le verrez immédiatement tourner au gras ; cassez-le ensuite par morceaux que vous placez dans votre poêlon d'office ; mettez-le à feu doux pour faire dissoudre votre sucre en le remuant à la spatule, puis mêlez-y quelques gouttes de liqueur et glacez promptement.

Appareil pour glacer rose.

Mettez dans une terrine du sucre en poudre dit glace ; humectez-le avec du curaçao, tout en le remuant avec la spatule ; ajoutez-y un peu d'eau pour détendre votre appareil et un peu de carmin rose ; ne mettez de ce dernier que la quantité nécessaire pour donner à votre glace une teinte légère ; le tout bien amalgamé, votre appareil sera limpide et prêt au glaçage.

Appareil vert pour glacer aux pistaches.

Emondez dans un peu d'eau tiède une pincée de pistaches ; lavez-les avec précaution ; essuyez-les dans un linge blanc ; pilez-les ensuite jusqu'à extinction de pistaches ; mouillez-les avec un peu d'eau et relevez le tout dans une serviette que vous tordez pour extraire le lait des pistaches ; mettez ensuite dans une terrine un peu de sucre glace que vous détrempez avec votre décoction de pistaches ; ajoutez-y un peu d'eau et de carmin vert, pour en obtenir un appareil liquide et d'un vert limpide, puis vous glacez selon besoin.

Appareil pour glacer à la vanille.

Faites infuser à l'avance dans du 3/6 quelques gousses de vanille ; servez-vous de ce liquide pour délayer votre sucre dit glace que vous aurez placé dans une terrine ; tenez cet appareil de manière à ce qu'il puisse s'étendre sur un entremets sans y laisser aucune partie raboteuse.

Appareil pour glacer au beurre.

Placez un vase quelconque dans un endroit chaleur d'étuve ; lorsqu'il est tiède, mettez dedans une certaine quantité de beurre fin que vous avez le soin d'émincer le mieux possible ; remuez-le à la spatule jusqu'à ce qu'il devienne blanc et lisse ; ajoutez-y du sucre glace ; mêlez-le parfaitement et employez cet appareil selon votre besoin.

Nota. On peut également faire toutes sortes d'appareils pour glacer : l'odeur et le goût seuls diffèrent, le mode d'opération reste toujours le même.

Appareil de Crême pour cuire au bain-marie.

Cassez six œufs ; séparez les blancs d'avec les jaunes ; mettez ces derniers dans un saladier ; ajoutez-y deux cent cinquante grammes de sucre en poudre ; puis avec la spatule mélangez bien ces deux substances ; mouillez cet appareil avec un demi-litre de bon lait que vous versez goutte à goutte et toujours en remuant ; versez-y quelques gouttes d'eau de fleurs d'oranger et passez le tout dans une serviette ou tamis de soie.

Cet appareil sert pour les petits pots de crême. Il se cuit également dans des plats creux que l'on met au bain-marie.

CHAPITRE V.

TRAITÉ DES PETITS GATEAUX DE DESSERT

SECS ET GARNIS

POUR DINERS, BALS ET SOIRÉES.

DISCOURS PRÉLIMINAIRE.

Cette admirable collection de petits gâteaux est assurément le plus bel ornement de notre pâtisserie moderne, à cause de leur immense diversité ; aussi je donnerai avec le soin minutieux que j'apporte dans cet ouvrage la nomenclature et la variété de ce nombreux et gracieux assortiment, convaincu que l'on me saura gré de citer ici toutes les nouveautés que renferme aujourd'hui l'art de la pâtisserie parisienne.

PREMIÉRE PARTIE.

GATEAUX GARNIS.

Madeleine de Paris.

Prenez des petits moules dits à madeleine ; emplissez-les de beurre clarifié et chaud ; renversez le beurre dans une casserole, et laissez vos moules bien égoutter ; garnissez-les de pâte à madeleine (*voyez* Pâte) ; frappez vos moules fortement sur le tour pour bien tasser le contenu ;

placez-les alors sur une tourtière que vous aurez soin de garnir de cendre froide; ne pas les tenir trop rapprochés les uns des autres; faites cuire à four ordinaire; ne les sortez du four que lorsqu'elles sont bien blondes et démoulez de suite.

Madeleine dite de Commercy.

Beurrez à beurre clarifié des petits moules à griffes très plats de forme et extrêmement larges; emplissez-les à quelques millimètres des bords avec de la pâte de ce nom; placez-les ensuite sur une tourtière garnie de cendre froide; mettez à four doux; cuisez de couleur bien blonde; retirez du four; démoulez de suite et relevez sur un clayon.

Petits Plumketts.

Garnissez en cercle avec des bandes de papier écolier, en ayant toutefois le soin de le laisser dépasser du bord, douze petits moules dits à dariole que vous avez beurré légèrement; remplissez-les de pâte à plumkett (*voir* Pâte) en laissant quatre ou cinq millimètres de vide pour faciliter le gonflement à la cuisson; relevez sur une plaque ou tourtière; mettez à four ordinaire; retirez-les lorsqu'ils auront pris une belle couleur blonde; démoulez de suite et placez-les sur des clayons.

Darioles parisiennes.

Tenez bien propre douze petits moules à dariole beurrés légèrement; garnissez-les d'une abaisse (*voir*) de pâte à foncer de deux millimètres d'épaisseur; évitez de laisser du vent, ce qui produit un mauvais effet à la cuisson; préparez votre appareil de cette manière : vous placez dans une petite terrine le contenu de deux de vos moules, que vous mesurez à ras de belle farine de gruau, puis deux moules combles de sucre en poudre; mélangez ces deux ingrédients avec la spatule en y joignant un à un deux petits œufs, quelques gouttes d'eau de fleurs d'oranger; mouillez le tout, toujours en remuant, avec six moules de lait non écrêmé; faites-en bien le mélange; versez cet appareil dans vos moules en laissant quatre millimètres de vide pour faciliter le travail qui s'opère à la cuisson, et, pour finir, ajoutez à chacun de vos moules gros comme une noisette de beurre fin; relevez-les sur une tourtière; cuisez à four ordinaire; tenez-les blondes fondantes.

Petits gâteaux de riz.

Beurrez légèrement douze petits moules dits à gâteau de riz; garnissez-les d'une couche de pâte à foncer de deux millimètres d'épaisseur, en ayant le soin d'en laisser passer une partie, au-dessus des bords, de quatre à cinq millimètres; évitez de laisser des soufflures; prenez un appareil de riz (*voir* chapitre des Appareils) et garnissez-en l'intérieur de vos petits moules, sans oublier qu'il faut toujours quatre millimètres de vide pour le travail qui s'opère à la cuisson; relevez-les ensuite sur une tourtière; mettez à four ordinaire; tenez bien blond; démoulez aussitôt et relevez sur un clayon.

Soufflé de fécule.

Garnissez avec de la pâte à foncer douze petits moules dits gâteaux de riz que vous avez beurré légèrement; laissez toujours dépasser votre pâte de quatre millimètres au-dessus des bords; remplissez de fécule de pommes de terre l'un de ces moules et versez-le dans une casserole du contenu de cinquante décilitres; ajoutez la quantité de deux moules pleins de sucre, plus la valeur de cinq moules de lait; versez un à un, en remuant le tout ensemble; ce mélange étant bien fait, vous posez votre casserole sur un feu doux en continuant à remuer jusqu'à ce que vous ayez obtenu un certain corps; sortez de dessus le feu; cassez dedans trois œufs entiers que vous mêlerez un à un et bien légèrement; pour étoffer votre appareil, versez dessus quelques gouttes d'eau de fleurs d'oranger; remplissez vos moules comme il a été dit ci-dessus; relevez-les sur une tourtière; cuisez à four ordinaire et tenez-les bien blonds.

Provençaux.

Beurrez avec soin des petits moules cannelés dits à brioches; remplissez-les entièrement de pâte dite à provençaux (*voir* Pâte); relevez-les sur une plaque; cuisez à four ordinaire jusqu'à ce qu'ils aient obtenu une couleur bien dorée; aussitôt froid, vous masquez la superficie avec de la marmelade d'abricots; puis vous glacez au rhum.

Parise.

Prenez des petits moules à navettes que vous beurrez légèrement; foncez-les avec des rognures de feuilletage en évitant de laisser des soufflures; garnissez le fond de votre tartelette avec un peu de gelée de groseilles; fouettez alors dans un bassin quatre blancs d'œufs que vous faites prendre légèrement; versez dedans cent vingt grammes de sucre en poudre que vous mêlerez seulement; garnissez vos moules de cet appareil; semez sur le dessus des amandes effilées et des raisins de Corinthe; saupoudrez de sucre glace la superficie; relevez sur des plaques et cuisez à four doux.

Fanchonnettes.

Foncez avec des rognures de feuillage des petits moules ronds à tartelettes; piquez bien votre pâte avec la pointe d'un couteau pour faire sortir le vent; garnissez le fond de votre abaisse avec une crème à la vanille; cuisez-les légèrement; retirez du four; démoulez et laissez re-

froidir ; faites alors avec de la meringue, que vous mettez dans une
poche, une forme de clocher ; parsemez-les d'amandes effilées ; saupoudrez de sucre glace, puis faites-les sécher à l'étuve ou dans un four
extrêmement doux ; tenez-les bien blondes.

Mars.

Faites une abaisse de rognures de feuilletage de cinq centimètres de
largeur sur douze de longueur et de quatre millimètres d'épaisseur ;
placez-la sur une tourtière ; relevez les bords de votre abaisse en forme
de petit bourrelet ; piquez-la de toute part ; garnissez la surface d'une
crême à la vanille ; mettez-la cuire légèrement au four ; retirez pour la
laisser refroidir entièrement ; garnissez ensuite votre crême d'une
couche d'appareil de meringue fine ; tenez-la de trois centimètres d'é-
paisseur ; dressez bien carrément ; égalisez le dessus le mieux possible ;
coupez-le en travers et par bandes de trois centimètres de large ; garnissez-le d'amandes effilées et de raisins de Corinthe ; saupoudrez de
sucre glace la superficie ; relevez-le sur une tourtière ; cuisez à four
doux et de couleur blonde.

Vénus.

Prenez une bande de pâte à génoise large de cinq centimètres que
vous dédoublez en la tranchant par moitié ; posez dessus une couche
de marmelade d'abricots extrêmement mince ; rapportez de nouveau
vos deux morceaux de génoise et placez-les l'un sur l'autre, puis couvrez la partie de dessus d'une couche légère d'appareil à meringue fine ;
parsemez-la de panaché composé en parties égales de gros sucre cassonné, bonbons bijoux, raisins de Corinthe et pistaches hachés ; puis,
pour finir, coupez par bandes de trois centimètres de large ; relevez-les
sur une tourtière et séchez à l'étuve.

Nougat parisien.

Faites une abaisse avec des rognures de feuilletage, même forme que
pour les gâteaux dits Mars (voyez ci-dessus) ; couvrez-la de marmelade
d'abricots et cuisez-la légèrement ; retirez-la du four ; aussitôt froide,
préparez un appareil composé d'un peu de sucre glace délayé avec la
quantité de blancs d'œufs nécessaire pour obtenir un mélange liquide,
jetez des amandes effilées et mélangez avec la spatule ; vous en étalez
une couche très mince sur votre abaisse ; coupez-la en forme de lattes
de deux centimètres de largeur ; relevez-les sur une tourtière en rapprochant les morceaux les uns des autres afin d'éviter que l'appareil ne
coule à la cuisson ; cuisez à four doux et de couleur bien blonde.

Nougat d'abricots.

Faites une abaisse avec de la pâte à brioche (voyez Pâte), de la même

forme que pour les gâteaux dits mars (décrits ci-dessus), seulement un
peu plus épaisse; piquez-la bien et garnissez-la de marmelade d'abricots; mettez cette abaisse au four, chaleur modérée; retirez lorsqu'elle
est bien blonde; ajoutez de nouveau une seconde couche de marmelade que vous parsemez aussitôt d'un panaché composé par parties
égales de gros sucre cassonné, bonbons bijoux, raisins de Corinthe et
pistaches hachés; coupez cette bande en travers de trois centimètres de
large et relevez chaque partie sur un clayon.

Fondants légers.

Couchez sur un papier au moyen d'une poche avec de la pâte à biscuits
communs (*voir* Pâte) des petites bouchées de la grosseur et de la forme
d'un gros macaron; mettez-les cuire à four doux jusqu'à ce qu'elles
deviennent bien blondes; retirez du four pour les laisser refroidir; détachez-les de dessus vos feuilles de papier; creusez la partie plate et
garnissez-en l'intérieur d'une crême bavaroise (*voir* Crême); doublez-
les, puis glacez la superficie d'une glace au café à froid (*voir* Glaces);
relevez sur une tourtière et posez-les deux secondes à la bouche du
four.

Brillants.

Faites des bouchées de la même grosseur que pour les fondants légers (décrits ci-dessus), seulement un peu plus allongées; creusez-les et
garnissez l'intérieur de gelée de groseilles; doublez-les; masquez la superficie d'une glace à la groseille (*voir* Glaces) et reposez-les une seconde à la bouche du four.

Mirlitons parisiens.

Beurrez légèrement douze moules ronds à tartelettes; foncez-les avec
des rognures de feuilletage après leur avoir donné deux tours; tenez la
pâte de quatre à cinq millimètres au-dessus des moules; pincez avec
une pince cette pâte qui dépasse tout autour (ceci s'appelle faire une
crête); faites ensuite un appareil composé de cent vingt-cinq grammes
de sucre en poudre non déglacé que vous versez dans une petite terrine, ajoutez-y trois œufs entiers cassés un à un en ayant le soin de les
remuer de manière à bien les mêler à votre sucre jusqu'à ce que votre
appareil ait pris du corps; jetez-y quelques gouttes d'eau de fleurs d'o-
ranger que vous mêlerez également bien; reprenez alors vos moules et
mettez au fond un peu de marmelade d'abricots; puis garnissez ces
moules à moitié seulement avec un peu de votre appareil; saupoudrez-
les de sucre dit glace; placez sur ce même appareil deux amandes
fraîches émondées dont vous ferez quatre parties; relevez-les alors sur
une tourtière et mettez à four ordinaire; ne retirez que lorsque vous
aurez obtenu une couleur bien blonde et une cuisson parfaite.

Mirlitons de Rouen.

Mouillez légèrement avec un pinceau des petits moules ronds à tartelettes ; faites une abaisse de feuilletage à six tours que vous tenez de quatre à cinq millimètres d'épaisseur ; taillez à l'emporte-pièce uni des petits fonds que vous placez dans vos moules en ayant le soin d'élever la pâte de quatre à cinq millimètres au-dessus ; relevez-les sur une plaque.

PRÉPARATION DE L'APPAREIL POUR SOIXANTE MIRLITONS DE ROUEN.

Pesez un demi-kilog. de sucre en poudre sans être déglacé, versez-le dans une terrine, cassez dedans un à un, en les mêlant partiellement, huit œufs entiers, jusqu'à ce que cet appareil prenne beaucoup de corps. Lorsque ce mélange est bien fait, vous y jetez quelques gouttes d'eau de fleurs d'oranger ; versez alors dessus cet appareil une à une, et toujours en mêlant, seize cuillères de crème de lait dit fleurette ; prenez aussitôt vos moules, garnissez-les à moitié seulement pour permettre l'élévation que produit l'effet du four ; puis saupoudrez fortement la superficie intérieure de sucre dit glace ; cuisez à four chaud environ trente-cinq minutes après que la braise en est retirée ; ne les ôtez du four que lorsque vous aurez obtenu une couleur bien blonde ; démoulez de suite et tenez à l'étuve.

Condés longs.

Disposez, pour faire douze condés, une abaisse de feuilletage à six tours de la largeur de quatorze centimètres de large sur trente-six de long ; garnissez-en la moitié sur la largeur d'une couche de marmelade d'abricots ; mouillez votre pâte tout autour, de manière qu'une fois ployée l'abricot se trouve hermétiquement renfermé ; faites alors dans une petite terrine un appareil de cent vingt grammes de sucre en poudre dit glace sur lequel vous mêlerez deux blancs d'œufs sans aucune parcelle de jaune ; fouettez avec une cuillère jusqu'à ce que votre appareil ait pris beaucoup de corps ; joignez-y cent vingt-cinq grammes d'amandes douces, émondées et hachées très menues. Mêlez bien le tout ; étalez de cet appareil une couche extrêmement mince sur la superficie de votre pâte ; saupoudrez de sucre glace, coupez alors votre pâte de trois centimètres de large, relevez sur des tourtières, tenez vos morceaux assez éloignés les uns des autres pour qu'ils ne se touchent pas à la cuisson (four doux) ; tenez bien blond, sortez du four et relevez-les sur des clayons.

Condés historiés.

Préparez une abaisse de feuilletage comme pour les condés (voir ci-dessus) : tourrez-la de quatre centimètres d'épaisseur ; taillez dessus avec l'emporte-pièce rond cannelé des petits fonds de vingt centimètres de diamètre ; relevez-les sur une tourtière que vous humecterez légèrement avec un pinceau ; placez sur chacun de ces petits fonds un second coupe-pâte uni, seulement de six centimètres de diamètre ; garnissez tout le tour à l'extérieur d'un appareil (le même qui sert aux condés longs) ; saupoudrez-le de sucre glace, retirez votre coupe-pâte. Cuisez à four doux ; sortez lorsqu'ils sont bien blonds ; mettez refroidir sur un clayon pour ensuite garnir le vide d'une marmelade quelconque.

Pithiviers ordinaires.

Faites, avec des rognures de feuilletage après leur avoir donné deux tours, une abaisse très mince de l'épaisseur de trois millimètres environ ; enlevez dessus, avec un coupe-pâte cannelé de dix centimètres de diamètre, les fonds qui vous seront nécessaires ; relevez-les sur un plafond en cuivre étamé, ou à défaut de ce dernier, sur une tourtière que vous aurez eu soin d'humecter avec un pinceau trempé dans l'eau fraîche ; humectez de même vos petits fonds de pâte, puis garnissez le milieu avec gros comme une noix de crème à Pithiviers (*voyez* Crême); emportez de nouveau sur votre abaisse autant de fonds que la première fois ; ceci fait, placez-les légèrement en les retournant sur votre crème, et faites-les joindre à la première abaisse, en appuyant avec un emporte-pièce plus petits que vos deux fonds, de manière à ce que la crème soit enfermée hermétiquement dans l'intérieur ; dorez le dessus, et, avec la pointe d'un couteau, faites un dessin de genre rosace ; cuisez à four ordinaire ; lorsqu'ils auront acquis une couleur bien blonde et qu'ils seront à leur degré de légèreté, sortez-les une seconde, saupoudrez-les vivement de sucre glace, et remettez-les au four pour leur donder du brillant.

Choux grillés.

Faites la quantité de pâte à choux nécessaire (*voir* Pâte); prenez-en chaque fois, avec une cuillère à bouche, gros comme la moitié d'un œuf que vous coucherez sur une tourtière ; éloignez-les les uns des autres, dorez-en la superficie, puis faites un appareil par égale quantité, composé de sucre glace, blancs d'œufs et amandes douces, émondées et hachées très menu ; mêlez bien tous ces ingrédients et étendez-en une couche mince sur le glacis de vos choux ; cuisez à four ordinaire jusqu'à couleur blonde ; retirez-les immédiatement de dessus la tourtière pour empêcher qu'ils ne s'affaissent (en terme de pâtisserie, *racacher*).

Pain de la Mecque.

Prenez une cuillère de pâte à choux ; couchez-en sur une tourtière, la moitié en long avec l'index ; recommencez l'opération suivant le besoin en les éloignant les uns des autres ; couvrez-les fortement de sucre fin, que vous laisserez s'imprégner pendant deux minutes; puis renversez votre tourtière, de manière à en secouer le sucre; cuisez à four ordinaire, tenez bien blond; aussitôt cuits, sortez du four et détachez-les de la tourtière.

Eclairs.

Couchez sur des plaques, au moyen d'une poche garnie de sa douille, des petits bâtons de pâte à choux de sept centimètres de long sur trois de circonférence; éloignez-les les uns des autres; dorez-les bien; cuisez à four ordinaire jusqu'à ce qu'ils deviennent bien blonds; retirez-les du four et de dessus les tourtières; fendez-les par le côté avec un couteau d'office; aussitôt froid, garnissez l'intérieur de crème au café ou au chocolat, selon votre goût; passez dessus un pinceau imbibé de sirop de groseilles, et glacez la superficie d'une glace à chaud (café ou chocolat); remettez-les deux secondes à la bouche du four pour sécher.

Choux crême.

Couchez sur une tourtière de la pâte à choux, comme pour les choux grillés; dorez vos gâteaux; cuisez à four ordinaire; tenez un peu secs; retirez du four; ouvrez-les en rond par-dessus, et garnissez l'intérieur de crême sucrée, Chantilly ou autres.

Pain Duchesse.

Même genre et même forme que l'éclair, seulement garnir l'intérieur de marmelade d'abricots. La superficie se glace de sucre cuit au cassé. Parsemez vivement le dessus d'une petite quantité de pistaches émondées et hachées très menu.

Choux panachés.

Même forme et même préparation que le choux grillé; sitôt cuit, garnir l'intérieur de gelée de groseille, et glacer la superficie de sucre cuit au cassé; puis parsemer un panaché dessus.

Mazagran.

Garnissez de pâte à foncer des petits moules ronds à tartelettes; mettez dans l'intérieur de la marmelade d'abricots; cuisez à four ordinaire; aussitôt retirés, couchez dans une poche de tous petits choux que vous garnissez, après être cuits, d'une crême vanille que vous aurez préparés d'avance et que vous mettrez, à cet effet, dans une poche à douille fine; glacez-les au sucre cuit au cassé; montez-les ensuite en gradins par quatre sur vos tartelettes en les posant trois en triangle et en tenant le dernier superposé sur les autres.

Carême.

Disposez une abaisse de feuilletage à six tours et demi de l'épais-

seur de trois millimètres; coupez dessus des petits fonds avec un emporte-pièce rond cannelé de vingt centimètres de diamètre; relevez
ces mêmes fonds sur une tourtière que vous humectez légèrement;
ornez le tour d'une galerie de petits choux, gros comme des pois, que
vous saupoudrez de gros sucre; cuisez à four ordinaire; retirez du four,
et lorsqu'ils sont froids garnissez l'intérieur de gelée de groseilles ou
d'abricots.

Princesse.

Beurrez une plaque, sur laquelle vous couchez, au moyen d'une
poche à douille fine remplie de pâte à choux, deux rangées de quatre
petits points ronds se touchant, pour chacun de vos gâteaux; dorez-les
bien; cuisez à four doux; retirez du four; enlevez-les de dessus la tourtière; renversez-les, et mettez dessus une couche de marmelade d'abricots que vous glacez légèrement avec du sucre cuit au cassé, et parsemez-les ensuite d'un panaché.

Couronne cassonée.

Couchez sur une tourtière la quantité nécessaire de pâte à choux de
la grosseur d'un œuf coupé en deux sur sa largeur; dorez-la bien et
donnez-lui la forme d'une couronne en vidant le centre avec votre
doigt que vous aurez également trempé dans la dorure; parsemez-la
de sucre cassoné; cuisez à four ordinaire; tenez bien blond; aussitôt
retiré du four, détachez-les des tourtières.

Talmousse.

Foncez avec des rognures de feuilletage des petits moules ronds à
tartelettes; piquez-les de toute part avec la pointe d'un couteau; prenez un peu de pâte à choux que vous mélangez avec la même quantité
de crème dite frangipane; mouillez avec un peu d'œuf; garnissez-les
alors de ce mélange; mettez en croix sur la surface deux petites bandes
très étroites; glacez bien le tout; cuisez à four ordinaire; aussitôt cuits,
tenez-les à l'étuve le temps nécessaire.

Meringue historiée.

Foncez avec des rognures de feuilletage bien usées, c'est-à-dire après
leur avoir donné quatre à cinq tours, des petits moules ronds à tartelettes; piquez bien votre pâte; garnissez le fond d'une crème vanille;
cuisez légèrement, sortez-la du four et garnissez la superficie de votre
crème avec un appareil à meringue fine (*voir* Meringue); donnez-leur
la forme d'une bonde, soit en les couchant à la poche ou avec la lame
d'un couteau d'office; décorez le dessus d'une rosace en meringue, que
vous couchez au cornet; coloriez-les avec du sucre vert ou rose; séchez-
les ensuite à l'étuve; garnissez la rosace de gelée de groseilles ou de
marmelade d'abricots passée.

Puits d'Amour.

Disposez une abaisse de feuilletage, donnez-lui six tours ; coupez cette abaisse avec un emporte-pièce cannelé, de la grandeur d'une pièce de 5 francs ; relevez ces fonds sur une tourtière humectée d'un peu d'eau, ou sur un plafond de cuivre étamé, également humecté ; mouillez légèrement vos petits fonds avec un pinceau imbibé d'eau ; enlevez de nouveau sur votre première abaisse la même quantité de petits fonds, mais moins grands que les premiers ; enlevez le centre avec un coupe pâte uni, ce qui formera, à la cuisson, une petite fontaine ; dorez-les, et cuisez à four ordinaire : sitôt qu'ils auront atteint une couleur blonde, vous les saupoudrez de sucre glace, et vous les représentez au four pour les glacer à vif et leur donner le brillant nécessaire ; puis retirez du four, et, aussitôt froids, garnissez l'intérieur d'une cerise ou d'un fruit quelconque.

Polonais.

Préparez un feuilletage à cinq tours et demi, coupez-le par bandes de quatre centimètres de large, divisez-le par petits carrés égaux ; retroussez les quatre coins, relevez vos gâteaux sur un plafond de cuivre étamé légèrement humecté ; dorez-les ; cuisez à four ordinaire, glacez à blanc ; repassez au four, et glacez à vif.

Feuilletés.

Faites un feuilletage à six tours, coupez-le par bandes larges de quatre centimètres ; taillez vos bandes en losanges, relevez-les sur un plafond de cuivre étamé, humecté légèrement ; dorez et rayez-les avec la pointe d'un couteau ; cuisez à four ordinaire, glacez-les à blanc ; puis représentez au four pour glacer à vif.

Allumettes ou Royaux.

Disposez un feuilletage, donnez-lui six tours, faites-en une abaisse très mince, de seize centimètres de large ; appliquez sur la moitié de la largeur de cette bande une couche mince de marmelade d'abricots, mouillez les bords légèrement et tout au tour, sur la partie où est posée la marmelade comme sur celle restée à nu ; reployez dessus cette dernière et appuyez avec le doigt tout le tour et sur les bords, de manière à bien renfermer la marmelade ; faites alors un appareil, composé et mélangé de cent vingt-cinq grammes de sucre glace et de deux blancs d'œufs ; étalez sur la superficie de votre bande, avec la lame d'un couteau, une couche mince de cet appareil ; coupez ensuite votre bande par petits bâtons de trois centimètres de largeur, relevez-les sur une plaque sans qu'ils se touchent ; cuisez à four doux ; une fois bien blonds, retirez du four.

Porte-Manteaux.

Préparez une abaisse de feuilletage à six tours et demi, de la largeur de huit centimètres et de la longueur suivant le besoin; coupez-les également par huit centimètres carrés, garnissez la moitié de chacun de vos petits bâtons de compote de pommes; humectez votre pâte légèrement tout au tour, et reployez la partie vide sur celle où se trouve la pomme; appuyez légèrement avec le dos d'un couteau sur les trois parties non fermées, renversez-les sur une plaque un peu humectée; mouillez le dessus de votre gâteau, saupoudrez-le de sucre fin déglacé; cuisez à four doux et tenez bien chaud.

Langue de Bœuf.

Prenez du feuilletage à six tours et demi, faites-en une abaisse bien mince; enlevez dessus, avec un emporte-pièce de vingt-cinq millimètres de diamètre, des fonds que vous poserez un à un sur le tour; ayez le soin de le saupoudrer de sucre fin; saupoudrez également le dessus de chacun de ces fonds, abaissez-les de nouveau en forme de langue, relevez-les sur une tourtière, et cuisez à four doux.

Tartelettes au Pouce.

Faites une abaisse de feuilletage à six tours, tenez-la très mince (cinq millimètres d'épaisseur); enlevez dessus avec un emporte-pièce rond et cannelé, de dix-huit centimètres de diamètre, la quantité de tartelettes dont vous aurez besoin; ayez le soin de les retourner sur une tourtière qui devra être humectée avant; dorez-les bien et donnez à chacune le coup de pouce au centre pour faire une excavation, que vous garnissez avec une crème vanille ou compote quelconque; mettez au four ordinaire; ayez le soin de les doubler auparavant (c'est-à-dire mettre une tourtière vide en dessous de celle où se trouve votre gâteau, de manière à calmer l'ardeur de l'âtre du four); tenez bien blond; sortez du four, saupoudrez de sucre glace, et présentez-les de nouveau à la flamme pour obtenir le brillant nécessaire.

Epaulettes.

Disposez une abaisse de feuilletage à six tours de l'épaisseur de quatre à cinq millimètres environ; enlevez dessus, avec un coupe-pâte rond et cannelé de trente-deux centimètres de diamètre, le nombre d'épaulettes dont vous aurez besoin; posez sur l'une des moitiés de ces ronds gros comme une noisette de marmelade d'abricots; mouillez votre pâte tout autour; reployez la seconde partie sur la première déjà garnie; appuyez légèrement avec le doigt tout le tour du cintre, pour faire adhérer les deux parties de votre abaisse; prenez alors un emporte-pièce de dix centimètres de diamètre et enlevez les coins de chaque côté de manière à donner à votre gâteau la forme d'une épaulette ; ceci fait, relevez le tout sur une tourtière humectée, en ayant le soin de les retourner (c'est-à-dire sens dessus dessous) ; avec ce même emporte-pièce qui vous a servi pour vos coins, enlevez sur votre abaisse de nouveaux petits fonds et placez-les au milieu de votre appareil, seulement après avoir enlevé le centre de ces mêmes petits fonds avec un coupe-pâte beaucoup plus petit ou de la grandeur nécessaire pour y placer un fruit ; puis posez une légère couche d'appareil à condé sur toute la superficie de votre gâteau ; cuisez à four doux ; tenez bien blond ; sortez du four, et placez votre fruit dans le petit vide que vous avez pratiqué dessus avec votre coupe-pâte.

D'Artois.

Prenez des rognures de feuilletage ; donnez-leur deux tours ; faites-en deux abaisses larges chacune de huit centimètres et de trois ou quatre millimètres d'épaisseur ; humectez une tourtière ; placez dessus la première abaisse ; mouillez-en le tour avec un pinceau ; mettez au centre sur toute la longueur, sans approcher des bords, une couche de crême-vanille de l'épaisseur du doigt ; rapportez votre deuxième abaisse sur la première et appuyez avec le pouce tout le tour pour faire joindre ensemble les deux parties afin de renfermer hermétiquement votre crême ; puis, avant de mettre au four, marquez avec le dos d'un couteau sur la superficie de votre bande la grandeur que vous voulez donner à chacun de vos gâteaux ; dorez-les bien ; faites un dessin quelconque avec la pointe du couteau ; cuisez à four ordinaire ; retirez du four lorsqu'ils sont bien blonds ; glacez à blanc ; représentez de nouveau à la flamme pour donner le brillant nécessaire, et détachez-les pour les mettre sur un clayon.

Fourré de Crême.

Même abaisse que pour le d'Artois, sauf la garniture, qui est de crême d'amandes au lieu de crême-vanille ; le dessus doit être mouillé et saupoudré de sucre fin au lieu d'être doré ; vous les cuisez à four doux et vous les détachez sitôt sorti du four.

Religieuse.

Préparez un feuilletage à huit tours, ou des rognures que vous tourrez de nouveau ; faites-en une abaisse de trois millimètres d'épaisseur sur huit centimètres de large ; relevez-en les bords légèrement et garnissez l'intérieur d'une couche de compote de pommes mélangée de marmelade d'abricots (d'un centimètre d'épaisseur) ; faites alors une seconde abaisse semblable à la première ; coupez-la légèrement par petites bandes de trois à quatre millimètres de large ; ayez le soin de ne pas les détacher l'une de l'autre ; rapportez ce nouveau travail sur votre

compote après avoir mouillé les bords de votre pâte, qui se trouve retroussée de manière à faire adhérer les deux parties ; ceci fait, humectez le dessus qui est en forme de grille afin d'éviter l'ardeur du feu ;
cuisez à four doux ; tenez bien blond ; puis immédiatement après étendez, toujours avec un pinceau, un peu de blanc d'œuf que vous fouettez et auquel vous ajoutez un peu de sucre glace ; parsemez la superficie
de sucre dit religieuse (*voir* Sucre), et coupez-les par bandes en travers
de trois millimètres de large.

Hérissons.

Prenez la quantité nécessaire de petits moules ovales à tartelettes
(dits bateaux) ; beurrez-les légèrement et foncez-les de rognures de
feuilletage très minces ; garnissez le fond seulement d'un peu de gelée
de groseilles ou de crême-vanille ; cuisez à four doux ; démoulez et
placez-les sur une tourtière ; remplissez-les d'appareil à meringue fine ;
donnez-leur une forme bombée ; mettez alors dans un cornet de papier un peu de ce même appareil ; faites sur le dessus de vos petits bateaux des points allongés aussi près que possible afin d'imiter le héris-
son ; faites les oreilles avec deux amandes effilées et les yeux avec deux
grains de raisin de Corinthe ; vos petits accessoires bien posés, vous
saupoudrez le tout avec du sucre fin en glace et vous cuisez à blanc,
c'est-à-dire à four doux, de manière à ce que votre meringue ne fasse
que sécher.

Surprises.

Beurrez avec soin des petits moules à madeleine (dits griffes) ; foncez-les avec des rognures de feuilletage ; piquez-les pour éviter les soufflures et garnissez-les entièrement de marmelade de pommes mêlée
d'abricots ; faites ensuite une abaisse très mince de même feuilletage ;
découpez dessus avec un coupe-pâte de quoi couvrir chacune de vos
surprises ; mouillez légèrement les bords de votre abaisse et rapportez
immédiatement les morceaux découpés qui doivent les couvrir ; pincez
tout autour pour renfermer la compote ; mouillez et piquez dessus ;
mettez à four ordinaire ; tenez bien blond ; aussitôt cuit, démoulez de
suite ; renversez-les sur un plafond ; enduisez-les légèrement de gelée
de groseilles et glacez au curaçao.

Abaisse de riz.

Disposez une abaisse de rognures de feuilletage large de cinq centimètres, sur la longueur que vous jugerez nécessaire ; placez-la sur une
tourtière ; relevez-en les bords ; garnissez l'intérieur d'un appareil de
riz un peu ferme, environ un centimètre d'épaisseur ; cuisez à four ordinaire ; aussitôt blond, retirez du four, puis préparez une glace au
marasquin ; couvrez-en toute la superficie d'une couche très légère et

coupez cette abaisse par bandes égales si c'est pour magasin, et en losange si c'est pour soirée.

Abaisses friandes.

Faites avec des rognures de feuilletage une abaisse très mince de la largeur de cinq centimètres sur ce que vous aurez besoin en longueur; relevez-la sur une tourtière légèrement humectée; mettez dans une casserole un appareil de fécule de pommes de terre que vous délayerez avec des œufs entiers et du lait dans la proportion de votre abaisse; faites prendre cet appareil sur un feu doux; sitôt l'ébullition, sortez du feu et ajoutez par petite quantité, et toujours en remuant, du sucre, du rhum, du malaga et des raisins de Corinthe; mêlez bien et garnissez-en votre abaisse d'un centimètre d'épaisseur; cuisez à four ordinaire; tenez bien blond; retirez du four; glacez le dessus avec une glace au rhum; coupez cette bande en travers par petites portions de trois centimètres et tenez au chaud.

Tartelettes charlottes.

Foncez avec des rognures de feuilletage des petits moules ronds à tartelettes que vous beurrez avec soin; piquez et remplissez-les d'une marmelade de pommes bien réduite que vous mélangez avec un peu de gelée de groseilles; unissez bien le dessus avec la lame d'un couteau d'office; prenez alors un peu de pâte à choux que vous humectez avec un peu de lait afin de la rendre plus maniable; étendez-en une légère couche sur votre compote; semez un peu de sucre en poudre sur la superficie; cuisez à four doux; tenez bien blond; démoulez promptement et mettez à l'étuve le temps nécessaire.

Plomquèque russe.

Prenez de la pâte à plomquèque (*voir* Pâte); mêlez-y un peu de cannelle en poudre et de la muscade râpée; préparez des petits moules ovales à tartelettes; beurrez-les légèrement; remplissez-les de votre pâte et cuisez à four doux; aussitôt vos moules retirés du four, renversez-les sur un plafond, de manière à ce que le dessous devienne le dessus; enduisez ce dernier de marmelade d'abricots que vous glacez d'une glace au kirsch, et décorez-les avec un losange taillé sur un cédrat ou une écorce de citron confit.

Quèques parisiens.

Remplissez de la pâte à madeleine (*voir* Pâte) des petits moules à navette guillochés que vous aurez eu le soin de beurrer légèrement; mettez à four ordinaire; cuisez bien blond; sortez-les du four; démoulez promptement; renversez ces petits gâteaux sur une tourtière, puis enlevez dessus, en forme de chapeau pointu, un morceau de votre gâteau ; remplissez la moitié du vide avec de la marmelade d'abricots ; tranchez au morceau enlevé et du côté de la pointe autant de votre gâteau que vous aurez placé d'abricots ; recouvrez la partie la plus large avec ce qui vous reste de votre gâteau comme s'il n'avait pas été coupé ; étendez alors sur cette partie une légère couche d'abricots ; glacez-la au rhum ; faites sécher à l'étuve et décorez vos gâteaux d'un morceau d'angélique taillé en losange.

Jambon de Reims.

Remplissez entièrement de pâte à génoise mate (*voir* Pâte) des petits moules ronds à tartelettes à rebords très élevés ; placez-les sur une tourtière et cuisez à four ordinaire ; une fois bien blonds, sortez du four et renversez-les sens dessus dessous ; étendez dessus une couche très légère de marmelade d'abricots ; glacez-en la moitié au curaçao bien rose et l'autre moitié à l'anisette très blanche ; séparez ces deux couleurs avec un filet de glace royale couché au cornet, puis imitez avec ce cornet un dessin léger sur une des deux parties qui composent votre glacé ; faites un petit manche avec un peu de pâte d'office ; roulez et faites-le sécher à four doux ; ornez-le d'une papillotte en papier rose ou vert, et placez-le de manière à bien imiter le jambon de Reims.

Jalousies.

Faites avec de la pâte à foncer une bande très mince de cinq centimètres de large ; placez-la sur une tourtière et piquez-la de toute part pour en faire échapper le vent ; relevez légèrement les bords de chaque côté ; garnissez l'intérieur d'une marmelade d'abricots mélangée de pommes ; faites aussitôt une seconde abaisse de rognures de feuilletage de la même épaisseur et même largeur que la première ; coupez-la en travers par petits filets sans pour cela la détacher ; appliquez-la sur votre marmelade de pommes ; après avoir mouillé les bords de votre première abaisse, faites joindre votre pâte en appuyant avec le doigt tout le tour ; dorez la superficie de vos jalousies ; cuisez-les à four chaud ; aussitôt de couleur blonde retirez du four ; donnez-leur au pinceau une couche au sirop de groseilles ; représentez au four quelques minutes pour glacer à vif ; ceci fait, retirez du four et coupez-les par bandes.

Tartelettes aux pommes.

Beurrez des petits moules ronds à tartelettes ; rangez-les à côté les uns des autres, puis faites une abaisse de pâte à foncer aussi mince que possible ; retournez-la sur vos moules ; prenez un petit tampon de pâte que vous appuyez sur chaque moule de manière à bien coucher la pâte à l'intérieur ; passez le rouleau dessus et détachez vos moules de cette abaisse ; relevez-les sur une tourtière ; piquez-les bien et remplissez-les de marmelade de pommes ; mouillez le bord où se trouve votre pâte ; faites aussitôt une abaisse très mince avec des rognures de feuilletage ;

saupoudrez fortement de farine; ployez votre bande en deux parties; coupez en travers des petits filets très minces qui se trouveront doubles et que vous développerez pour les poser en croisillons sur vos tartelettes; ayez soin de mouiller la superficie du premier rang pour y faire adhé-rer le second; dorez-les bien légèrement pour ne pas déranger votre travail; cuisez à four ordinaire; aussitôt que vous aurez obtenu une couleur blonde, sortez du four; mettez dessus au pinceau une légère couche de sirop de groseilles, puis représentez deux minutes à la flamme pour leur donner le brillant nécessaire.

Petits Savarins.

Beurrez fortement des petits moules à savarins; semez dedans çà et là quelques amandes effilées; garnissez-les à moitié de pâte à savarin (*voir* Pâte); posez vos moules sur une plaque, assez éloignés les uns des autres; mettez à l'étuve jusqu'à ce qu'ils soient levés à la hauteur de vos moules; poussez-les alors au four; aussitôt blonds, sortez et dé-moulez de suite; faites à chaud un sirop de sucre à trente degrés; mê-lez-y proportionnellement : anisette, kirsch, crême de menthe et lait d'amandes amères, le tout en liqueur; le melange bien fait, versez votre sirop dans une terrine et trempez dedans pendant une seconde environ chacun de vos savarins; laissez-les égoutter sur un clayon et servez chaud autant que possible.

Babas Parisiens.

Beurrez avec soin des petits moules ordinaires à babas, garnissez-les au tiers de pâte à savarin, à laquelle vous aurez mélangé d'avance une certaine quantité de raisins de Corinthe, Smyrne et Malaga, ces deux derniers hachés menu; frappez vos moules fortement sur le tour pour entasser la pâte; relevez-les sur une tourtière; posez-les à l'étuve jus-qu'à ce que votre pâte soit élevée à la hauteur de vos moules; mettez en-suite au four, cuisez à chaleur ordinaire; aussitôt de couleur blonde, retirez et démoulez vivement; préparez alors à chaud un sirop à trente degrés, versez dedans une forte dose de rhum et un peu de zeste de citron haché, que vous mélangerez bien à votre sirop; renversez-le en-suite dans une terrine, et trempez vos babas un à un; faites-les égoutter sur un clayon, et tenez les chauds jusqu'au moment de les servir.

Petits Gorenflots.

Prenez de la pâte à savarin, manipulez dedans, jusqu'à mélange égal, un huitième de quantité d'amandes douces, émondées et hachées menu; beurrez des petits moules dits gorenflots, placez au fond une moitié d'amandes, garnissez-les de pâte au tiers; frappez fortement vos moules sur le tour pour entasser la pâte; relevez-les ensuite sur des plaques sans trop les rapprocher les uns des autres, et mettez à l'étuve; lorsque votre pâte sera montée à la hauteur du moule, mettez au four ordinaire;

aussitôt de couleur blonde, retirez et démoulez de suite ; préparez alors à chaud un sirop à trente degrés, composé d'eau de rose, de marasquin et de fleurs d'oranger ; versez ce sirop dans une terrine ; trempez vos gorenflots dedans, et mettez-les égoutter sur une grille.

Petites Abricotines.

Beurrez légèrement des moules dits abricotines, garnissez-les dans le fond et tout au tour d'une pâte à savarin, que vous étendez aussi mince que possible ; coupez par petites tranches des quartiers d'abricots en serge ; faites-en une petite couche dans le fond de vos moules, que vous couvrirez de pâte jusqu'à moitié ; relevez ces mêmes moules sur des plaques sans trop les rapprocher les uns des autres ; posez-les à l'étuve jusqu'à ce que la pâte ait atteint les bords ; mettez ensuite vos moules à four ordinaire, tenez bien blonds, et démoulez aussitôt sortis du four ; renversez-les sens dessus dessous sur des plaques ; puis préparez à chaud un sirop léger, dans lequel vous verserez une forte dose de kirch et un peu d'abricots passés ; le tout bien mélangé ; trempez vos gâteaux dedans et laissez-les égoutter sur un clayon.

Bols Allemands.

Prenez de la pâte à bols (*voyez* Pâte), mêlez-y un dixième de raisins mélangés, tels que Corinthe, Smyrne et Malaga, ces deux derniers hachés menu ; manipulez bien le tout pour donner à votre pâte toute la flexibilité voulue ; détachez-en avec la main des parties de la grosseur de la moitié d'un œuf ; posez-les sur une plaque, éloignez-les les unes des autres, donnez-leur, autant que possible, une forme de macaron élevée ; mettez à l'étuve jusqu'à ce qu'elles aient gonflé du double ; retirez alors et dorez-les bien ; parsemez le dessus de gros sucre cassonné (*voir* Sucre) ; cuisez à four ordinaire, tenez-les d'un blond un peu foncé ; aussitôt sorties du four, détachez-les de dessus les plaques avec la lame d'un couteau flexible.

Petits Croissants.

Beurrez avec soin des petits moules ayant la forme d'un croissant ; garnissez-en le fond et le tour d'une couche très légère de pâte à lingot (*voyez* Pâte) ; placez-y çà et là quelques amandes douces, fraîches émondées et coupées en deux ; puis une couche de marmelade d'abricots réduite avec la même quantité de marmelade de pommes ; placez çà et là quelques quartiers d'abricots en serge ; recouvrez le tout d'un peu de pâte à lingot, de manière à ne pas dépasser la moitié de vos moules ; relevez-les sur des plaques et mettez revenir à l'étuve jusqu'à ce qu'ils aient atteint les bords ; cuisez à four ordinaire ; tenez bien blonds, démoulez aussitôt sortis du four ; préparez ensuite un sirop à trente degrés, dans lequel vous verserez une forte dose de curaçao ; trempez vos croissants dans ce même sirop ; faites égoutter sur des clayons ;

renversez-les sens dessus dessous; étalez dessus une couche de marmelade d'abricots passés, que vous glacez selon le goût et que vous décorez de fruits confits.

Petits Nougats ordinaires.

Nettoyez de nouveau, quoiqu'ils vous paraissent propres, des petits moules à darioles; garnissez-les au fond et tout autour d'une couche mince d'appareil à nougats ordinaires. Cette opération se fait avec un petit morceau de bois rond, ayant forme d'étui, qu'on a le soin d'humecter légèrement avec un peu d'eau; démoulez-les aussitôt qu'ils sont froids, et n'oubliez pas d'araser les bords.

Tartelettes rondes ou ovales aux fruits conservés.

Faites avec le rouleau une abaisse très mince de pâte à foncer; enlevez dessus, avec un emporte-pièce cannelé, des petits fonds que vous placez sur vos moules, en ayant le soin cependant de les beurrer légèrement; faites dépasser la pâte de quatre à cinq millimètres au-dessus des bords; pincez-la tout au tour en forme de crête; piquez bien l'intérieur; remplissez vos moules de noyaux de cerise ou de farine ordinaire, pour les maintenir au four dans leur forme naturelle; relevez-les sur une tourtière, assez éloignés les uns des autres; cuisez à four chaud jusqu'à couleur blonde, sortez-les du four et videz l'intérieur pour le remplacer par des fruits conservés que vous couvrez de leur sirop.

On peut également, au lieu de garniture provisoire, noyaux ou farine, les remplir à moitié de compote de pommes, que vous enduisez de sirop de groseilles avant d'y placer vos fruits.

Tartelettes à fruits primeurs.

Beurrez légèrement des petits moules à tartelettes, foncez et pincez-les comme ci-dessus; piquez avec soin l'intérieur; saupoudrez de sucre le fond de vos moules, garnissez-les de fruits primeurs sans y laisser de noyaux; relevez sur des tourtières; cuisez à four chaud, ne sortez du four que lorsque vos gâteaux seront bien blonds; démoulez de suite et étendez dessus un sirop léger, composé de mêmes fruits que la garniture des tartelettes.

Crêtes de Coq.

Disposez un feuilletage à six tours, abaissez-le de trois millimètres d'épaisseur; enlevez dessus avec un emporte-pièce rond, cannelé, de vingt-six centimètres de diamètre, la quantité de gâteaux que vous désirez; garnissez la moitié de chacun de ces petits ronds d'une demi-cuillerée de compote de pommes; mouillez tout le tour des bords de votre pâte; reployez les deux parties l'une sur l'autre; appuyez avec le pouce sur ce demi-cercle pour bien faire joindre votre pâte et y renfermer hermétiquement votre pomme; renversez vos gâteaux sens dessus dessous sur des tourtières légèrement humectées; dorez et rayez-les avec la pointe d'un couteau; cuisez à four ordinaire et de couleur blonde; sortez du four, saupoudrez de sucre glace, et représentez-les au four pour leur donner du vif.

Bouchées de Dame.

Couchez avec une poche sur du papier collé, et en forme de macaron de la grandeur d'une pièce de 5 francs, une pâte de biscuits à la cuillère (*voir* Pâte); saupoudrez-la de sucre glace; placez vos papiers sur des plaques; mettez à four doux et cuisez blond; sortez alors du four; garnissez de marmelade d'abricots l'intérieur de chaque bouchée; doublez-les et parez-en le tour; posez-les de nouveau sur des tourtières; garnissez le dessus d'abricots passés; glacez-les suivant goût, et représentez au four une seconde seulement pour les brillanter.

Ponts-Neufs.

Foncez jusqu'au bord avec des rognures de feuilletage des petits moules ronds à tartelettes; piquez votre pâte légèrement; remplissez vos moules de pâte à choux (*voir* Pâte); mélangez de crême vanille; lissez-en bien le dessus avec la lame d'un couteau; placez en croix sur chacun de vos gâteaux deux petites bandes de même pâte que le fond des tartelettes; appuyez le milieu avec le doigt pour creuser légèrement le centre de ce croisillon; mettez au four et cuisez à blanc; sortez alors du four; saupoudrez le dessus de sucre glace et tenez à l'étuve.

Vénitiennes.

Garnissez une poche de pâte à biscuits ordinaire (*voyez* Pâte), que vous couchez sur du papier comme pour les bouchées de dame (*voyez* ci-dessus), saupoudrez légèrement de sucre glace; mettez au four; cuisez bien blonds; sortez du four; détachez-les du papier et creusez-les en dessous; remplissez ce creux de marmelade d'abricots, puis étendez sur le dessus une légère couche d'abricots et glacez-les très mince au curaçao; représentez une seconde au four pour sécher.

Friands.

Sur du papier collé, mettez avec une poche garnie de pâte à biscuits ordinaires deux points de la grandeur d'un macaron, à la distance l'un de l'autre d'un centimètre; reliez-les par un cintre plus étroit; parsemez le dessus de sucre glace et d'amandes douces hachées menu; relevez-les sur une plaque et cuisez à four doux; aussitôt qu'ils auront atteint une belle couleur blonde, retirez du four; puis, en les détachant du papier, renversez-les sur une autre plaque; garnissez ensuite le côté plat de marmelade d'abricots; glacez le dessus au rhum et représentez-les au four une seconde seulement pour sécher.

Phares.

Beurrez le tour d'une plaque d'office; garnissez le fond d'une feuille de papier ordinaire que vous beurrez également; couchez dedans de la pâte à biscuits à la cuillère d'un centimètre d'épaisseur; mettez à four doux; cuisez légèrement; sortez du four, détachez de votre plaque et renversez de suite sur un marbre, puis étalez sur toute la superficie une couche de gelée de groseilles; roulez immédiatement votre pâte en forme de serviette, et coupez aussitôt froide par tranches d'un centimètre d'épaisseur; posez-les à plat de nouveau sur une plaque; garnissez le dessus de groseilles, que vous glacerez ensuite avec une glace au kirch; passez une seconde au four pour sécher, et relevez sur des clayons.

Nougat en lame.

Huilez un marbre légèrement; étendez dessus, le plus mince possible, une couche d'appareil à nougat ordinaire de la largeur de sept centimètres sur la longueur nécessaire; parsemez aussitôt sur la superficie un panaché quelconque; coupez immédiatement cet appareil par lames de trois centimètres de largeur, et relevez-les de suite sur des clayons.

Tranches de Nougat provençal.

Prenez de l'appareil à nougat de Marseille (*voyez* Appareil); posez-le sur un marbre; coupez-en la quantité par petits morceaux de six centimètres de long sur deux centimètres de large; relevez ces morceaux sur un clayon, et faites sécher quelques instants à l'étuve.

Génoises pralinées.

Coupez une bande de génoise mate de sept centimètres de largeur sur deux centimètres d'épaisseur et de longueur nécessaire; dédoublez votre bande; garnissez-en une d'une couche de marmelade d'abricots et rapportez l'autre sur celle garnie; appuyez légèrement dessus; coupez-la en travers par petites bandelettes de deux centimètres de large; étendez dessus une couche légère de marmelade d'abricots, que vous recouvrez d'un appareil à condé (*voir*); relevez vos morceaux sur une plaque que vous doublez; mettez à four ordinaire; laissez le temps nécessaire pour que votre appareil prenne une couleur blonde; retirez aussitôt et relevez sur un clayon.

Génoise glacée.

Coupez, comme ci-dessus, une bande de génoise mate; dédoublez-la, garnissez l'une de ces deux bandes d'une couche mince de marmelade d'abricots; rapportez votre deuxième bande sur la première; garnissez également le dessus d'une semblable couche de marmelade, que vous glacerez soit au chocolat, à l'anisette, au curaçao, aux pistaches, etc., suivant le goût; enfin, pour terminer, mettez au four une seconde et relevez sur un clayon.

Génoise marbrée.

Servez-vous d'une bande de génoise tout récemment glacée à l'anisette; mettez ensuite dans un cornet de papier collé une glace au curaçao bien rose; formez sur la superficie de votre bande des petits filets très fins imitant la marbrure; entraînez après avec le dos d'une lame de couteau d'office une partie de ces petits filets encore humides pour les mêler avec la glace anisette; mettez une seconde au four pour donner du vif et relevez sur un clayon.

Pompadour.

Une bande de génoise semblable à celle ci-dessus que vous glacez au chocolat et que vous parsemez de sucre cassonné.

Biscuits à la vanille.

Nettoyez de nouveau avec un linge bien sec et blanc de lessive des petits moules à biscuits dits à dix centimes; beurrez-les à chaud au pinceau et avec un beurre clarifié; faites égoutter vos moules sans les laisser refroidir, de manière à pouvoir saupoudrer le dedans avec du sucre glace et qu'il puisse y adhérer; cette petite opération faite, vous secouez ou frappez légèrement vos moules pour en faire tomber le trop de sucre, puis vous les garnissez entièrement d'une pâte à biscuits à la vanille (voyez Pâte); saupoudrez de nouveau avec du sucre ordinaire; renversez-les à la main pour faire également tomber le trop du sucre; relevez alors vos moules sur des plaques; laissez reposer cinq minutes environ; mettez ces mêmes moules au four en les plaçant sur l'âtre avec la pelle et assez éloignés les uns des autres pour éviter toute communication d'humidité, ce qui nuit à la cuisson; tenez bien blonds; sortez du four; démoulez aussitôt et renversez-les sur un clayon.

Biscuits à la Reine.

Choisissez des plaques ordinaires les plus droites possibles; nettoyez-les bien; beurrez-les avec soin; saupoudrez légèrement de farine; couchez dessus avec une poche de la pâte de biscuits à la reine, gros comme la moitié d'un œuf et en forme de navette; éloignez vos biscuits les uns des autres; saupoudrez-les de sucre fin que vous laisserez s'infiltrer pendant cinq minutes; renversez vos plaques sans crainte de laisser tomber vos biscuits; frappez légèrement au dos pour secouer le trop du sucre; mettez cuire à four doux; tenez aussi blond que possible; ôtez du four, détachez de suite et relevez-les sur un clayon.

Meringues ordinaires.

Couchez sur du papier collé, au moyen d'une poche contenant de l'appareil à meringue ordinaire, gros comme la moitié d'un gros œuf de dinde coupé en deux sur sa longueur et en forme de coque; couchez-en plusieurs sur la même feuille, éloignez-les les unes des autres, saupoudrez fortement le dessus avec du sucre en poudre, renversez-les en les secouant légèrement; placez vos feuilles sur des planches de chêne de deux centimètres d'épaisseur, que vous mouillez de manière à bien faire adhérer votre papier et qu'il y conserve l'humidité nécessaire pour que vos meringues puissent s'en détacher facilement; mettez à four doux; tenez bien blond; sortez du four et détachez immédiatement vos coques du papier; renversez-les sur des plaques que vous présentez au four quelques minutes, pour sécher la partie qui a contracté de l'humidité; une fois vos meringues sèches, retirez-les et creusez le centre de chacune de ces coques pour que, aussitôt froides, vous puissiez les remplir de crême dite de Chantilly, bien fouettée, sucrée et vanillée; lorsque vos meringues en sont pleines, doublez-les et dressez-les en gradin.

Gâteaux de Plomb.

Faites de la pâte à gâteaux de plomb (*voir* Pâte); coupez-la par petits morceaux de trente grammes environ que vous roulerez sur le tour en forme de boule; posez-les sur une plaque, applatissez-les avec précaution et incisez-les tout au tour; dorez avec soin, rayez le dessus, cuisez à four ordinaire, tenez bien blond; aussitôt sortis du four, relevez-les sur des clayons.

Échaudés.

Sortez vos échaudés de l'eau (*voyez* page 35); égouttez-les dans un tamis une heure avant de vous en servir; une fois bien égouttés, placez-les dans des plaques dites à échaudés, tenez-les à distance de trois ou quatre centimètres l'un de l'autre, de manière à permettre leur gonflement sans se toucher; fermez hermétiquement; mettez à four chaud; cuisez un quart d'heure environ, sortez du four et découvrez-les immédiatement.

Plumpudding macédoine.

Prenez ce que vous jugerez nécessaire de pâte à plumpudding (*voir* Pâte); coupez-la par petites tranches que vous placez sur le côté, soit sur une plaque ou sur un plafond; couvrez le dessus de vos tranches d'une couche de marmelade d'abricots que vous glacez à une liqueur quelconque.

On peut également garnir divers petits moules de cette pâte au lieu de se servir de caisse. En tout cas, il faut les mêmes précautions pour l'un que pour l'autre, c'est-à-dire les beurrer avant; aussitôt la cuisson, démoulez promptement.

Petites brioches.

Pesez un demi-kilog. de pâte à brioche (*voir* Pâte); divisez-la en huit parties; enlevez sur chacun de ces morceaux gros comme une noisette de pâte que vous mettrez un instant de côté et qui vous servira plus tard à former la tête de vos brioches; prenez l'un après l'autre vos gros morceaux, moulez-les en forme de boule sur le tour, que vous aurez eu le soin de saupoudrer de farine; placez-les sur vos plaques à distance en tenant la moulure en dessous, c'est-à-dire la partie la moins jointe; appuyez dessus fortement avec le talon de la main, moulez ensuite vos têtes en les tenant un peu plus allongées, puis humectez légèrement le corps de vos brioches pour y adapter vos têtes; dorez-les avec soin et donnez-leur trois ou quatre incisions sur la superficie avec la pointe d'un petit couteau d'office pour faciliter l'élévation à la cuisson; mettez à four ordinaire; tenez-les bien blondes; sortez du four; relevez de suite sur des clayons et tenez-les chaudement.

Kouques à thé.

Pesez un demi-kilog. de pâte à brioche (*voir* Pâte); divisez-la en douze parties égales, moulez-les sur le tour, que vous aurez soin de saupoudrer de farine; donnez-leur la forme de flûte; relevez-les sur des plaques et placez-les à distance; mettez à l'étuve jusqu'à ce qu'elles aient le double de leur grosseur primitive; retirez-les alors et dorez avec soin, puis faites avec la lame d'un couteau une légère incision en long sur toute la superficie; doublez vos plaques, mettez à four chaud, cuisez à blond, retirez du four pendant qu'elles sont chaudes, ouvrez-les sur le côté, faites-y pénétrer du beurre fin, légèrement manié, auquel vous aurez mis un peu de sel gris; tenez à l'étuve et servez chaud.

Macaroni parisien.

Beurrez légèrement des petits moules à riz, foncez-les avec des rognures de feuilletage, auxquelles vous ferez encore subir quatre tours; piquez bien votre pâte; emplissez-les parfaitement d'un appareil à macaroni (*voir* Appareil), que vous recouvrez d'une forte couche de fromage de Gruyère râpé; relevez alors vos moules sur des plaques en les tenant à distance; cuisez à four vif, tenez roux et démoulez de suite pour servir chaud.

Tartelettes aux poires.

Garnissez de pâte à foncer des petits moules ronds à tartelettes très hauts de forme, dont vous élèverez les bords de trois ou quatre millimètres; pincez le tour à l'extérieur, piquez-les bien de toute part; mettez à moitié environ dans chaque moule une marmelade de pommes que vous coifferez d'une poire dans son état de compote; dorez le tour de votre tartelette, relevez vos moules sur des plaques; cuisez à four ordinaire; retirez, enduisez la superficie d'un sirop de groseilles; remettez au four pendant cinq minutes pour donner du vif, puis démoulez promptement.

Tartelettes aux pommes nappées.

Même préparation et même cuisson que pour les tartelettes aux poires ci-dessus; seulement, il faut faire cuire dans un sirop léger des quartiers de pomme de Calville que vous faites égoutter et que vous posez sur votre marmelade de pommes en place de poires; aussitôt que vos tartelettes sont sorties du four, faites réduire au lissé le même sirop qui vous a servi à la cuisson de vos pommes; glacez-en la superficie et démoulez aussitôt.

Marguerites.

Faites une abaisse de pâte à foncer (*voyez* Pâte) que vous tenez de quatre millimètres d'épaisseur; enlevez dessus des fonds de dix-huit centimètres de diamètre; garnissez-en des petits moules ronds à tartelettes, tenez la pâte un peu élevée au-dessus du moule, pincez le tour en forme de crête, piquez bien votre pâte; emplissez à ras vos moules de marmelade d'abricots; dorez votre crête et cuisez à four doux; lorsque vos gâteaux ont atteint une couleur bien blonde, sortez-les du four, enduisez le dessus d'un sirop d'abricots; ceci fait, disposez une abaisse de rognures feuilletage que vous tenez le plus mince possible; enlevez dessus, avec un coupe-pâte à feuilles courbes, la quantité de ces dernières qui vous sera nécessaire; relevez-les sur des plaques d'office étamées; cuisez bien blanc, c'est-à-dire à four extrêmement doux; sortez-les alors du four pour les placer sur vos tartelettes en leur donnant la forme d'une rosace; posez au milieu une cerise confite ou une mirabelle; démoulez aussitôt et relevez-les sur des clayons.

Charlotte grecque.

Avec un emporte-pièce uni de dix centimètres de diamètre, enlevez sur une bande de génoise mate (*voir*) des fonds que vous dédoublez de quatre millimètres d'épaisseur; lorsque vous avez obtenu le nombre qui vous est nécessaire, placez-les sur une tourtière légèrement beurrée; tenez-les à quatre centimètres de distance; coupez alors des biscuits à la cuillère en travers et par moitié, relevez tous ces morceaux sur un clayon; il faut cinq de ces morceaux pour chaque petit rond de génoise. Ceci fait, mettez cuire dans un petit poêlon d'office un peu de sucre au cassé (*voir* Cuite de Sucre); trempez vos petits biscuits dans votre sucre, adaptez-les autour de vos fonds de génoise de manière à en former un petit puits que vous garnissez de crème Chantilly, à laquelle vous mêlerez légèrement un appareil de crème fine sucrée et vanillée; détachez vos gâteaux des tourtières et relevez-les sur un clayon.

Biscots.

Beurrez à froid des petits moules dits biscots, couchez dans le fond et autour une légère couche de pâte à lingot (*voir* Pàte); garnissez l'intérieur d'une gelée de groseilles mélangée de marmelade de pommes réduites, que vous recouvrez d'une légère couche de même pâte jusqu'au deux tiers de vos moules; relevez-les ensuite sur une plaque et placez-les à l'étuve; aussitôt vos moules pleins par la fermentation, mettez cuire à four ordinaire; tenez de couleur extrêmement blonde; sortez du four; démoulez immédiatement; imbibez-les de quelques gouttes de kirch; étendez sur toute la superficie une couche mince de marmelade d'abricots que vous glacez au kirch; posez-les alors une seconde à la bouche du four pour leur donner le brillant, et servez chaud.

Biscuits (dits Massepains).

Beurrez avec soin au beurre clarifié des petits moules à massepains dits à dix centimes; enduisez-les, pendant qu'ils sont encore tièdes, d'une légère couche de sucre glace; garnissez l'intérieur de pâte à biscuits fins; saupoudrez-les de sucre en poudre non déglacé; renversez aussitôt vos moules pour en faire tomber le trop de sucre; relevez-les alors sur une plaque où ils ne doivent rester que provisoirement (cinq minutes environ), pour donner au sucre le temps de s'imprégner à la pâte, et qu'après la cuisson vos biscuits soient grenus; mettez-les à four ordinaire en les plaçant à même l'âtre, et assez éloignés les uns des autres; tenez-les de couleur bien blonde; sortez du four; démoulez immédiatement et renversez-les sens dessus dessous.

DEUXIÈME PARTIE.

———

GATEAUX SECS POUR THÉ.

———

Berlinois.

Pesez un demi-kilog. de pâte à brioche, serait-elle un peu passée
(fermentée) que cela n'y ferait rien; divisez cette quantité en seize
parties égales; ajoutez à chacune de ces parties quelques grains de raisins de Corinthe; moulez-les sur le tour, après avoir eu soin de les saupoudrer de sucre en poudre; ceci fait, donnez-leur la forme de petites
navettes; placez-les sur une plaque; rapprochez-les le plus possible les
unes des autres; mettez à l'étuve pendant une heure environ; dorez-les
ensuite; parsemez le dessus de sucre dit religieuse; doublez vos plaques;
cuisez à four ordinaire; tenez d'un blond un peu foncé; retirez alors et
relevez-les sur des clayons.

Pains de Grésigny.

Prenez un demi-kilog. de pâte dite Grésigny (*voir* Pâte); séparez-la
en huit parties égales; roulez sur le tour chacun de ces morceaux de
trente centimètres de long; relevez en les plaçant en travers sur des
plaques; éloignez vos morceaux les uns des autres; mettez revenir à
l'étuve pendant une heure environ; dorez-les ensuite; doublez vos
plaques; cuisez alors à four ordinaire; tenez bien blonds; retirez du
four aussitôt; détachez-les immédiatement et relevez-les dans une corbeille carrée longue.

Pains d'Écosse.

Choisissez la quantité de plaques bien droites qui vous sera nécessaire;
beurrez-les avec soin; ceci fait, prenez de la pâte à pains d'Écosse, que
vous aurez préparée au moins une heure d'avance; abaissez-les de l'é-
paisseur de quatre millimètres; enlevez dessus, avec un emporte-pièce
de seize centimètres de diamètre, la quantité de petits pains que vous
jugerez convenable; pincez-en bien les bords avec le pouce et l'index;

relevez-les sur vos plaques en les tenant à distance; appuyez sur chaque gâteau avec des emporte-pièces de différentes grandeurs des petits dessins, en commençant par le plus grand et finissant par le plus petit; une fois le tout bien marqué, mettez à four ordinaire; tenez bien blond; aussitôt cuits, relevez-les sur des clayons.

Gâteau de Nantes.

Dressez votre pâte exactement comme pour les pains d'Écosse (décrit ci-dessus); seulement, avant de les mettre au four, dorez-les bien; parsemez-les d'amandes douces, émondées et hachées menu; saupoudrez-les de sucre en poudre; piquez-les de toute part; mettez à four ordinaire; cuisez-les bien blonds; aussitôt sortis du four, dorez-les à blanc avec une dorure sucrée (*voyez* Dorure), et relevez-les sur des clayons.

Milans.

Faites une abaisse de pâte à Milan de quatre millimètres d'épaisseur; enlevez dessus, avec un emporte-pièce cannelé de quatorze centimètres de diamètre, la quantité de fonds dont vous aurez besoin; placez-les sur des plaques beurrées; éloignez vos fonds les uns des autres; dorez-les à plusieurs reprises, piquez-les avec soin; rayez le dessus en croisillon avec les dents d'une fourchette; cuisez à four ordinaire et tenez blond; sortez alors du four et passez-les au lait sucré; relevez immédiatement en les posant sur des clayons.

Anisés.

Couchez une pâte anisée de l'épaisseur de quatre millimètres; enlevez dessus, avec un emporte-pièce cannelé de quatorze centimètres de diamètre, le nombre de gâteaux dont vous aurez besoin; relevez ces petits fonds sur une plaque beurrée; imbibez légèrement avec de l'eau fraîche et au moyen d'un pinceau toute la superficie de vos gâteaux, saupoudrez-les de sucre religieuse (*voyez* Sucre), piquez-les avec la pointe d'un couteau; mettez à four doux, tenez-les blancs et croustillants, sans pour cela qu'ils soient trop secs, et relevez-les immédiatement sur des clayons.

Francforts.

Préparez une abaisse de pâte dite Francfort (*voir* Pâte) de cinq millimètres d'épaisseur; coupez avec un emporte-pièce ovale et cannelé de seize centimètres de diamètre le nombre de francforts que vous désirerez; relevez-les sur des plaques bien droites et légèrement beurrées; tenez vos gâteaux à distance; dorez-les et piquez-les avec soin; parsemez dessus quelques grains de raisins de Corinthe; cuisez à four ordinaire; tenez-les bien blonds; aussitôt retirés du four, posez dessus un lait sucré (dit dorure blanche), et relevez-les de suite sur un clayon.

Biscuits anglais.

Disposez une abaisse de pâte (dite à biscuits anglais) de trois millimètres d'épaisseur ; enlevez dessus, à l'emporte-pièce cannelé rond de dix-huit centimètres de diamètre, des biscuits selon ce que vous avez besoin ; relevez-les sur des plaques beurrées, placez-les assez éloignés les uns des autres ; dorez-les à deux fois différentes ; piquez-les de toute part ; rayez la superficie avec les dents d'une fourchette ; doublez vos plaques en les mettant à four ordinaire ; tenez bien blond ; sortez immédiatement du four ; passez-les au lait sucré, et relevez-les de suite sur un clayon.

Pains anglais.

Prenez la quantité de pâte à pains anglais dont vous aurez besoin ; coupez-la par petits morceaux de la grosseur d'une aveline ; roulez chacun d'eux sur le tour, que vous aurez saupoudré légèrement de farine ; donnez-leur la forme d'une navette ; posez-les sur des plaques ou caisses d'office beurrées ; tenez ces petits gâteaux à une certaine distance l'un de l'autre ; dorez-les bien avec une dorure que vous sucrez légèrement ; puis faites sur toute la longueur une petite incision avec la pointe d'un couteau ; écartez faiblement les deux parties ; mettez à four vif ; retirez lorsqu'ils auront atteint une couleur d'un blond foncé ; repassez-les au lait sucré, et relevez sur des clayons.

Cornes de cerf.

Coupez de la grosseur d'une aveline, sur un morceau de pâte à pains anglais, la quantité que vous désirez de cornes de cerf ; roulez-les sur le tour en forme de petits boudins de trois centimètres de diamètre sur douze centimètres de long ; relevez-les alors sur des plaques ou caisses d'office beurrées ; donnez-leur la forme d'un fer à cheval ; dorez-les plusieurs fois avec une dorure dans laquelle vous mettrez un peu de sucre glace ; ceci fait, avec un couteau incisez-les en dehors en écartant légèrement les pointes que fait votre tranchée, de manière à imiter la corne de cerf ; mettez à four vif ; cuisez d'un blond ardent ; sortez du four ; lissez-les avec un lait sucré, et relevez aussitôt sur des clayons.

Nattes.

Roulez un morceau de pâte à pain anglais que vous divisez de la grosseur d'une petite noix ; découpez cette quantité en trois parties, puis roulez-les jusqu'à concurrence de douze centimètres de long ; formez-en une tresse et posez-les sur des plaques ou caisses d'office beurrées ; vos plaques étant garnies, dorez chaque natte à plusieurs reprises ; ayez toujours le soin de mettre un peu de sucre dans votre dorure ;

cuisez à four vif; tenez d'une couleur blonde un peu roux; sortez du four immédiatement; enduisez-les ensuite d'un peu de lait sucré, et relevez-les sur des clayons.

Couronnes flamandes.

Disposez sur le tour une abaisse de pâte flamande (*voir* Pâte) de trois millimètres d'épaisseur; enlevez dessus, avec un emporte-pièce cannelé de seize centimètres de diamètre, la quantité de petits fonds que vous jugerez nécessaire; videz l'intérieur avec un moule à coupe-pâte uni de six centimètres de diamètre; humectez la superficie de ces petites couronnes; renversez-les dans une caisse garnie de sucre religieuse; relevez-les sur des plaques beurrées; cuisez à four doux; tenez de couleur blonde, et relevez ensuite sur des clayons.

Suédois.

Prenez à peu près trente grammes d'appareil à Suédois; roulez cet appareil dans vos mains, que vous aurez eu soin d'humecter d'eau; posez vos morceaux à une certaine distance l'un de l'autre sur une feuille de papier collé; donnez-leur la forme d'un croissant; relevez votre feuille entière sur une plaque ordinaire; cuisez à four doux; tenez-les bien blonds; sortez-les du four pour les détacher du papier et les poser sur un clayon.

Pains d'avelines.

Mettez dans votre main vingt grammes à peu près de pâte d'avelines que vous roulez en forme de navette; posez-la sur une feuille de papier collé; recommencez l'opération autant de fois que vous en aurez besoin; en les plaçant sur vos feuilles, n'oubliez pas qu'il faut les tenir à deux centimètres d'écartement; posez ensuite votre feuille sur une plaque que vous doublerez d'une deuxième; avant de mettre au four, dorez-les bien; cuisez à four doux; tenez-les blond; sortez du four, et détachez-les immédiatement du papier.

Pékins.

Faites une abaisse de trois millimètres d'épaisseur avec une pâte à l'infusion de thé (*voir* Pâte); découpez dessus, avec un emporte-pièce cannelé ayant forme losange et de vingt centimètres de diamètre, le nombre de petits gâteaux que vous désirerez; relevez-les sur des plaques beurrées, piquez-les bien de toute part; humectez légèrement le dessus avec un peu d'eau fraîche, saupoudrez avec un sucre dit religieuse; mettez à four ordinaire; cuisez blond, et relevez-les sur des clayons.

Galette de ménage en tranches.

Pesez un demi-kilog. de pâte à galette de ménage, faites-en une bande d'un centimètre d'épaisseur et de cinq centimètres de large sur une longueur voulue; relevez cette même bande sur une plaque; incisez-la tout au tour; piquez la superficie avec la pointe d'un couteau; dorez-la parfaitement; rayez le dessus en croix avec les dents d'une fourchette; cuisez alors à four chaud; aussitôt de couleur blonde un peu foncée, retirez du four; coupez ensuite en travers des petites bandes de trois centimètres de large, et servez chaud.

Biscottes de Bruxelles.

La pâte à biscottes étant faite (*voir* Pâte), prenez-en la quantité suffisante pour garnir à moitié des bords une caisse de cuivre étamée et de grandeur nécessaire; ayez soin de bien beurrer votre caisse; mettez alors à four doux; cuisez blond; aussitôt votre pâte sortie du four, vous la coupez par bande d'un centimètre d'épaisseur.

Si ces biscottes doivent être expédiées au loin, il est essentiel, lorsqu'elles sont coupées par tranches, de les mettre à plat sur des plaques et au four pendant cinq minutes environ.

Perlés.

Prenez de la pâte à infusion de thé; ajoutez dedans un peu d'angélique hachée menu; mêlez parfaitement; faites-en une abaisse de cinq millimètres d'épaisseur; enlevez dessus avec un emporte-pièce à étoiles la quantité de perlés qui vous sera nécessaire; humectez la superficie de chacun de vos gâteaux avec un pinceau imbibé d'eau; renversez-les dans une caisse d'office garnie de sucre religieuse; secouez bien votre caisse, de manière à faire imprégner sur vos gâteaux le plus de sucre possible; relevez-les alors sur des plaques beurrées; mettez à four doux; cuisez-les blond; sortez-les du four, et relevez-les sur des clayons.

Bâtons au chocolat.

Prenez deux cent cinquante grammes de pâte d'amandes ordinaires; mettez-la dans un mortier; faites fondre à part sur une petite tourtière et à la bouche du four une tablette de chocolat non sucré; une fois fondu, versez-le sur votre pâte; pilez le tout ensemble jusqu'à parfait mélange; relevez alors cette pâte de votre mortier et posez-la sur le tour, que vous avez un peu saupoudré de farine ou de sucre glace; prenez de ce mélange gros comme une petite noix pour chacun de vos gâteaux; faites-en des petits bâtons de huit centimètres de long sur trois centimètres de diamètre; enduisez-les d'une légère couche de blancs d'œufs; roulez-les aussitôt dans une caisse garnie de sucre religieuse; placez-les alors sur des plaques beurrées; éloignez vos petits bàtons les uns des autres et cuisez-les à four doux.

Croquets ordinaires.

Faites avec de la pàte à croquets ordinaire une bande de cinq centimètres de large sur un centimètre d'épaisseur et de la longueur de vos plaques, qui doivent être beurrées légèrement avant de ne rien mettre dessus; prenez votre bande, renversez-la sens dessus dessous sur votre plaque; incisez votre pàte tout autour; dorez la superficie plusieurs fois de manière à lisser parfaitement le dessus; rayez-la en croisillon avec les dents d'une fourchette et piquez-la de toute part; mettez ensuite à four vif; cuisez blond foncé; aussitôt retirée du four, posez dessus un lait sucré; coupez votre pàte en travers par petits bàtons d'un centimètre de large que vous releverez sur des plaques; remettez au four pour bien sécher les côtés; sortez-les de nouveau pour les mettre ressuyer sur des clayons.

Croquets blancs.

Beurrez une caisse à génoise; garnissez-en le fond de pâte à croquets blancs de deux centimètres d'épaisseur; piquez bien votre pàte; dorez toute la superficie et cuisez à four vif; aussitôt blond, démoulez promptement; coupez par petites bandes de cinq centimètres de long sur un centimètre de large, et relevez-les sur des clayons.

Croquets à la gomme.

Beurrez avec soin une plaque ordinaire; garnissez-la en plein d'un centimètre d'épaisseur avec de la pàte à croquets à la gomme; dorez parfaitement le dessus et à plusieurs reprises; cuisez à four vif; tenez bien blond; démoulez aussitôt et coupez en losanges de trois centimètres sur tous sens.

Croquets à la reine.

Prenez la quantité nécessaire de pàte à croquets à la reine; abaissez-la sur le tour à quatre millimètres d'épaisseur; enlevez dessus, avec un emporte-pièce de la grandeur d'une pièce de cinq francs, des petits fonds; humectez-en la superficie avec un pinceau trempé dans l'eau; saupoudrez-les de sucre dit religieuse; relevez-les alors sur des plaques bien propres que vous beurrez légèrement; mettez à four doux; cuisez-les d'un blond un peu pâle; sortez-les du four et relevez-les sur des clayons.

Croquets ponges.

Roulez sur le tour une pàte à croquets ponges; prenez-en pour chacun de vos gâteaux gros comme une petite noix que vous roulez également-

7

ment de la forme d'une saucisse de la longueur de huit centimètres ;
enduisez tous ces petits bâtons avec du blanc d'œuf fouetté ; posez-les
ensuite dans une caisse garnie de sucre religieuse pour qu'ils s'en imprègnent bien tout autour ; relevez-les l'un après l'autre sur une feuille
de papier collé ; évitez qu'ils se touchent ; posez votre feuille sur une
plaque ordinaire ; cuisez à four doux ; aussitôt de couleur blonde, sortez-les du four et relevez-les de suite sur un clayon.

Croquets légers.

Emplissez une caisse en cuivre étamé et beurrée de toute part de
pâte à croquets légers de deux centimètres de hauteur ; dorez-en la superficie à plusieurs reprises ; rayez le dessus en croisillons avec les
dents d'une fourchette ; piquez-la bien ; mettez à four ordinaire et tenez de couleur blonde ; retirez aussitôt ; démoulez ensuite sur le tour
pour la découper par bâtons de deux centimètres carrés sur cinq centimètres de long ; replacez ces petits croquets sur des plaques ordinaires
en tenant la coupe en dessus ; représentez-les au four pour les sécher
également ; sortez aussitôt du four et relevez-les sur des clayons.

Croquets de Bordeaux.

Faites avec de la pâte à croquets de Bordeaux une bande très égale
de sept centimètres de large sur trois centimètres d'épaisseur ; tenez-la
au repos pendant douze heures environ ; saupoudrez alors le tour de
farine ; placez-y votre bande, et au moyen d'un couteau frais repassé
coupez-la en travers en petites lames de trois millimètres d'épaisseur ;
relevez-les alors sur des plaques bien beurrées et tenez à distance de
trois centimètres pour qu'ils ne se joignent pas par leur gonflement ;
dorez plusieurs fois ; mettez à four vif ; aussitôt qu'ils auront atteint
une couleur marron, retirez-les ; dorez-les de nouveau au lait sucré et
relevez immédiatement sur des clayons.

Gaufres d'office.

Faites dans un fourneau à large bouche et de forme carrée un feu
très ardent alimenté par du charbon de bois ; posez dessus un moule à
gaufres dit gaufrier ; nettoyez-le bien pendant qu'il est chaud ; frottez
l'intérieur avec un morceau de lard afin que la pâte que vous y verserez ne s'y attache pas. Cette dernière opération devra se renouveler
après chaque gaufre sortie du moule. Lorsque votre gaufrier sera bien
chaud (sans pour cela être rouge), emplissez-le d'un appareil à gaufres
au moyen d'une cuillère à ragout de grandeur suffisante ; tournez votre
moule en tous sens de manière à ce que l'appareil se trouve couché
également partout ; posez alors votre gaufrier sur le fourneau ; tenez-le
serré autant que possible ; laissez-le ainsi à peu près une minute ; retournez de l'autre côté ; faites cuire à peu près le même temps ; pour

bien vous assurer de l'état de cuisson de votre gaufre, ouvrez légèrement votre fer; si elle est bien blonde, détachez-la à l'aide d'un couteau
que vous passez dessous pendant qu'elle est chaude et le plus promptement possible; roulez-la sur sa longueur au moyen d'un bâton rond de
dix centimètres de diamètre; ornez chacune de vos gaufres aux deux
extrémités d'une petite faveur rose ou verte, puis tenez-les à l'étuve
jusqu'au moment de les dresser; ayez le soin, lorsque vous les placerez
sur la table, de mettre à côté un petit pot de gelée de groseilles ou un
compotier de crême.

Variantes.

Les variantes sont des petites génoises de toutes formes que l'on découpe au couteau ou à l'emporte-pièce après les avoir dédoublées; on
en garnit l'intérieur de marmelade d'abricots, ou de gelée de groseilles,
prunes vertes, framboises, etc., etc., puis masquez la superficie de ces
gâteaux avec un sirop de ces mêmes fruits; glacez-les alors avec toute
espèce de liqueurs en variant les nuances; décorez-les de fruits confits
de toute nature que vous découpez selon la forme.

Ces petits gâteaux font le plus bel effet dans une soirée.

Biscuits au Citron.

Choisissez des plaques ordinaires les plus droites possible; beurrez-
les avec soin; saupoudrez-les légèrement de farine, puis mettez dans
une poche garnie d'une douille de quatre centimètres de diamètre la
quantité de pâte nécessaire pour les biscuits dont vous aurez besoin;
couchez-les sur vos plaques en les tenant éloignés les uns des autres de
trois centimètres au moins; semez dessus une grande quantité de sucre
en poudre non déglacé; renversez d'une main votre plaque et de l'autre
frappez légèrement sur le fond pour faire tomber le trop du sucre;
posez vos plaques à l'étuve pendant douze heures environ; sortez-les
et mettez immédiatement à four doux; lorsqu'ils deviennent blonds
et légers, détachez-les et relevez-les de suite sur des clayons.

Biscuits d'Alger.

Même opération que pour les biscuits ci-dessus, seulement on ne les
met pas à l'étuve; aussitôt vos biscuits couchés sur la plaque, vous parsemez dessus des amandes effilées et vous les saupoudrez de sucre glace.
La cuisson en est la même.

Belges.

Faites une abaisse de pâte flamande de quatre millimètres d'épaisseur; enlevez dessus avec un emporte-pièce uni des fonds assez larges
pour en foncer des petits moules à brioche; ceci fait, piquez-les bien et
garnissez l'intérieur de gelée de groseilles d'un centimètre d'épaisseur;
remplissez le vide qui vous reste avec de la pâte à biscuit dit man-

qué (*voir* Pâte); parsemez dessus une pincée d'amandes effilées; saupoudrez-les de sucre glace, puis relevez vos moules sur des plaques; cuisez à four doux; aussitôt que vous aurez obtenu une couleur bien blonde, retirez-les du four et démoulez de suite sur des clayons.

Bâtons à la vanille.

Saupoudrez le tour de sucre glace; disposez dessus une bande en pâte d'amandes légère de trois millimètres d'épaisseur sur cinq centimètres de large et de la longueur que vous jugerez nécessaire, puis faites à part un petit appareil composé de sucre glace délayé avec un peu de blanc d'œufs, ne faire que mêler seulement; tenez cet appareil assez mou pour qu'une fois couché il s'étale de lui-même; garnissez-en le plus mince possible toute la superficie de votre bande; coupez-la en petits bâtons de deux centimètres et demi; relevez-les sur des plaques d'office que vous avez eu le soin de beurrer et de fariner à l'avance; tenez vos gâteaux assez éloignés les uns des autres; cuisez à four doux; tenez-les extrêmement blonds; aussitôt à ce degré, sortez-les du four; détachez-les de suite avec la lame d'un tranche-lard et relevez-les sur des clayons.

Côtelettes glacées.

Même pâte et même opération que pour les bâtons de vanille (décrits ci-dessus), à l'exception que la pâte d'amandes se parfume à la cannelle au lieu de vanille, et que l'on donne à ces gâteaux la forme de côtelettes avec un emporte-pièce de ce nom.

Couronnes amandées.

Prenez de la pâte d'amandes fines; faites-en une abaisse de trois millimètres d'épaisseur; coupez dessus avec un emporte-pièce cannelé de quatorze centimètres de diamètre le nombre de fonds que vous jugerez convenable; puis, avec un deuxième emporte-pièce uni de six centimètres de diamètre, enlevez le centre de chacun de vos fonds, ce qui formera une couronne; garnissez alors de quatre millimètres d'épaisseur la superficie d'un appareil à suédois; relevez-les sur des plaques bien beurrées et farinées; mettez à four doux; cuisez blond; aussitôt de bonne couleur, relevez-les sur des clayons.

Chapeaux d'abbé.

Abaissez une pâte d'amandes desséchées de l'épaisseur de cinq millimètres; enlevez dessus avec un emporte-pièce uni de quatorze centimètres de diamètre la quantité de fonds dont vous aurez besoin; posez au centre de chacun de ces petits ronds gros comme une noisette de pâte d'amandes au jaune d'œuf; puis, en relevant les trois côtés de votre rond, vous obtiendrez une forme de chapeau à cornes; dorez-les avec soin; après vous être assuré que les bords sont bien joints au morceau du milieu, relevez-les alors sur des plaques beurrées et farinées; mettez à l'étuve pendant douze heures environ; dorez de nouveau et à plusieurs reprises, puis cuisez à four doux; aussitôt de couleur marron, retirez-les et passez-les au lait sucré; relevez-les sur des clayons; pour terminer, ornez les bords de vos chapeaux d'un filet de glace royal et d'une petite rosace.

Rissoles.

Disposez une abaisse en feuilletage à huit tours à peu près de trois millimètres d'épaisseur; enlevez dessus avec un emporte-pièce cannelé de vingt-quatre centimètres de diamètre le nombre de petits fonds selon la quantité de rissoles que vous désirez; posez-les sur le tour enduit de farine; mettez dessus et au centre de chacune une demi-cuillerée de crême fine; humectez légèrement le tour de ces petits ronds; ployez-les en deux et appuyez partout sur la crête pour y bien renfermer votre crême; mettez ensuite une poêle de friture en ébullition; jetez-y doucement et un par un vos petits chaussons; aussitôt que vous verrez qu'ils ont atteint une couleur blonde, retournez-les avec une fourchette pour faire prendre de l'autre côté une couleur égale; égouttez-les ensuite dans une passoire; tenez-les à l'étuve; saupoudrez-les de sucre glace et servez chaud.

Beignets.

Choisissez de bonnes et belles pommes de calville, ou reinette canada; pelez-les bien; puis, avec un emporte-pièce dit douille à colonne, videz le cœur de vos pommes; coupez-les en travers par petites tranches rondes et minces; mettez-les dans un compotier; versez sur vos tranches quelques gouttes de rhum et un peu de sucre en poudre; retournez-les de manière à ce qu'elles soient imbibées et faites-les égoutter dans une passoire; ceci fait, vous mettez sur un feu ordinaire une friture neuve jusqu'à ce qu'elle ait atteint son degré d'ébullition; vous prenez alors vos ronds de pommes avec deux doigts; vous trempez ces ronds dans une pâte à frire, qu'ils en prennent le plus possible; vous les mettez ensuite dans votre friture, et la quantité seulement que peut contenir votre poêle; évitez que vos beignets se touchent; lorsque vous les jugerez blonds, retournez-les pour leur faire prendre la même couleur; égouttez-les alors dans une passoire; dressez immédiatement; saupoudrez de sucre glace et servez chaud.

Pets de nonne.

Mettez en ébullition sur un feu ordinaire une friture neuve; prenez avec une petite cuillère en bois gros comme une noisette de pâte à choux; détachez-la avec le doigt pour la mettre dans votre friture; ayez soin de n'en pas trop mettre à cause du gonflement de cette pâte; re-

muez sans cesse vos pets de nonne avec une fourchette de manière à les
faire rouler sur eux-mêmes; lorsqu'ils auront atteint une couleur bien
blonde, sortez-les de la poêle; mettez-les dans une passoire pour les
faire égoutter; dressez immédiatement; saupoudrez-les de sucre glace
et servez très chaud.

Biscuits de Reims.

Préparez à l'état de propreté le plus minutieux des petits moules dits
à biscuits de Reims; tenez-les chaudement pour ensuite les beurrer un
à un avec du beurre clarifié dans lequel vous aurez mêlé en quantité
égale à votre beurre de la cire vierge. Ces deux ingrédients, bien mélangés, doivent se tenir constamment au chaud; renversez vos moules
à mesure que vous les beurrez pour les faire égoutter; remplissez-les
jusqu'au bord de pâte à biscuits de Reims (*voir*) qui a dû être préparée
d'avance; saupoudrez alors toute la superficie de vos moules avec du
sucre non déglacé; secouez vos moules en les renversant pour faire
tomber le trop de sucre; cette opération terminée, relevez-les sur une
pelle en bois disposée à cet effet; mettez à four ordinaire en ayant le
soin de les tenir le plus près possible les uns des autres; cuisez de couleur blonde; retirez-les immédiatement du four; démoulez aussitôt en
les relevant sur des clayons, pour ensuite les ranger par douzaines et les
envelopper dans du papier orné de vignettes.

Biscuits de Londres.

Prenez de la pâte à biscuits de Londres; faites-en une abaisse de
deux millimètres d'épaisseur; enlevez dessus des petits fonds avec un
emporte-pièce rond de douze centimètres de diamètre; lorsque vous
aurez la quantité de biscuits désirable, relevez-les tous sur des plaques
beurrées et assez près les uns des autres; piquez-les partout avec la
pointe d'un couteau ou les dents d'une fourchette; mettez vos biscuits
à four ordinaire; cuisez-les blond; aussitôt sortis du four, relevez-les
dans une corbeille.

Croquantis.

Faites une abaisse de votre pâte à croquantis; disposez-la en bandes
de cinq centimètres de large pour les demi-bâtons, et de dix centimètres pour les bâtons entiers; ces bandes ne doivent avoir qu'un centimètre d'épaisseur; coupez ces mêmes bandes en travers et par lames
de quatre millimètres d'épaisseur; couchez-les à plat sur des plaques
beurrées; tenez vos croquantis éloignés les uns des autres de trois ou
quatre centimètres; dorez-les plusieurs fois; mettez à four ordinaire et
cuisez de couleur marron; sortez-les en les détachant de suite pour les
relever sur des clayons. Tenez-les dans un endroit sec.

Craquelins pralinés.

Il arrive quelquefois qu'il vous reste des grosses brioches cuites de la veille (je ne m'adresse ici qu'aux maîtres pâtissiers); coupez-en des tranches carrées de huit centimètres de long sur trois centimètres de large et d'un centimètre d'épaisseur; masquez la superficie d'un de ces côtés et à plat d'une couche légère de marmelade d'abricots que vous recouvrez ensuite d'une couche d'appareil à condé; relevez ces gâteaux sur des plaques; saupoudrez légèrement de sucre glace; mettez à four vif; ayez soin de doubler les plaques; tenez de couleur blonde; retirez aussitôt du four et relevez-les sur des clayons.

Biscuits bretons.

Beurrez et farinez des plaques ordinaires; prenez alors de la pâte à biscuits bretons (*voir*) que vous couchez au moyen d'une cuillère à bouche ou d'une poche; éloignez-les les uns des autres; saupoudrez-les de sucre en poudre; mettez à four doux; aussitôt de couleur bonde, retirez-les du four et relevez-les sur des clayons.

CHAPITRE VI.

DES ENTREMETS ORDINAIRES ET FRAPPÉS.

PREMIÈRE PARTIE.

ENTREMETS ORDINAIRES.

Biscuit de Savoie.

Servez-vous d'un moule un peu haut de forme et dit moule à biscuit de Savoie; nettoyez-le parfaitement, lors même qu'il serait ou qu'il vous paraîtrait très propre; beurrez-le au beurre chaud et bien clarifié. Cette opération se fait en versant le beurre dans le fond du moule et en lui faisant faire tout le tour des parois, puis, le renversant sur une table, le laisser égoutter quelques instants; alors, le prenant à deux mains et le secouant comme on fait pour un panier à salade, on enlève le trop de beurre de manière à ce que la couche reste extrêmement mince et parfaitement égale; tout cela

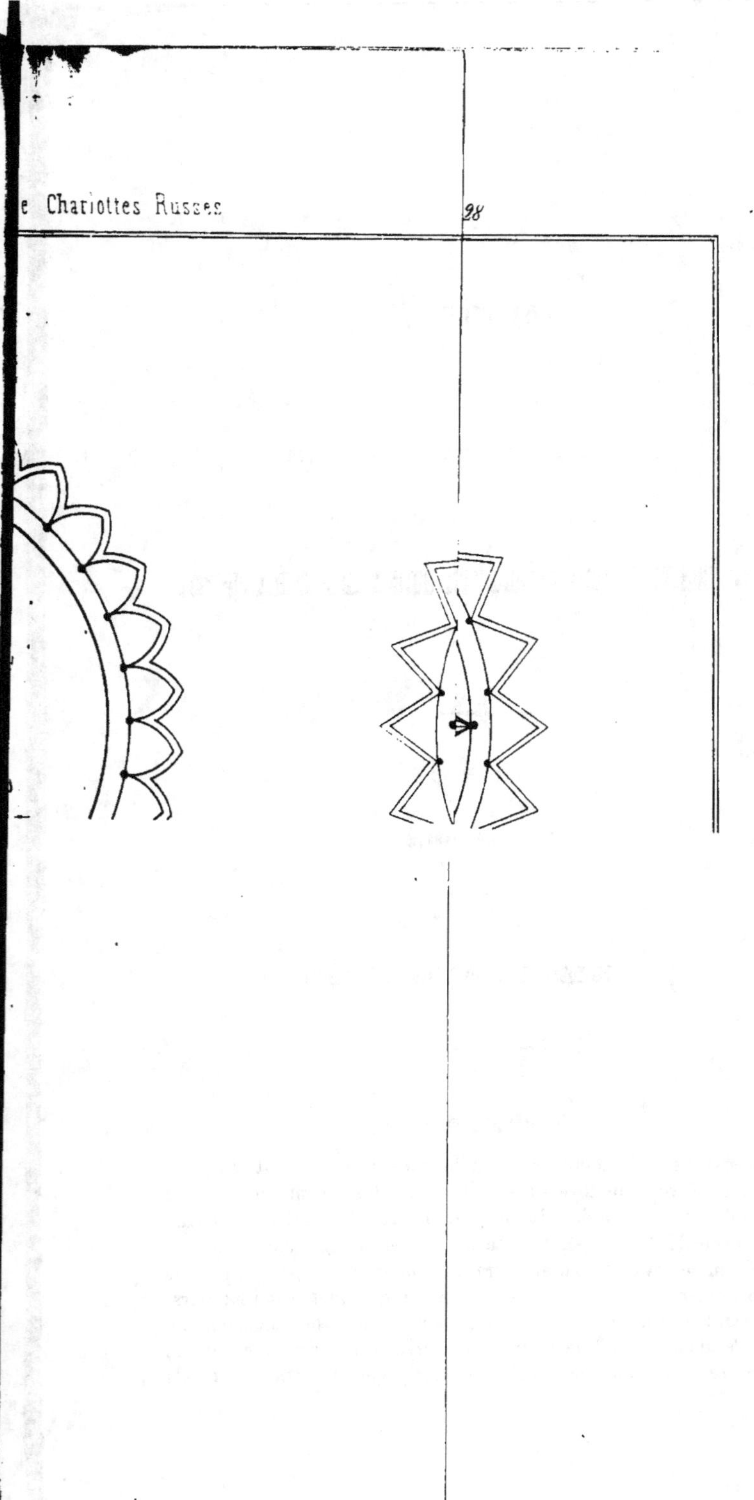

doit être fait très promptement, car il faut que votre moule soit encore à l'état de tiédeur si vous voulez y faire adhérer votre sucre glace. Dans le cas où, soit par occupation ou par la trop grande quantité de moules que vous aurez à beurrer, vous seriez obligé de les laisser un peu trop refroidir, vous leur feriez subir l'action du feu au-dessus d'un fourneau, jusqu'à ce que vos moules prennent la chaleur nécessaire pour que votre sucre s'y attache parfaitement. Maintenant, versez à l'intérieur de votre moule environ un tiers de sa contenance du sucre fin en poudre dit glace; faites-lui faire les mêmes tours que pour le beurrer. Lorsque votre sucre est adhérent partout, renversez votre moule et frappez-le entre vos deux mains pour faire tomber le trop de sucre. Ceci fait, remplissez à quatre centimètres près votre moule de pâte à biscuits fins; frappez-le par secousses sur vos genoux pour bien tasser la pâte; placez-le sur une tourtière: montez votre pâte de biscuit jusqu'au haut de votre moule; saupoudrez légèrement de farine la superficie de votre pâte et mettez à four ordinaire. Il faut, pour un biscuit de deux cent cinquante grammes de pâte, environ une heure et demie de cuisson; pour un demi-kilog., deux heures, et ainsi de suite. On reconnaît que le biscuit est à point en le retirant un instant du four sans le démouler, et en prêtant attentivement l'oreille, si l'on n'entend plus de pétillement d'ébullition intérieure, la cuite est parfaite; démoulez alors avec précaution, et renversez-le sur un clayon.

Biscuits glacés.

Prenez la quantité de cercles à flan nécessaire pour faire la hauteur que vous voulez donner à votre biscuit; placez-les sur des tourtières beurrées; enduisez également de beurre l'intérieur de ces cercles; remplissez-les de pâte à biscuits fins (*voir*) et mettez à four doux; au bout d'une demi-heure, retirez du four et démoulez-les; placez alors vos fonds sur un clayon et laissez refroidir; aussitôt froid, garnissez le dessus du premier fond d'une couche d'abricots de deux millimètres d'épaisseur; placez dessus le second et garnissez-le également d'une couche de groseille; enfin, posez le troisième, quatrième ou cinquième, suivant la hauteur que vous voulez donner à votre gâteau. Mais n'oubliez pas qu'il faut entre chaque rond une couche de confiture quelconque; égalisez le tour de votre biscuit; masquez ensuite tout votre gâteau d'une légère couche de marmelade d'abricots, que vous couvrez elle-même d'une glace au rhum ou autre liqueur; présentez-le de nouveau une seconde au four pour figer le dessus, et relevez-le sur un clayon.

Nous avons indiqué le moyen le plus simple en cercles ronds, mais on peut les faire de toutes formes, suivant les moules et le goût.

Biscuit meringué.

Beurrez un gros moule cannelé dit à brioche; passez-le dans la farine et remplissez-le à deux centimètres près de pâte à biscuits fins; relevez-le sur une tourtière et mettez à four ordinaire. Dès qu'il a pris la couleur blonde et qu'il vous paraît cuit, sortez du four pour démouler immédiatement, et placez-le sur un clayon afin qu'il se refroidisse; aussitôt froid, replacez-le sur une tourtière comme lorsqu'il était dans son moule; masquez entièrement votre biscuit avec un appareil à meringue ordinaire mis en forme d'entonnoir renversé, et avec une poche remplie de ce dernier et même appareil faites sur votre biscuit les dessins que vous jugerez convenable; parsemez çà et là quelques amandes effilées; saupoudrez le tout de sucre glace, et faites-lui revoir le four jusqu'à ce que votre appareil de meringue prenne une bonne couleur et forme croûte; retirez alors et dressez sur un clayon.

Biscuit macédoine.

Prenez un gros moule cannelé dit à brioche; beurrez-le bien à chaud; saupoudrez l'intérieur de sucre glace; garnissez-le à moitié de biscuits fins; posez dessus une couche de fruits confits coupés par tranches; recouvrez cette couche de pâte à biscuits jusqu'à deux centimètres du bord de votre moule; saupoudrez légèrement de farine, puis mettez à four ordinaire et cuisez blond; démoulez aussitôt sorti du four; renversez-le sur un clayon; sitôt froid, mettez votre biscuit du côté le plus large sur la tourtière; masquez tout votre gâteau d'une couche de marmelade d'abricots, que vous couvrez elle-même d'un glacé liquide au rhum; décorez le dessus, suivant votre goût, avec des fruits confits, angélique, etc., etc.

Biscuit surprise.

Beurrez à chaud et saupoudrez de sucre glace un moule à charlotte russe; remplissez-le à trois centimètres près de pâte à biscuits ordinaires (*voir*); saupoudrez cet intérieur avec un peu de farine; relevez-le sur une tourtière, et mettez à four ordinaire jusqu'à ce que vous ayez obtenu une élévation au-dessus de votre moule, ainsi qu'une couleur bien blonde et une cuite parfaite. Dans cet état, sortez-le du four en le renversant sur un clayon; laissez refroidir; enlevez de dessus une calotte moitié environ de la grosseur de votre biscuit; creusez-le et videz-le pour y mettre la quantité de crème dite Chantilly, sucrée et vanillée, que vous jugerez nécessaire d'y placer; remettez votre calotte et masquez entièrement votre biscuit d'une couche mince de gelée de groseilles, que vous recouvrez elle-même d'une glace au rhum; faites revoir quelques secondes le four à ce gâteau, et relevez-le sur un clayon.

Jambon de Carême.

Beurrez parfaitement et à chaud un moule dit à jambon; saupoudrez-le partout de sucre glace; remplissez ensuite votre moule à deux centimètres près de pâte à biscuits ordinaires; saupoudrez aussi légèrement

cette pâte de farine afin d'obtenir une croûte; puis relevez sur une
tourtière, et mettez à four ordinaire environ trois quarts d'heure; retirez alors du four, démoulez et renversez-le sur un clayon; lorsqu'il est
froid, placez le côté enduit de farine sur une tourtière; masquez toute
la superficie de votre jambon d'une couche de marmelade d'abricots
passée au tamis. Ce genre d'entremets se glace de deux manières, moitié
couleur chocolat et moitié blanche, en imitant le plus possible les jambons décorés et exposés sur les montres de nos habiles charcutiers;
faites cuire à part en pâte d'office une forme de petit manche ou os de
jambon, que vous recouvrez d'une papillotte en papier, ainsi que cela
se pratique pour les jambons eux-mêmes.

Galiciens.

Beurrez une tourtière et placez dessus deux cercles à flan de même
grandeur, également beurrés; remplissez-les à quelques millimètres
près de biscuits aux amandes (*voir*); mettez à four ordinaire; laissez
cuire pendant vingt minutes environ; aussitôt sortis du four, démoulez,
laissez refroidir, puis garnissez le dessus de l'un d'eux d'une couche de
marmelade d'abricots passée au tamis; posez alors le second dessus et
masquez-le d'une couche semblable; enfin, glacez le tout d'une glace
aux pistaches, et parsemez dessus quelques pistaches hachées.

Viennois.

Choisissez des petites tourtières à rebords saillants; beurrez-les bien,
étendez dessus une couche de cinq millimètres d'épaisseur de pâte
à biscuits fins; mettez-les à four ordinaire et cuisez bien blond; retirez
du four; relevez tous vos fonds de biscuits sur un clayon, puis étendez
une légère couche de marmelade d'abricots sur une de ces feuilles; mettez dessus et par tranches minces des fruits confits; recouvrez d'une
seconde feuille cette première, et continuez de même jusqu'à ce que
vous ayez obtenu la hauteur de dix à douze centimètres environ; masquez alors tout votre gâteau d'une couche d'abricots; placez au-dessus
une petite orange dite chinois, et glacez le tout d'une glace au rhum
très liquide; mettez deux minutes à la bouche du four pour sécher
votre glacé.

Génois décoré.

Même opération et même manipulation que pour les biscuits glacés,
sauf que l'on emploie de la pâte génoise au lieu de pâte à biscuits.
Quant au décor, qui ne se fait qu'après le glaçage, vous remplissez un
cornet de glace royale, et vous faites sur le dessus de votre gâteau un
décor en relief, que vous garnissez d'abricots et de gelée de groseilles.

Richelieu.

Beurrez convenablement un moule à savarin; remplissez-le à quelque chose près de pâte à génoise mate ; placez votre moule sur une tourtière ; mettez à four ordinaire environ une demi-heure ; aussitôt son gonflement terminé et que votre gâteau est de couleur blonde, retirez-le du four, démoulez et renversez sur un clayon ; lorsqu'il est froid, replacez-le sur une tourtière de même qu'il était sur le clayon ; masquez sur le dessus et le tour avec une marmelade d'abricots passée au tamis ; taillez sur une feuille de papier pliée en forme de cornet, et en huit parties, un cercle de quinze millimètres de largeur ; appliquez-le sur le dessus de votre Richelieu en le faisant adhérer légèrement à la marmelade d'abricots ; n'oubliez pas que ce cercle doit être enlevé plus tard et qu'il doit avoir la grandeur de la moitié de la superficie de votre pièce ; une fois bien appliqué, comme nous l'avons dit, parsemez toute votre couche d'abricots d'un beau panaché, puis, comme votre papier a empêché la place qu'il occupait d'en être garni, enlevez-le, et sur cette place mettez avec goût un joli décor d'angélique coupée en lozange, séparé par une cerise confite.

Plomquet.

Prenez une casserole dite bain-marie, garnissez de papier blanc l'intérieur et le tour depuis le haut jusqu'au fond ; beurrez ce fond et remplissez votre casserole aux deux tiers de pâte à plomquet (*voir*) ; mettez à four ordinaire, et lorsque la pâte se sera élevée par la cuisson à une hauteur apparente et qu'elle aura une couleur blonde, sortez du four, démoulez et posez sur un clayon ; avec des ciseaux, faites des dents au papier resté libre de pâte.

Solilême.

Beurrez parfaitement un moule à biscuits de Savoie, remplissez-le aux deux tiers de pâte de savarin non sucré ; placez votre moule sur une tourtière, et faites revenir à l'étuve jusqu'à élévation complète, c'est-à-dire la pâte visible au bord du moule. Vous coupez alors une bande de papier collé, vous entourez le haut de votre moule avec cette bande, mais seulement de la moitié de sa hauteur, pour que l'autre moitié serve de soutien à la pâte qui doit s'élever ; mettez à four ordinaire ; retirez aussitôt cuit et bien blond ; démoulez de suite, puis faites clarifier à la noisette du beurre fin ; infiltrez-le au moyen d'un entonnoir par quelques trous perpendiculaires que vous aurez faits en dessus de votre gâteau.

Complègne.

Prenez de la pâte de brioche, remaniez-la avec un peu de lait pour la rendre plus douce ; beurrez parfaitement un moule à charlotte russe, remplissez-le aux deux tiers de cette pâte ; relevez ce moule sur une tourtière, placez-le à l'étuve jusqu'à ce que votre pâte en ait atteint les

bords ; retirez de l'étuve, entourez-le d'une bande de papier de six centimètres de haut, dont la moitié doit dépasser les bords du moule ;
mettez à four ordinaire ; tenez bien cuit et blond ; retirez du four, démoulez aussitôt sur un clayon ; faites fondre à la noisette un beurre fin
que vous salez légèrement, et infiltrez-le par le haut, comme dans l'article ci-dessus.

Savarin.

Prenez un moule dit à savarin, beurrez-le bien ; parsemez sur ce
beurre des amandes effilées ; remplissez votre moule à moitié de pâte
à savarin, posez-le sur une tourtière et mettez revenir à l'étuve jusqu'à
ce que votre pâte ait atteint les bords. Cuisez alors à four doux ; tenez
bien blond ; retirez du four, démoulez et renversez sur un clayon ;
préparez ensuite un sirop de sucre à trente-cinq degrés ; versez dedans
un peu de lait d'amandes, du kirch, anisette de Bordeaux, noyau,
fleurs d'orangers, tout par égale quantité ; trempez votre savarin dans
ce même sirop, faites-le égoutter sur un clayon et servez chaud.

Baba.

Beurrez à froid un moule à baba, placez dans chaque côté et au
fond un grain de raisin de Malaga ; chemisez votre moule d'une couche
de pâte à savarin, remplissez à moitié seulement de même pâte, dans
laquelle vous aurez eu le soin de mélanger des raisins assortis menus
et hachés ; posez votre moule sur une tourtière et faites cuire à four
ordinaire ; aussitôt cuit, ce que l'on reconnaît à la couleur blonde
foncée, retirez du four ; démoulez et renversez sur un clayon, puis
trempez-le dans un sirop à trente-cinq degrés, dans lequel vous aurez
versé une petite quantité de rhum.

Gorenflots.

Enduisez de beurre un moule dit à gorenflots ; placez dans le fond et
tout autour des amandes fraîches émondées et coupées par moitié ;
mélangez de suite dans de la pâte à savarin un peu de ces mêmes
amandes hachées menu ; remplissez-en votre moule jusqu'à deux
centimètres du bord, placez-le sur une tourtière et mettez-le à l'étuve ;
aussitôt que votre pâte aura fait assez d'effet pour remplir votre moule,
retirez et mettez à four ordinaire ; tenez de couleur bien blonde ; retirez alors de nouveau, démoulez aussitôt et renversez-le sur un clayon ;
dans cet état, trempez-le dans un sirop à trente-cinq degrés parfumé
au kirch.

Cambacérès.

Beurrez bien un moule dit à cambacérès ; garnissez la moitié de sa
hauteur de pâte à savarin ; relevez-le sur une tourtière ; mettez à l'étuve
jusqu'à ce que la pâte ait produit toute son élévation ; faites cuire à four

ordinaire et tenez de couleur blonde ; sortez alors du four, démoulez et renversez-le sur un clayon ; préparez un sirop à trente-cinq degrés, dans lequel vous jetez quelques gouttes d'essence de vanille ; imbibez ce gâteau avec votre sirop en le versant sur la superficie ; cinq minutes après, le temps seulement de le laisser égoutter, masquez le dessus et le tour d'une couche légère de marmelade d'abricots passée au tamis, puis vous recouvrez le tout d'une glace à la vanille.

Représentez votre entremets une seconde au four pour le sécher entièrement.

Trois-frères.

Prenez un moule dit trois-frères, beurrez-le bien ; versez à moitié du moule de la pâte à biscuits aux amandes, relevez-le sur une tourtière ; mettez à four ordinaire jusqu'à ce que la pâte ait atteint la hauteur des bords ; lorsqu'il aura pris la couleur blonde, sortez du four, renversez-le sur un clayon et laissez-le refroidir ; ensuite, masquez-le d'une forte couche d'abricots passés au tamis ; ceci fait, parsemez dessus un panaché mélangé d'amandes émondées et hachées.

Messinois.

Avec du beurre frais, vous enduisez l'intérieur d'un moule à turbans ; au fond de ce moule et sur le beurre, rangez avec soin des quartiers d'abricots confits et pralinés, de manière à ne pas laisser de place vide ; puis sur cette couche d'abricots, placez-en une de pâte à savarin de cinq millimètres d'épaisseur ; continuez l'opération de couches d'abricots et de pâte à savarin jusqu'au deux tiers de la hauteur de votre moule ; relevez sur une tourtière et placez à l'étuve jusqu'à fermentation complète ; mettez à four ordinaire et cuisez blond ; sortez du four ; imbibez ce gâteau en jetant dessus un sirop d'anisette ; laissez bien égoutter, et masquez-le partout d'une couche très mince de marmelade d'abricots cuite au lissé, et relevez ensuite sur un clayon.

Croissant.

Beurrez avec soin un moule dit croissant ; garnissez le fond et le tour d'une pâte à lingots ; placez sur la couche du fond un rang de fruits confits bien assortis ; parsemez çà et là quelques amandes entières fraîches émondées ; recouvrez vos fruits d'une seconde couche de pâte à lingots afin de les renfermer et que votre moule se trouve garni aux deux tiers ; relevez sur une tourtière ; mettez à l'étuve jusqu'à ce que la pâte ait atteint les bords ; placez à four ordinaire ; cuisez blond ; sortez alors du four, démoulez de suite ; imbibez votre croissant d'une liqueur quelconque ; masquez ensuite toute la superficie d'une couche mince de marmelade d'abricots, et recouvrez-la d'une glace de la même liqueur que vous avez mise dans votre gâteau ; décorez ensuite la superficie de fruits confits imitant plusieurs dessins.

Gâteaux dits Cussy.

Prenez un moule à caisse, beurrez-le avec soin ; mélangez bien dans de la pâte à génoise mate une petite partie d'amandes douces, émondées et hachées très fin ; garnissez-en votre moule aux deux tiers de son élévation ; relevez-le sur une tourtière ; mettez à four ordinaire ; aussitôt d'une couleur bien blonde, retirez-le en le renversant sur un clayon ; étendez dessus et autour une légère couche de glace à la vanille pour le conserver frais ; vous l'enveloppez d'un papier dit de plomb.

Gâteaux bretons.

Choisissez trois moules dits gorenflots de grandeurs différentes, de manière qu'étant superposés l'un sur l'autre ils s'élèvent en pyramide ; remplissez chacun de vos moules, et seulement aux deux tiers, avec de la pâte à biscuits aux amandes ; relevez sur une tourtière, et faites cuire à four ordinaire jusqu'à ce qu'ils prennent une couleur bien blonde et de bonne cuite ; lorsqu'ils sont arrivés à ce point, démoulez en les renversant sur un clayon ; laissez refroidir ; prenez ensuite la plus grande de vos couronnes, posez-la sur un petit fonds de pâte d'amandes cuite à l'avance ; enduisez le tour de cette couronne d'une couche mince de marmelade d'abricots passée au tamis ; placez sur cette première la seconde de vos couronnes, couvrez-la également d'abricots, ainsi que la troisième ; coulez sur la totalité une belle glace au rhum ; garnissez alors un cornet de glace au beurre, et simulez adroitement des guirlandes de fleurs autour de vos couronnes ; attachez-les soit par de petits nœuds ou de petites fleurs, de même appareil que les guirlandes, et garnissez le dessus de la plus petite couronne avec des losanges en angélique, dont vous piquerez l'une des pointes un peu obliquement dans votre gâteau de manière à former un cône.

Curaçao impérial.

Prenez un moule à disques canclé que vous beurrez légèrement et que vous remplissez aux deux tiers de pâte de biscui taux amandes ; mettez à four ordinaire, cuisez bien blond ; sortez du four, démoulez et laissez refroidir ; garnissez toute la superficie d'une couche de marmelade d'abricots passée au tamis ; rangez dessus, en forme de feuilles, des morceaux d'amandes séparées en deux, ainsi que des petits losanges d'angélique posés à plat ; coulez dessus une couche légère de glace au curaçao ; remettez une seconde au four pour en sécher la superficie.

Gâteau dit Trotier.

Beurrez un moule en turban garni de colonnes qui se trouvent creuses par le haut ; une fois votre moule renversé, garnissez-le aux deux tiers avec de la pâte à savarin ; relevez sur une tourtière et placez à l'étuve ; lorsque votre pâte, par sa fermentation, gagne les bords de votre moule, mettez à four ordinaire jusqu'à ce que la couleur devienne bien blonde; retirez alors; démoulez en le renversant sur un clayon; parfumez votre gâteau d'une liqueur quelconque, et glacez-le d'une glace chartreuse; décorez ensuite le vide de chaque colonne avec un petit rond d'amandes fendues par moitié et une autre d'angélique taillée en dents de loup; placez une cerise entre l'angélique et une mirabelle entre les amandes, puis relevez sur un clayon.

Gâteau Étoile.

Beurrez avec soin un moule à étoile; garnissez-le aux deux tiers de pâte à génoise mate; relevez sur une tourtière; mettez à four ordinaire; cuisez de couleur bien blonde; sortez du four en démoulant; renversez sur un clayon; laissez refroidir; remettez votre gâteau sur une tourtière; masquez-en toute la superficie avec une couche de marmelade d'abricots, et parfumez sur cette couche un panaché. Généralement, ces gâteaux, pour avoir plus d'aspect, se glacent au rhum, à l'anisette ou autres liqueurs.

Gâteau Victoria.

Beurrez un moule à charlotte russe; garnissez le fond et le tour d'une couche de pâte à biscuits fins, d'une seconde de crême d'amandes, d'une troisième de fruits confits émincés, ainsi de suite jusqu'à la hauteur des deux tiers de votre moule; relevez sur une tourtière; mettez à four ordinaire; aussitôt son élévation terminée et sa cuisson blonde, renversez sur un clayon, enlevez votre moule et laissez refroidir votre gateau; lorsqu'il est froid, vous le couvrez entièrement d'une couche d'abricots passés au tamis; vous glacez le dessus de cette couche d'une glace aux pistaches, et vous le décorez suivant votre goût.

Lingot pour thé.

Beurrez un moule à lingot, ou caisse de toute forme; remplissez-le aux deux tiers seulement de pâte du même nom; mettez sur une tourtière, puis à l'étuve jusqu'à fermentation complète; remettez à four ordinaire et cuisez bien blond; sortez aussitôt; démoulez et renversez-le sur un clayon.

Ce gâteau, fabriqué exprès pour le thé, devra être placé à l'étuve jusqu'au moment de le servir.

Gros nougat.

Enduisez légèrement d'huile d'olives un moule assez élevé et à côtes rondes dit biscuit de Savoie; garnissez-en l'intérieur d'une couche mince d'appareil à nougat ordinaire. Cette opération se fait en étendant sur un plafond huilé des petites parties par couches de nougat, que vous placez dans votre moule l'une contre l'autre le plus également et le plus vivement possible. Comme il serait difficile avec les doigts de faire adhérer aux parois du moule votre nougat, servez-vous d'un demi-rond ou de préférence d'un petit citron, qui, par sa forme, vous permettra d'en faire courber toutes les parties. Vérifiez, avant de démouler, si votre moule est bien garni ; dans le cas contraire, ajoutez ce qui manque ; enfin, avant qu'il ne refroidisse, arasez ce qui dépasse du bord de votre moule ; aussitôt froid, démoulez sur un clayon.

Nous n'avons pas besoin de dire que le nougat ne se travaille que très chaud.

Nougat parisien.

Huilez légèrement un moule haut à charlotte russe ; émondez de belles amandes flot, faites-les bien sécher à l'étuve ; puis, en les piquant très légèrement une à une avec la pointe d'une lardoire, trempez-les dans un sucre au grand cassé et placez-les avec simétrie au fond de votre moule, en commençant par le centre et en forme de cercle jusqu'au contour. Ce fond établi, superposez sur chacune de celles placées contre les bords et non entre deux de nouvelles amandes, toujours trempées dans le même sucre ; placez-les obliquement, les pointes en opposition, pour que votre gâteau, une fois monté contre les parois de votre moule, forme un petit mur crénelé en losange ; une fois ce moule refroidi, démoulez avec précaution sur un clayon, puis couronnez-le tout autour et superficiellement de pistaches glacées fraîches émondées, ce qui lui donnera un aspect agréable.

Nougat panaché.

Beurrez légèrement trois moules à charlotte russe de grandeurs différentes (grand, moyen et petit), ainsi que pour le nougat ; faites sur un plafond des petites couches de nougat blanc que vous parsemez, avant de les placer, de panaché qui devra être appliqué contre le moule ; ces trois moules devront être entièrement garnis de cet appareil, fond et contour ; démoulez après avoir arasé le dessus de votre moule et posez sur un clayon en commençant par le plus grand, puis placez le second sur le premier et le troisième sur le second ; ayez surtout le soin de les mettre au centre, de manière qu'il n'y ait pas plus d'espace d'un côté que de l'autre ; ceci fait, avec des morceaux d'angélique taillés en losange, formez tout autour et au bord de chaque cintre une galerie en dents de loup, c'est-à-dire que chaque morceau d'angélique viendra se joindre au fond et en tête ; on peut, pour augmenter le décor, ajouter en sucre filé une aigrette que l'on place sur le dessus et que l'on pose sur un chinois glacé.

Météore panaché.

Choisissez trois moules à disques de différentes grandeurs ; beurrez-les partout et remplissez-les aux deux tiers de pâte à génoise mate ; relevez vos moules sur des tourtières ; mettez cuire à four ordinaire ; aussitôt votre pâte blonde, retirez du four ; renversez sur un clayon ; laissez refroidir et superposez-les les uns sur les autres en finissant par le plus petit ; ceci fait, couvrez toute la superficie apparente de vos couronnes d'une marmelade d'abricots passée au tamis ; puis étendez dessus cette couche d'abricots, au moyen d'une lame de couteau, une couche d'appareil à meringue fine ; saupoudrez de sucre glace ; parsemez dessus un panaché, et représentez au four deux minutes pour sécher le tout.

Gâteau hollandais.

Beurrez avec soin une petite caisse ronde (dite à manquer) d'environ cinq centimètres de bord ; garnissez-la aux deux tiers de pâte à biscuit dit manqué ; mettez à four ordinaire, ou plutôt à four doux ; retirez du four aussitôt élévation et couleur blonde ; puis avec un pinceau et sans perdre un instant dorez le dessus et étendez sur votre dorure une couche très mince d'appareil à condé ; saupoudrez ensuite le dessus de sucre glace ; représentez au four pour de nouveau lui faire prendre une couleur blonde ; retirez immédiatement et démoulez avec soin.

Grosse brioche à tête.

Pesez un demi-kilog. de pâte à brioche ; enlevez-en gros comme un œuf pour en former la tête ; moulez la plus forte partie dans vos mains pour lui donner une forme ronde ; beurrez un papier collé ; posez dessus cette boule de pâte et sur le côté qui vous paraîtra le moins joint ; appuyez dessus fortement pour lui laisser tout au plus quatre ou cinq centimètres d'épaisseur ; reprenez alors le petit morceau de pâte que vous avez mis de côté ; moulez-le en rond cônique ; humectez légèrement la superficie de celle placée sur le papier et posez dessus la tête que vous ferez adhérer par la pointe en appuyant tout autour avec les doigts ; dorez bien votre brioche ; incisez-la tout autour ; mettez-la à four ordinaire, le papier posant sur l'âtre ; aussitôt le travail de la pâte effectué et de couleur blonde, retirez-la du four et posez-la sur un clayon.

Brioche en couronne.

Pesez un demi-kilog. de pâte à brioche ; formez entre vos mains une boule dans laquelle vous plongerez le doigt afin de la traverser et de la faire tourner dessus en rond jusqu'à ce que votre trou s'agrandisse que vous y puissiez passer deux ou trois doigts ; continuez à tourner jusqu'à ce que vous passiez le poignet, et, sans vous arrêter, agrandissez toujours le cercle afin qu'il soit de la grandeur que vous jugerez nécessaire ; relevez alors adroitement ; posez-le sur une tourtière, la moulure en dessous ; donnez-lui la forme d'un cercle le plus rond possible pour faciliter à la pâte son élévation ; appuyez tout autour, sur le dessus, et les mains jointes, les ongles se touchant avec le revers de la main, pour lui donner une forme oblique de chaque côté, c'est-à-dire en forme de toit ;

dorez votre couronne partout; mais, avant de la mettre au four, faites
une tranchée horizontale tout autour d'environ deux centimètres de profondeur, ce qui facilitera son élévation; donnez également sur la superficie
quelques coups de couteau afin que la pâte, moins compacte, se lève partout; mettez à four ordinaire; tenez bien blond et relevez sur un clayon.

Cousin.

Pesez un demi-kilog. de pâte à brioche; moulez-la entre vos mains
en lui donnant une forme de croissant; placez-la sur une tourtière;
dorez-la bien; faites une tranchée horizontale tout autour, dans son
épaisseur et à l'intérieur, d'environ deux centimètres de profondeur;
faites quelques légères incisions sur le dessus pour faciliter l'élévation;
mettez à four ordinaire; cuisez bien blond et relevez immédiatement
sur un clayon.

Soufflé de fécule dit Omelette.

Mettez dans une terrine cent vingt-cinq grammes de sucre en poudre;
cassez-y deux œufs; remuez cet appareil de manière à le rendre blanc
et léger; ajoutez deux jaunes d'œufs, un peu d'eau de fleurs d'oranger
et vingt grammes de fécule; mêlez ce tout avec le reste; fouettez alors
dans un bassin quatre blancs d'œufs jusqu'à ce qu'ils soient très fermes;
mêlez-les partiellement et légèrement aux ingrédients qui se trouvent
dans votre terrine; beurrez ensuite un petit plat d'argent ou de cuivre
étamé; mettez-y votre pâte et donnez-lui la forme de la moitié d'une
boule; mettez à four doux; aussitôt l'élévation complète, retirez du
four; saupoudrez le plus vivement possible toute la superficie avec du
sucre glace; remettez au four pendant quelques minutes seulement
pour glacer, et servez immédiatement si vous ne voulez pas que votre
gâteau soit dégonflé.

Gâteau de Pithiviers.

Servez-vous de rognures de feuilletage que vous réunissez; donnez-
leur de nouveau deux tours; coupez-en la quantité nécessaire pour en
faire une abaisse qui doit servir de fond; moulez-la sur le tour en forme
de boule; abaissez-la de trois millimètres d'épaisseur; relevez sur une
tourtière la partie la moins jointe (dite moulure) en dessus; mouillez
les bords de cette abaisse tout autour; garnissez le centre d'un appareil
dit crème à Pithiviers; faites aussitôt une deuxième abaisse, mais en
feuilletage à six tours et non en rognures, aussi mince et d'égale grandeur que la première; appliquez-la légèrement sur votre crème à Pithiviers; faites-la prendre tout autour en appuyant avec le pouce ou le
revers de l'index; arrondissez votre pièce au couteau; incisez les bords;
dorez partout; rayez aussi toute la superficie pour faire prendre de la
légèreté à la cuisson; mettez à four ordinaire; aussitôt blond, sortez du

four; saupoudrez immédiatement de sucre glace; représentez de nouveau au four pour le brillanter, et relevez sur un clayon.

Gâteau d'amandes.

Faites deux abaisses rondes égales d'épaisseur et de grandeur avec des rognures de feuilletage auxquelles vous donnerez encore deux tours de plus avant de faire vos abaisses; placez alors l'une de ces abaisses sur une tourtière; humectez en ayant le soin de placer la partie la moins lisse (moulure) en dessus; garnissez alors le centre de cette abaisse d'un apreil à crème d'amandes sans en mettre jusqu'au bord, lequel vous humectez tout autour; placez votre deuxième abaisse, toujours le côté le moins uni (moulure) en dedans, pour renfermer hermétiquement votre crème; appuyez tout autour la pâte en pressant légèrement avec le pouce ou le revers de l'index; arrondissez votre pièce au couteau; ceci fait, tranchez entièrement en avançant le couteau d'un centimètre sur la pâte et tout autour, ce qui vous formera des petits carrés que vous relevez perpendiculairement; ployez l'un des coins sur l'autre et en dedans pour imiter la dent de scie, ce qui formera un contour dentelé; humectez légèrement le dessus de cette abaisse, rayez-le en chien courant; saupoudrez de sucre en poudre; mettez à four ordinaire; cuisez blond; retirez du four et relevez sur un clayon.

Il y a aussi deux autres manières de parer votre gâteau. Premièrement, après avoir humecté le dessus de votre abaisse, mettez immédiatement au four; mais comme l'humidité l'aura empêché de prendre une couleur blonde, aussitôt que le contour aura atteint cette couleur, retirez du four avec la plus grande dextérité possible; garnissez le dessus d'une couche unie et extrêmement mince d'appareil à Condé, que vous aurez saupoudré de sucre glace et remis au four; alors votre appareil se détache en feuilles minces des bords de votre gâteau, lui donne une grande légèreté et produit encore une espèce de pralinage qui vient au four d'une couleur très blonde : c'est alors le moment de sortir. Deuxièmement, une fois le dessus de votre abaisse humecté, posez-y en croix deux bourrelets de pâte, ce qui divisera votre pièce en quatre parties égales; mettez à four ordinaire; cuisez blond sans cependant attendre que les parties humectées prennent cette couleur, ce qui ne serait pas facile; retirez alors du four, et, après l'avoir posé sur un clayon, garnissez chacune des parties avec des confitures diverses.

Fourré.

Disposez deux abaisses de feuilletage comme pour le gâteau dit Pithiviers; seulement, vous remplacez la crème par une marmelade d'abricots.

Tourte frangipane.

Avec de la pâte à foncer, faites une abaisse ronde de trois millimètres d'épaisseur; placez-la sur une tourtière de grandeur; posez tout autour de votre abaisse une bande d'un seul tenant de deux centimètres de large faite avec du feuilletage à six tours; pour y faire adhérer votre feuilletage, humectez bien votre pâte; piquez parfaitement votre fonds partout; incisez légèrement le tour de votre bande; garnissez l'intérieur d'une crême frangipane étoffée, sur laquelle vous poserez un ruban dit fleuron incisé en cornes de cerf et roulé en colimaçon; dorez votre bande de feuilletage et votre petit ruban; mettez à four ordinaire; aussitôt bien blond, retirez du four; saupoudrez de sucre glace; représentez au four pour brillanter, et relevez sur un clayon.

Tourte confiture.

Faites une abaisse ronde de pâte à foncer que vous relevez sur une tourtière de grandeur suffisante; garnissez le centre d'une confiture quelconque; entourez-la d'un petit bourrelet de pâte, puis faites une seconde abaisse de rognures de feuilletage que vous incisez en chien courant et que vous relevez en la retournant sur votre confiture; faites-la joindre à votre fonds en appuyant avec le pouce; disposez alors une bande de feuilletage à six tours de deux centimètres de large sur cinq millimètres d'épaisseur; appliquez-la tout autour de votre abaisse; incisez-la et dorez toute la superficie de votre tourte; mettez à four ordinaire; cuisez bien blond; sortez du four; saupoudrez de sucre glace; représentez à la flamme; aussitôt le brillant obtenu, sortez du four et relevez sur un clayon.

Tourte à moitié.

Prenez une tourtière de bonne grandeur; placez dessus une abaisse de pâte à foncer de trois millimètres d'épaisseur et de forme ronde; piquez-la bien et garnissez seulement à moitié d'une confiture quelconque que vous couvrirez d'une petite abaisse mince de rognures de feuilletage incisée de toute part; faites bien adhérer votre pâte autour de votre confiture; faites ensuite une bande de feuilletage (comme il est écrit ci-dessus) en l'allongeant au rouleau; placez-la à plat et soudez-la; incisez le tour et dorez bien le tout, excepté la partie réservée, dans laquelle vous mettez une couche d'un centimètre d'épaisseur de frangipane bien étoffée que vous ornez d'un petit fleuron posé en limaçon; dorez également ce dernier; ceci fait, mettez à four ordinaire; tenez d'une couleur blonde; sortez du four; saupoudrez toute la superficie de sucre glace; représentez une seconde au four pour obtenir le brillanté et relevez ensuite sur un clayon.

Tourte à la moelle de bœuf.

Mettez dans une casserole, après l'avoir bien émincée, une certaine quantité de moelle de bœuf; placez-la sur un fourneau bien doux; aussitôt fondue, passez-la dans une passoire fine; remettez-la dans votre casserôle cuire à la noisette, puis versez-la dans une crème frangipane étoffée ; faites ensuite une croûte comme pour la tourte frangipane (*voyez* ci-dessus) ; garnissez-la de votre crème préparée ; mettez également dessus un fleuron que vous dorez ainsi que les bords de votre croûte ; cuisez à four ordinaire bien blond ; sortez aussitôt du four ; saupoudrez de sucre glace ; représentez au four pour donner le glacé nécessaire, et relevez sur un clayon.

Cet entremets demande à être mangé très chaud.

Tourte aux pommes.

Faites, comme pour les tourtes précédentes, une abaisse ronde que vous posez sur une tourtière ; garnissez le centre jusqu'à environ deux centimètres du bord d'une couche de marmelade de pommes de deux centimètres d'épaisseur ; placez dessus un petit grillage fait de petites bandes de rognures de feuilletage que vous posez en losanges de manière à ce que cela forme des petits carrés ; ayez le soin d'humecter d'eau légèrement le premier rond pour y faire adhérer le second ; mouillez ensuite au pinceau le tour de votre abaisse, sur laquelle vous placerez une bande de feuilletage de deux centimètres de largeur sur trois millimètres d'épaisseur ; dorez alors toute la superficie de votre tourte ; mettez à four ordinaire jusqu'à ce que vous ayez obtenu une bonne cuite ; retirez du four ; saupoudrez de sucre glace, puis représentez au four pour donner le brillant, et relevez sur un clayon.

Tourte aux poires.

Même opération que pour la tourte aux pommes désignée ci-dessus ; seulement, remplacez les petites bandes par des poires cuites en compote que vous posez sur la pomme en les tenant à distance ; mettez également à four ordinaire ; sitôt votre bande à son plus haut degré d'élévation et de couleur bien blonde, saupoudrez-la de sucre glace ; garnissez vos poires de sirop, et remettez votre tourte deux minutes au four pour lisser votre bande ; relevez ensuite sur un clayon.

Tourte aux fruits à noyaux et de primeur.

Posez sur une tourtière une abaisse ronde de pâte à foncer ; placez toujours la moulure en dessus, c'est-à-dire la partie la moins jointe ; faites un petit bourrelet de même pâte que vous tournez en dedans de votre abaisse en le tenant à deux centimètres des bords ; puis contre ce même bourrelet placez en dehors une bande de feuilletage comme il est indiqué aux tourtes précédentes ; dorez bien cette dernière ; saupoudrez de sucre l'intérieur de votre tourte, et garnissez-la de fruits privés de leurs noyaux ; mettez à four ordinaire ; cuisez bien blond ; retirez du four ; saupoudrez la bande de sucre glace, puis représentez une seconde au four pour brillanter ; relevez ensuite sur un clayon.

Tourte aux fruits conservés dans un sirop.

Faites une croûte comme il est indiqué pour les tourtes aux fruits primeurs ; remplacez les fruits par un petit rond de papier que vous maintenez en posant dessus quelques moules à darioles ou autres ; mettez-la au four dans cet état ; lorsque vous avez obtenu une bonne couleur, sortez du four ; saupoudrez votre bande de sucre glace ; représentez à la flamme pour donner du brillant ; relevez votre croûte sur un clayon ; sortez de dedans les moules et le papier ; remplacez-les par des fruits conservés ; joignez-y comme complément le sirop nécessaire pour que votre tourte ait bonne apparence.

Flan à la crême-vanille.

Beurrez légèrement un moule dit cercle à flan ; garnissez-le d'une abaisse mince de pâte à foncer ; ayez le soin de ployer la partie la moins unie en dedans du moule ; relevez-le sur une tourtière ; piquez-le bien ; pincez le bord de la pâte qui se trouve au haut de votre cercle ; garnissez ensuite l'intérieur de crème fine dite à la vanille ; mettez à four ordinaire ; tenez de couleur blonde ; sortez alors du four ; enlevez le cercle ; dorez le tour de votre flan ; mettez de nouveau au four pour que votre pâte prenne une couleur bien blonde ; sortez aussitôt du four et relevez sur un clayon ; lorsqu'il est froid, vous le saupoudrez de sucre glace.

Flan de riz.

Même préparation que pour le flan crême-vanille ; seulement, remplacez cette dernière par une crème dite appareil de riz.

La cuisson est également la même.

Flan meringué.

Mettez un flan de crême-vanille entièrement froid sur une tourtière ; étalez dessus une couche d'appareil de meringue fine ; lissez-le bien et dressez-le parfaitement ; puis, au moyen d'une poche garnie de même meringue, décorez-le selon votre goût ; faites une bordure que l'on puisse après cuisson garnir de confitures ; saupoudrez de sucre la surface de votre flan ; mettez-le à four doux ; aussitôt que votre meringué prend une cuite blonde, retirez du four ; garnissez vos dessins d'une gelée de fruits, et relevez sur un clayon.

Flan nappé.

Prenez un cercle à flan de forme très haute ; posez-le sur une tourtière ; garnissez-le partout d'une abaisse de pâte à foncer de quatre millimètres d'épaisseur ; pincez les bords tout autour pour en faire une crête ; piquez-la bien et garnissez-la à moitié de marmelade de pom-

mes; mettez à four ordinaire et cuisez légèrement; retirez alors du
four; enlevez votre cercle; dorez bien le tour de votre croûte; remettez au four jusqu'à couleur blonde; retirez aussitôt et relevez sur un
clayon; puis, faisant égoutter tout le sirop qui se trouve dans une compote de pommes, vous placez ces dernières à quelque distance l'une de
l'autre sur votre flan, et comme entre elles il restera des places vides,
garnissez-les avec divers fruits confits suivant votre goût; ceci fait, prenez une assiette de nappé de sucre de pommes; posez-la sur un feu très
doux; aussitôt que la chaleur l'aura pénétrée, enlevez-la au moyen du
papier qui la recouvre et posez-la en couverture sur vos fruits; humectez ensuite au pinceau légèrement le papier, et enlevez-le doucement.

Flan de pommes grillées.

Garnissez partout de pâte à foncer un cercle à flan ordinaire; relevez-le sur une tourtière; piquez bien votre pâte, puis garnissez-la de
marmelade de pommes; faites avec des rognures de feuilletage une petite abaisse très mince que vous saupoudrez fortement de farine et que
vous ployez en deux sur la longueur; coupez-la en petites bandelettes
que vous ouvrirez et que vous placerez en grille sur votre marmelade;
n'oubliez pas que le premier rang posé doit être humecté afin d'y faire
adhérer le second; ce petit travail terminé, mettez à four ordinaire
après l'avoir doré; cuisez légèrement; sortez alors du four; enlevez
votre cercle; dorez le tour de votre pâte; imbibez légèrement de sirop
vos petites bandes avec de la groseille; remettez de nouveau au four;
tenez de couleur bien blonde et relevez sur un clayon.

Flan de poires.

Le flan de poires n'est autre chose que le flan de pommes; seulement,
les losanges posées en croix se remplacent par des petites poires de
compote; la cuisson est entièrement semblable; vous garnissez de sirop
vos poires au lieu de vos grilles de feuilletage.

Flan russe.

Garnissez une tourtière de grandeur avec une abaisse mince en pâte
à brioche; piquez-la bien; étendez dessus une petite couche de crême
frangipane étoffée; mettez à four ordinaire; cuisez très blond; retirez
alors du four et laissez refroidir; prenez ensuite de l'appareil à meringue ordinaire dans lequel vous versez quelques gouttes d'eau de fleurs
d'oranger; posez-en une couche de trois centimètres de hauteur, que
vous unissez bien en dessus ainsi que le tour; ceci fait, saupoudrez
légèrement de sucre glace tout votre appareil, puis marquez d'avance
les divisions sur votre gâteau par autant de parties que vous voulez en
faire, soit en appuyant sur le sucre glace avec le dos d'un grand couteau, soit par une ficelle passant sur le centre, ce qui empêchera après

la cuisson la glace de s'écailler; lorsque vous viendrez à le détacher,
mettez-le un instant devant la flamme en le changeant souvent de côté
(terme technique : cotoyer); lorsque votre meringue sera de couleur
bien blonde, retirez du four, et si votre pièce est pour la vente au détail, séparez-en les parties immédiatement.

Flan de fruits, conserves et primeurs.

Faites une abaisse de pâte à foncer ; garnissez-en votre cercle à flan,
que vous aurez beurré auparavant; relevez-le sur une tourtière; piquez-
le bien; si vos fruits sont de primeur, ôtez le noyau ; garnissez-en votre
croûte, qui, au préalable, aura dû être saupoudrée de sucre en poudre ; si au contraire vos fruits sont à l'état de conserve, garnissez-le
d'une feuille de papier paille, que vous remplirez de noyaux de cerises
ou de farine ordinaire; lorsque votre abaisse est pleine, appuyez-en le
contenu avec le plat de la main; mettez à four ordinaire ; aussitôt que
le tour de votre cercle sera assez ferme pour se tenir, sortez votre
moule ; dorez votre flan tout autour; remettez au four jusqu'à ce qu'il
soit bien blond ; sortez-le de nouveau pour le garnir de fruits conservés dans le sirop; couvrez-les de ce dernier et relevez sur un clayon.

Gâteau de riz en timbale.

Beurrez avec soin un moule à timbale dit charlotte russe; garnissez-
le au fond et tout autour d'une abaisse de pâte à foncer de quatre millimètres d'épaisseur ; piquez-le bien partout. Si l'on veut éviter de
mettre de la pâte à foncer dans le moule, on peut également, une fois
beurré, le chemiser avec une farine de riz ou de fécule, ou de cha-
pelure, etc., etc.; la garniture est la même et se compose d'un appareil
de riz bien étoffé; ne pas emplir le moule trop plein pour que le travail qui s'opère à la cuisson se fasse avec facilité; mettez ensuite à
four ordinaire; tenez de couleur extrêmement blonde; retirez du four,
démoulez aussitôt; saupoudrez la superficie de sucre glace, et servez
chaud.

Timbale de riz à la milanaise.

Cette timbale est la même que celle de riz (*voir* ci-dessus), avec la
différence des fruits qu'on y ajoute; lorsque votre moule est foncé de
pâte et piqué partout pour éviter les soufflures, placez au fond une
couche de cinq millimètres d'épaisseur d'appareil de riz étoffé; placez
dessus un rond de fruits de conserves très bien égouttés ; recouvrez
ces fruits d'une seconde couche d'appareil de riz de même épaisseur
que la première, puis un second rond de fruits, et ainsi de suite jusqu'en haut, en réservant seulement assez de bord pour y faire adhérer
un faux couvercle de pâte à foncer que vous humectez pour bien le
souder; mettez ensuite à four ordinaire; aussitôt de couleur blonde,

retirez et démoulez de suite en renversant votre entremets sur un plat ;
servez chaud. On peut également glacer légèrement au rhum ou à
toute autre liqueur la superficie de cet entremets.

Charlotte de pomme en timbale.

Choisissez un moule à charlotte russe bien droit, beurrez-le fortement ; préparez ensuite des petites dalles de mie de pain de trois centimètres de largeur sur cinq millimètres d'épaisseur et de la longueur de
votre moule ; commencez par le fond, que vous garnissez d'une couche
de pain de trois millimètres d'épaisseur ; tenez les couches le plus larges
possible ; trempez-les dans du beurre fondu encore chaud ; laissez-les
bien égoutter ; dressez les autres dessus en ligne droite autour de votre
moule en leur donnant la forme d'un turban, c'est-à-dire les superposer les unes aux autres ; ne pas oublier avant de les dresser de les
tremper également dans le beurre fondu ; prenez ensuite une marmelade de pommes de Canada ; joignez-y un peu de marmelade d'abricots
et un zeste de citron haché menu, le tout bien réduit ; emplissez-en
votre moule jusqu'en haut ; arrosez-le ; mettez les rognures en dessus,
cuisez ensuite à four vif ; sortez-le ; lorsque la croûte est brune, démoulez aussitôt en renversant sur un plat, et servez chaud.

Timbale de macaroni à la parisienne.

Beurrez légèrement une timbale ; faites ensuite une abaisse très mince
de pâte à nouille ; enlevez dessus avec un emporte-pièce uni différents
petits dessins que vous placez au fond dans le carré et autour de votre
timbale, le tout posé avec goût ; humectez légèrement ces petits décors ; rapportez ensuite dessus une abaisse de pâte à foncer de trois
millimètres d'épaisseur ; dressez-la dans votre moule en évitant autant
que possible de faire des plis ; faites un petit tampon de pâte que vous
appliquez partout sur votre abaisse afin d'en extraire le vent ; garnissez
l'intérieur d'un appareil de macaroni bouillant ; laissez assez de bord
pour pouvoir y faire adhérer, après l'avoir mouillé, un faux couvercle
également de pâte à foncer ; piquez-le bien ; mettez aussitôt à four vif
pendant un quart d'heure environ ; retirez ensuite ; renversez sur un
plat, et servez chaud.

Plumpudding anglais.

Choisissez un torchon de bonne toile, blanc de lessive ; mettez dedans,
selon le volume que vous désirez, de l'appareil à plumpudding (*voir* chapitre des Appareils) ; réunissez ensuite dans une main les quatre coins
de votre linge, et de l'autre main resserrez le plus possible votre appareil (cette opération se fait en tordant fortement le torchon) ; puis, au
moyen de bonnes cordes, serrez et attachez votre torchon en forme de
boule ; mettez ensuite sur un fourneau ardent une casserole d'eau en

ébullition, placez dedans votre plumpudding en ayant le soin de le faire bouillir constamment pendant quatre heures environ ; retirez alors ; égouttez parfaitement ; ceci fait, retirez-le du linge ; placez-le sur un plat, et versez tout autour un punch au rhum, que vous allumez au moment de mettre votre entremets sur la table.

Plumpudding à la française.

Choisissez un moule à gelée de fruits ou à gros babas ; garnissez l'un ou l'autre à l'huile d'amandes douces ; emplissez-le ensuite avec le même appareil que pour le plumpudding anglais ; frappez le moule fortement sur vos genoux ou sur un torchon disposé en tampon ; une fois le contenu bien tassé, posez votre moule sur une table, et enveloppez-le dans un linge que vous serrez et que vous ficelez parfaitement ; mettez ensuite à l'eau bouillante pendant quatre heures environ ; retirez alors ; égouttez bien et démoulez en le renversant sur un plat ; préparez ensuite une sauce de cette manière : mettez dans une petite casserole dite bain-marie un jaune d'œuf, plein une cuillerée à bouche de fécule, mélangez ces deux ingrédients avec la spatule, et mouillez toujours en remuant avec un verre ordinaire de rhum ; faites prendre ce mélange au bain-marie, c'est-à-dire que celui qui renferme votre contenu est posé lui-même dans un second, mais plus grand, et que ce dernier est plein d'eau bouillante, ce qui fait cuire votre sauce ; ne pas cesser de la remuer jusqu'à ce qu'elle ait beaucoup de corps ; c'est à ce moment que vous la versez autour de votre entremets et servez promptement.

Saint-Honoré ordinaire.

Faites avec de la pâte à brioche une abaisse ronde que vous relevez sur une tourtière de grandeur selon votre besoin ; piquez l'abaisse de toute part, mettez ensuite dans une poche de la pâte à choux nécessaire pour faire autour de votre abaisse un bourrelet de quatre centimètres de diamètre ; dorez ce dernier parfaitement ; maintenez le centre avec un petit rond de papier sur lequel vous placerez quelques moules à dariole ou autres ; mettez ensuite à four ordinaire ; tenez de couleur bien blonde ; retirez aussitôt et relevez sur un clayon ; enlevez le papier et les moules qui se trouvent dessus. Reste encore à faire une douzaine de petits choux gros comme des noisettes, qui servent à décorer la bordure de votre saint-honoré ; dorez-les et mettez à four ordinaire ; aussitôt cuit, sortez du four ; égouttez ensuite de leur sirop quelques fruits mélangés ; puis faites cuire du sucre au grand cassé, trempez dedans vos petits choux que vous parsemez de sucre rose ou vert ; placez-les sur votre bordure en les tenant à distance ; mettez vos fruits également glacés ; posez-les entre vos petits choux en les mélangeant le mieux possible ; ceci fait, mettez dans un compotier un peu d'appareil à crème fine, un peu de sucre en poudre et un peu de vanille ; mélangez le tout avec une cuillère à bouche; ajoutez aussi de la crême Chantilly jusqu'à ce que cet appareil devienne léger et de bon sucre; emplissez-en votre croûte, et servez aussitôt.

Galette des rois dite Feuilletée.

Faites un litre de pâte à galette des rois (*voir* chapitre des Pâtes); donnez-lui quatre tours et pesez-en selon la grandeur de votre gâteau (ordinairement, c'est à 1 fr. 25 c. le demi-kilog.); relevez les quatre coins en les ramenant au centre de votre pâte; arrondissez votre morceau le mieux possible, puis abaissez-le de forme ronde de un centimètre d'épaisseur environ; faites sur le côté le moins joint, qui se trouve être la moulure (terme technique), une petite incision dans laquelle vous mettez une fève que vous y enfermez; incisez tout le tour de votre abaisse, et retournez-la sens dessus dessous sur une tourtière de manière à ce que votre fève se trouve en dessous ainsi que votre moulure; dorez bien le dessus; rayez et piquez; mettez ensuite à four ordinaire; tenez de couleur blonde; retirez aussitôt du four et relevez sur un clayon.

Galette des rois dite Brisée.

Prenez de la pâte de ce nom (*voyez* chapitre des Pâtes) la quantité proportionnée à la grandeur du gâteau que vous désirez; moulez-la dans votre main; abaissez-la de forme ronde et de quinze millimètres d'épaisseur; incisez tout le tour; faites à quelques centimètres des bords une petite entaille pour y placer une fève que vous enfermez le mieux possible; renversez votre galette sur une tourtière; dorez avec soin; rayez et piquez-la; mettez à four ordinaire; aussitôt de bonne couleur et cuite à point, retirez et relevez sur un clayon.

Galette dite du Gymnase.

Lorsque vous aurez donné trois tours à votre pâte (*voir* chapitre des Pâtes), repliez-la en deux sur sa longueur et allongez-la, tout en tenant votre bâton de douze centimètres de large, jusqu'à ce qu'il ne lui reste plus que quinze millimètres d'épaisseur; coupez cette bande par le milieu en laissant à chaque bout six centimètres intacts; arrondissez ces deux dernières parties; renversez votre pâte sur une plaque carrée; faites-lui faire le tour carrément; incisez-la intérieurement; dorez le dessus; rayez-la; mettez à four ordinaire; aussitôt de bonne cuite, retirez et servez chaud.

DEUXIÈME PARTIE.

ENTREMETS FRAPPÉS.

Charlotte russe à la vanille.

Prenez un moule en cuivre dit à charlotte russe ; garnissez le fond et le tour de biscuits à la cuillère en les rapprochant le plus possible sans les briser et en appuyant le côté rond contre le moule ; au fond ainsi qu'au tour, ceux du fond devront être taillés en V ou biseau de manière à ne pas faire de perte et à ce que toutes les pointes se rejoignent au centre.

L'appareil qu'on met dans l'intérieur se compose d'une anglaise (*voir* chapitre des Appareils) ; comme cet appareil contient de la gélatine et que lorsqu'il est froid il ressemble à une gelée, il est essentiel, après en avoir pris la quantité nécessaire, de le placer dans une casserole et de le poser sur un feu doux ou au bain-marie jusqu'à ce qu'il devienne, tout en le remuant, à l'état liquide et bien lisse ; ensuite, après y avoir jeté un peu de sucre en poudre et un peu de vanille, retirez-le du feu et mettez de suite le fond de votre casserole baigner dans l'eau fraîche pour faire refroidir plus promptement ; aussitôt que vous apercevrez la superficie se figer légèrement, versez dedans peu à peu et en la mêlant avec soin la quantité voulue de crême de Chantilly ; lorsque votre moule en sera plein, placez-le dans une terrine dans laquelle vous aurez mis au fond une petite couche de glace à rafraîchir ; posez votre moule dessus ; entourez-le également de glace pilée sur laquelle vous répandrez du sel gris. Cette opération faite, couvrez votre moule d'un rond de papier un peu fort dépassant les bords ; couvrez-le ensuite d'une tourtière de grandeur ou d'une assiette renversée ; garnissez de glace par-dessus ; tenez dans un endroit très frais ; deux heures après, retirez votre moule ; démoulez en renversant votre charlotte sur un plat. Ce dernier travail ne doit être fait qu'au moment de servir.

Charlotte glacée.

Servez-vous d'un moule à charlotte russe; avant de le foncer de biscuits à la cuillère, parez tous les côtés de vos biscuits au couteau et d'égale grandeur; arasez-les de manière à ce qu'ils ne dépassent pas les bords du moule; lorsque tous vos biscuits seront placés, enduisez-les du côté bombé seulement d'une couche d'appareil dit glace royale, en variant la couleur pour les entremêler plus tard de rose et de blanc; mais, avant de les placer, mettez au fond de votre moule un rond de papier qui devra être enlevé plus tard; après l'opération terminée, reste à y poser tout autour vos biscuits. Voici la manière d'opérer : prenez un à un vos biscuits en commençant par un rose et en mettant un blanc à côté, et ainsi de suite jusqu'à ce que votre cercle intérieur soit garni; mais comme ils ne resteraient pas debout les uns à côté des autres, faites cuire du sucre au grand cassé; trempez légèrement le côté de votre biscuit qui doit adhérer à celui déjà placé; faites de même pour tous, et vous obtiendrez par ce fait un contour solide; il est bien entendu que c'est le côté bombé et glacé du biscuit qui doit toucher les parois du moule, et que le côté plat doit être à l'intérieur; ceci fait, remplissez votre moule d'un appareil à la vanille dit glace frappée; unissez le dessus avec la lame d'un couteau et renversez votre moule dans un plat d'entremets; démoulez; enlevez le papier qui couvre votre appareil; remplacez-le par un fond en génoise qui, après sa cuisson, aura dû être glacé et décoré le plus élégamment possible.

On ne doit, dans tous les objets frappés à la glace, commencer son opération que le temps exact et nécessaire pour terminer juste au moment du service.

Charlotte au chocolat.

Faites fondre dans un poêlon d'office et sur un feu doux deux tablettes de chocolat pur cacao non sucré; tournez avec une cuillère en bois; une fois fondu, versez-y peu à peu et sans arrêter un quart de litre de lait; faites-lui jeter un bouillon sans cesser de remuer; ceci fait, cassez quatre œufs, séparez-en les jaunes et placez-les dans un saladier; couvrez-les avec cent cinquante grammes de sucre en poudre; battez bien ces deux ingrédients qui vous donneront un appareil doré; versez alors dessus et un peu en tournant avec la cuillère le contenu de votre poêlon d'office; lorsque le tout sera bien lié, répandez-y vingt grammes de belle gélatine dissoute dans un peu d'eau tiède; donnez du corps à ce mélange; passez-le promptement à l'étamine; laissez refroidir jusqu'à ce qu'il ait pris autant de fermeté que de la crème de Chantilly, que vous y mêlerez en quantité suffisante pour garnir votre charlotte, qui, au préalable, aura dû être foncée comme la charlotte russe et frappée également à la glace.

Charlotte au café.

Servez-vous de café en grains frais brûlé; faites-en une infusion en le jetant dans un quart de litre de lait bouillant, que vous couvrirez et que vous sortirez immédiatement du feu pendant dix minutes à peu près sans pour cela l'en éloigner; ainsi que pour l'appareil ci-dessus, cassez quatre œufs; séparez-en les jaunes; mettez-les dans un saladier; jetez dessus cent vingt grammes de sucre en poudre et battez bien le tout; versez alors votre café qui se trouve dans votre poêlon d'office, mais peu à peu et toujours en remuant; lorsque votre mélange est bien fait, versez dedans vingt grammes de belle gélatine dissoute dans un peu d'eau tiède en continuant à remuer; aussitôt votre mélange bien opéré, passez-le à l'étamine, et laissez refroidir pour y mêler la quantité de crême Chantilly nécessaire à la garniture de votre charlotte.

Toutes les charlottes se foncent et se glacent de la même manière (*voyez* Charlotte russe, etc., etc.).

Charlotte panachée.

Foncez un moule à charlotte comme il a été dit; divisez l'intérieur en trois parties égales; placez-y trois feuilles de fer-blanc ou carton dont les extrémités viendront se joindre au centre; faites trois appareils de nuances différentes, telles que vanille, chocolat et café (désignés ci-contre); garnissez-en chaque partie, et enlevez vos compartiments avant de dresser votre entremets, qui se frappe également à la glace.

Charlotte aux pistaches.

Préparez et foncez un moule comme pour la charlotte russe; garnis-sez-le de la même manière; seulement, au lieu de vanille ou autre goût, vous y mêlez une légère décoction de pistaches; le reste semblable.

Bavarois à la vanille, chocolat, café, pistaches, panachés, etc., etc.

Tous les bavarois sont un composé de crême semblable à celle usitée pour les charlottes; ils en diffèrent seulement en ce qu'ils sont glacés dans le moule sans garniture de fond ni de tour, et qu'il en porte lui-même la forme. On prend donc un moule à bavarois; on huile l'inté-rieur légèrement avec de l'huile d'amandes douces; on remplit d'appa-reil soit vanille, chocolat, etc., etc.; on le frappe à la glace comme l'on fait pour les charlottes; et enfin, une fois bien frappés, on trempe le moule dans l'eau tiède pour faciliter le démoulage. Cette opération ne doit se faire qu'au moment de mettre sur table.

Lorsqu'on désire nuancer les pointes d'un bavarois d'une autre cou-leur, et conséquemment d'un autre goût, on coule dans le moule une première couche d'appareil différent de celui qui doit garnir la totalité du moule; pour les panachés, ne pas oublier de diviser son moule en trois parties avant de le remplir, comme il a été dit pour la charlotte panachée.

Gelées aux liqueurs, telles que rhum, kirch, anisette, noyau, etc., etc.

Remplissez d'eau filtrée le moule à gelée qui doit vous servir; versez-en le contenu dans un poêlon d'office bien propre; mettez dans cette eau deux cent cinquante grammes de sucre de canne, trente grammes, ou quarante selon la saison, de belle gélatine, deux fleurs de safran du Gâtinais, le jus de quatre citrons et un blanc d'œuf fouetté à l'avance dans un peu d'eau; ceci fait, posez votre poêlon sur un feu de fourneau ordinaire, et, tenant un petit fouet d'osier à la main, ne cessez pas de battre ce mélange jusqu'à son ébullition; retirez alors du feu, mais tenez votre poêlon d'office à côté pour maintenir le degré de chaleur; jetez aussitôt dedans un quart de verre d'eau fraîche, ce qui fera clarifier votre mélange; un quart d'heure après cette opération, passez à la chausse ou dans un linge très fin de manière à ne rien laisser pénétrer dans votre liquide; lorsque le tout est bien filtré, versez-y deux petits verres de liqueur du goût que vous voulez donner, et, après avoir huilé légèrement votre moule à l'huile d'amandes douces, laissez-le égoutter et versez dedans votre appareil; une fois votre moule plein, placez-le dans une terrine foncée de glace concassée; entourez-en votre moule sans oublier d'en garnir la douille intérieure; couvrez alors votre moule d'une petite assiette renversée, et replacez de la glace dessus comme de côté; pour maintenir votre glace plus longtemps et faciliter la congélation, semez dessus une bonne poignée de sel gris; laissez votre entremets dans cet état pendant deux heures au moins; comme au bout de ce temps la congélation sera opérée, enlevez avec soin la glace de dessus, puis trempez votre moule une seconde dans l'eau tiède pour faciliter le démoulage, et renversez votre gelée dans un plat d'entremets garni d'une serviette ployée avec goût.

Je ne saurais assez recommander de toujours bien calculer son temps pour que le démoulage ne se fasse qu'au moment de servir.

Gelées aux fruits, abricots, pêches, groseilles en grappes, oranges, citrons, ananas, etc., etc.

Remplissez un moule à gelée de sirop de sucre à vingt degrés; versez ce contenu dans un poêlon d'office très propre; pressez dedans le jus de quatre citrons; mettez aussi trente grammes de belle gélatine, une pincée de cochenille; donnez alors quelques tours pour mélanger le tout; posez votre poêlon sur un feu actif, et, tenant d'une main un fouet d'osier, ne cessez de battre jusqu'à la première ébullition de votre appareil; sortez aussitôt de dessus le feu; tenez seulement à côté pour entretenir l'ébullition; versez dedans un quart de verre d'eau fraîche; laissez reposer environ un quart d'heure; passez à la chausse; pendant cette opération étreignez des fruits sur un tamis et faites-en couler le jus dans un vase; lorsqu'il y en aura environ un quart de litre, joignez à ce jus un blanc d'œuf fouetté dans un peu d'eau; mettez ces deux objets dans un poêlon d'office; fouettez constamment jusqu'au premier bouillon; versez aussi un petit verre d'eau fraîche pour le clarifier, et passez également à la chausse; puis mêlez le tout ensemble, et pour frapper continuez l'opération comme pour les gelées aux liqueurs.

Gelée d'ananas en coques.

Coupez par moitié sur sa largeur un bel ananas; détachez le bouquet qui se trouve dessus et mettez-le de côté pour vous en servir plus tard; enlevez la chair de l'intérieur de votre ananas; nettoyez bien la coque; cette chair en l'étreignant et en la passant au tamis vous servira à faire un sirop dit appareil à gelée (*voir* Gelée aux fruits); une fois votre opération faite comme elle est indiquée ci-dessus, vous pilez de la glace en assez grande quantité; placez alors vos demi-coques d'ananas dans une terrine ou plat à sauter; frappez-les; saupoudrez votre glace de salpêtre et de sel gris; remplissez ensuite vos coques d'appareil; lorsque ce liquide sera congelé, sortez vos coques de la terrine; posez-les l'une sur l'autre pour leur faire prendre la forme du fruit entier; placez ce fruit sur un socle en pâte d'office qui, au préalable, aura dû être fait et décoré; puis, pour le bon effet, vous surmontez votre ananas de son bouquet que vous aviez mis de côté et vous servez de suite.

Gelée d'oranges pyramidale.

Nettoyez avec soin des écorces d'oranges coupées par moitié; frappez-les à la glace dans une caisse dite à génoise; remplissez-les ensuite d'appareil à gelée d'oranges; lorsque cet appareil sera congelé, sortez de la glace vos moitiés d'orange, et dressez aussitôt sur un plat d'entremets en les superposant les uns sur les autres afin de donner à l'orange sa première forme.

Macédoine de fruits.

Faites un sirop de fruits quelconque à l'état de gelée; frappez ensuite à la glace un moule à gelée, et au moyen d'une cuillère d'argent, garnissez-en légèrement les pointes du fond de votre moule; introduisez sans l'écraser une fraise ou une pistache émondée dans chacune de ces pointes; puis, aussitôt ces petits tubes congelés, mettez une couche d'un centimètre d'épaisseur de même appareil sur lequel vous placez un rang d'abricots coupés par quartiers; aussitôt votre abricot congelé, versez une nouvelle couche d'appareil; posez-y d'autres fruits et continuez l'opération avec autant de variantes que vous pouvez avoir

jusqu'au bord de votre moule ; n'oubliez pas que chaque couche de
fruits doit être bien frappée avant d'y verser une seconde couche d'appareil ; ceci fait, couvrez votre moule avec une assiette renversée ; entourez de nouveau de glace dessus et de côté, et laissez votre pièce dans
cet état pendant deux heures environ ; démoulez au moment de servir.

Charlotte plombière.

Prenez des biscuits à la cuillère de la hauteur nécessaire pour garnir votre moule ; glacez-les de différentes couleurs ; placez-les dans votre
moule ; faites-les adhérer en trempant le bord de chacun de vos biscuits dans du sucre au cassé ; une fois votre moule bien garni, remplissez-le d'un appareil frappé ; démoulez aussitôt, et posez dessus un
petit fond des biscuits que vous glacez et décorez avec goût.

Fromage frappé à la glace.

Servez-vous d'un moule dit à fromage glacé ; remplissez-le d'un appareil aux fruits ou à la crème, surtout que votre appareil soit très ferme
avant de l'y placer ; lorsque votre moule en est bien garni, frappez-le
fortement sur vos genoux pour bien faire tasser le contenu, afin qu'il
ne reste pas de parties creuses ; après cette opération, si votre moule n'é-
tait pas entièrement plein, regarnissez-le jusqu'au bord ; mettez dessus
une feuille de papier mince, et fermez votre moule avec son couvercle.

Comme il faut que ce fromage conserve beaucoup de fermeté, vous
mettrez dans un seau une forte couche de glace pilée ; saupoudrez de
sel et salpêtre ; posez votre moule dessus et bien au centre ; entourez-le
ensuite et couvrez-le d'une couche de glace aussi épaisse que celle du
fond ; saupoudrez également le dessus de sel et salpêtre et laissez dans
cet état jusqu'au moment de servir.

Lorsque l'on veut faire un fromage panaché on garnit son moule
avec des feuilles de fer-blanc qui forment compartiment ; on remplit
chaque séparation d'appareils différents ; aussitôt le moule plein, vous
retirez vos feuilles et vous tassez votre fromage pour ensuite le frapper
à la glace.

Bombe.

Prenez un moule à bombes et garnissez l'intérieur d'un papier blanc.

Même appareil, même soin et même manière de frapper que pour le
fromage ci-dessus. Quelques glaciers cependant garnissent le centre
d'un peu de fruits, ce qui rend cet entremets des plus agréables.

Vacherin.

Couchez sur une plaque de cuivre beurrée une abaisse mince de
pâte à frol ; mettez à four doux jusqu'à couleur blonde ; retirez aussitôt du four, et taillez dessus votre pâte la bande nécessaire pour en-

tourer l'intérieur d'un moule à charlotte ; taillez aussi un fond ; mettez-le à part ; faites ce travail vivement. Afin que votre abaisse ne refroidisse pas avant d'être placée sur votre moule lorsqu'il est refroidi, démoulez de suite, et enduisez toute la superficie de votre croûte d'une couche de marmelade d'abricots, que vous panachez ou glacez suivant votre goût ; garnissez l'intérieur de votre croûte avec un appareil frappé à la crême ou aux fruits, et rapportez dessus votre fond que vous masquez également d'une couche d'abricots panachés ou glacés pour servir immédiatement.

Blanc-Manger.

Émondez un demi-kilog. de belles amandes douces ; lavez-les à grande eau ; égouttez-les dans une passoire et essuyez-les dans un linge blanc ; placez-les ensuite dans un mortier bien propre ; pilez-les avec précaution en les mouillant avec quatre verres d'eau filtrée ; lorsqu'il ne reste plus aucun fragment d'amande, vous devez avoir obtenu un lait d'un blanc de neige ; passez alors ce liquide dans une serviette que vous tenez au-dessus d'un poêlon d'office ; ajoutez-y deux cent cinquante grammes de beau sucre et trente grammes de belle gélatine que vous aurez fait dissoudre à l'avance dans un peu d'eau tiède ; mélangez bien tous ces ingrédients ; puis placez votre poêlon sur un feu doux ou au bain-marie, de manière à lier votre appareil, sans pour cela le faire bouillir ; passez-le de nouveau dans un tamis de soie que vous placerez sur un saladier ; aussitôt cette préparation filtrée et froide, versez-là dans un moule à gelée que vous aurez eu le soin de huiler légèrement avec de l'huile d'amandes douces ; frappez à la glace votre moule dans un vase quelconque, et ne démoulez que lorsqu'il est bien pris et prêt à servir.

Si vous rencontrez quelques difficultés au démoulage, trempez légèrement votre moule dans un peu d'eau tiède.

Timbale historiée.

Prenez une belle bande de génoise mate d'un centimètre d'épaisseur et de la hauteur d'un moule à charlotte de grandeur utile ; coupez cette bande en travers pour en faire des petits bâtons de deux centimètres de largeur, et autant qu'il vous en faudra pour garnir tout l'intérieur de votre moule ; mettez sur tous ces petits bâtons une couche de marmelade d'abricots que vous recouvrez d'une glace aux liqueurs de nuances différentes : blanche, rose, verte, etc., etc.; puis, au moyen de sucre cuit au cassé, faites joindre vos bâtons les uns contre les autres en variant les couleurs ; ceci fait, renversez votre moule sur un plat d'entremets ; remplissez cette timbale d'un appareil frappé ; posez dessus un fond en génoise glacé et décoré de fruits assortis, et servez immédiatement.

Diplomate ou Ministériel (1).

Enduisez légèrement d'huile d'amandes douces un moule à gelée; frappez-le dans cet état à la glace, en posant votre moule le plus droit possible; placez au fond de chacune des côtes de votre moule un grain de raisin de Malaga; couvrez ce dernier d'une couche mince d'appareil à bavarois vanillé (*voir*); placez sur cette même couche des fruits confits et bien assortis, tels qu'abricots, pêches, cerises, prunes, etc.; continuez l'opération, et toujours par couche mince, jusqu'au haut du moule; terminez par la crème; couvrez alors votre moule d'une feuille de papier, puis d'une tourtière que vous couvrez aussi de glace à rafraîchir; placez ensuite votre moule dans un endroit frais jusqu'au moment de le démouler et de le dresser sur la table.

Beauséjour.

Beurrez avec soin une plaque à génoise; étalez dedans avec la lame d'un couteau une couche mince de pâte croustillante; mettez-la cuire à four ordinaire; aussitôt de couleur blonde, retirez-la le plus promptement possible; découpez dessus des petites bandes de six centimètres de long sur trois de large; roulez-la sur des moules dits à colonnes ayant forme de douille; lorsque vous aurez assez de tuyaux pour faire le tour intérieur d'un moule à charlotte, vous les enduisez de glace rose, verte et blanche, puis vous les placez comme les bandes de génoise pour timbale historiée (*voir* ci-dessus); garnissez ensuite l'intérieur de chaque douille d'une confiture quelconque; décorez vos douilles, sur toute leur longueur, de feuilles d'angélique, et l'intérieur de votre couronne de crème frappée. On peut, pour orner cet entremets, mettre dans un cornet de la crème de Chantilly, coloriée par moitié, rose et blanche, pour faire sur chaque colonne une petite clochette.

Timbale vénitienne.

Prenez un moule à charlotte russe sans oreilles; beurrez-en toute la superficie; prenez ensuite un appareil de meringue à huit œufs; garnissez-en une poche, et faites sur ce même moule des croisillons en filets minces; saupoudrez-les de sucre glace, et mettez à l'étuve pendant douze heures; cuisez après à four doux; aussitôt d'un beau blond, sortez du four; démoulez légèrement et promptement; frappez ensuite votre moule seul à la glace; garnissez-en l'intérieur d'un appareil frappé que vous tassez le mieux possible; démoulez-le aussitôt sur un plat d'entremets et recouvrez votre pièce de votre croûte de meringue; puis, pour

---

(1) Le ministériel est composé du même appareil que le diplomate : les fruits confits se remplacent par des raisins secs imbibés dans un sirop de punch.

décorer, posez dessus une petite corbeille montée sur son pied, qui aura
dû être faite en glace royale ou en sucre coulé; dressez votre timbale
sur la table le plus promptement possible.

Croquenbouche Provençal.

Remplissez de pâte à choux une poche garnie de sa douille; couchez
sur une tourtière, à côté les uns des autres, bon nombre de petits choux
de la grosseur d'une aveline; tenez-les à distance pour éviter qu'ils ne
se touchent à la cuisson; dorez-les; mettez à four ordinaire; aussitôt de
couleur blonde, retirez-les et détachez-les avec soin en évitant de les crever en dessous; garnissez alors l'intérieur de chacun de ces petits choux
d'une crème dite appareil bavarois; trempez-les ensuite dans du sucre
cuit au cassé; formez-en un cercle dans un moule à charlotte en les superposant les uns sur les autres jusqu'au haut du moule.

Vous pouvez, pour donner plus de décor à cet entremets, tremper un
ou plusieurs rangs de vos petits choux dans du sucre colorié; ceci fait,
démoulez aussitôt votre gâteau en le renversant sur un plat d'entremets;
décorez le rang du haut d'une petite galerie de pistaches glacées et servez immédiatement. On peut, si l'on veut, donner à ce gâteau la forme
d'une pyramide en se servant d'un moule à cet effet.

Dame blanche.

Émondez deux cents grammes de belles amandes de Provence; lavez-
les à grande eau; égouttez-les; pilez-les dans un mortier; humectez-les
ensuite avec un litre d'eau; continuez à piler jusqu'à ce que le tout soit
en lait; passez ce dernier dans un tamis de soie que vous placez sur un
poêlon d'office; ajoutez dedans du sucre pour faire un sirop à vingt degrés; mettez votre poêlon sur un fourneau doux et laissez-le jusqu'à ce
que le contenu soit arrivé à son degré d'ébullition; retirez aussitôt;
transvasez-le dans un compotier jusqu'à ce qu'il soit froid; versez-le
ensuite dans une sabotière et frappez-le à la glace; ceci fait, garnissez
de papier l'intérieur d'un moule à plombière; mettez au fond une couche mince de votre appareil frappé et une couche de fruits conservés;
remettez par-dessus une autre couche d'appareil et une de fruits; continuez ainsi jusqu'au haut de votre moule, que vous terminez par une
couche d'appareil frappé; mettez alors votre moule à la place de votre
sabotière; entourez-le de glace et laissez-le dans cet état jusqu'à ce que
vous en ayez besoin; une minute avant de servir, renversez-le sur un
plat; enlevez votre moule, ainsi que le papier qui entoure votre appareil, et placez-le promptement sur la table.

Mousse.

Faites une abaisse en pâte d'amandes; découpez dessus un rond de
grandeur nécessaire; relevez-le sur une tourtière; piquez-le bien et

cuisez à four doux; une fois sorti du four, dressez tout autour de ce fonds une première galerie de petites coques de meringue posées sur champ; fixez-les avec du sucre au grand cassé; sur cette première galerie, montez-en une seconde, en plaçant vos coques dans les entre-deux et non l'une sur l'autre; continuez cette opération jusqu'à la hauteur nécessaire pour contenir la quantité d'appareil que vous voulez y placer. En général, les mousses se garnissent avec une crème à bavarois; quelques personnes préfèrent la crème frappée, ceci dépend du goût.

Nota. — De toute façon, on ne doit les garnir qu'au moment de dresser sur table.

Saint-Honoré frappé.

Disposez une abaisse avec de la pâte à brioches; tenez-la aussi mince que possible; relevez-la sur une tourtière; arasez-la, piquez-la bien partout, et avec une poche garnie de pâte à choux faites autour un cordon d'un centimètre d'élévation; dorez-le bien, et étendez au centre de votre abaisse une couche légère de frangipane pour empêcher le travail actif du four; cuisez de couleur blonde; aussitôt sorti, placez sur votre cordon, au moyen de sucre au cassé, une garniture de petits choux coloriés que vous aurez cuits d'avance et des fruits glacés; ceci fait, relevez votre entremets sur un clayon et garnissez l'intérieur d'une crème bavaroise frappée.

Crème au bain-marie.

Faites un appareil de crème pour bain-marie (*voir* chapitre des Appareils); emplissez-en le vase ou le moule dont vous voulez vous servir, puis posez-le au bain-marie; versez dans ce dernier la quantité d'eau nécessaire pour que le moule qui contient votre appareil en soit bien baigné, sans pour cela en mettre jusqu'au bord; placez ensuite votre bain-marie sur un feu doux et laissez-le jusqu'à ce que l'eau soit en ébullition; couvrez alors votre crème, et posez le tout en dessous du fourneau; laissez cette crème jusqu'à ce qu'elle soit ferme et de belle couleur; retirez-la aussitôt; nettoyez bien votre moule ou plat, et servez cette crème froide. Si vous êtes à même de pouvoir la frapper, elle n'en sera que meilleure.

Gâteaux Malakoff.

Faites avec de la pâte à brioche une abaisse ronde que vous relevez sur une tourtière; piquez votre abaisse de toute part et masquez la superficie de marmelade d'abricots; mettez à four ordinaire et cuisez blond; préparez ensuite douze à quinze bâtons en pâte à choux ayant forme des gâteaux dits Eclairs; sitôt cuit, garnissez l'intérieur de différentes manières, telles que crème vanille, marmelade d'abricots, gelée de groseilles, etc.; puis glacez ceux à la crème d'une glace café ou chocolat, les autres au rhum et au sucre cuit au cassé, ce dernier recouvert d'un panaché. Tous vos gâteaux ainsi préparés, garnissez-en votre abaisse de pâte à brioche en les superposant en forme de rocher et les y faisant adhérer au moyen du sucre cuit au cassé; placez çà et là entre chaque cavité des fruits assortis également glacé au cassé; pour terminer votre entremets, ornez le dessus d'une belle prune verte ou d'un chinois, l'un et l'autre glacés.

Gâteau de la Paix.

Garnissez de pâte à génoise mate deux cercles à flan de la même grandeur, que vous avez le soin de placer sur des tourtières beurrées; mettez cuire à four doux; lorsque la cuisson sera parfaite, retirez du four et démoulez de suite; laissez refroidir sur des clayons; pendant ce temps, préparez une crême de cette manière : mettez dans une casserole cinq jaunes d'œufs que vous délayez avec un demi-litre de sirop froid, que ce dernier ait de trente-cinq à trente-six degrés; faites prendre cet appareil en le remuant avec une spatule et en le plaçant sur un fourneau doux; aussitôt à point, renversez cette crême dans une terrine; joignez-y un beurre fin bien manié, que vous y mettez au moyen d'un fouet d'osier; lorsque cet appareil est bien léger et lisse, garnissez-en une abaisse de votre génoise; parsemez dessus des amandes fraîches émondées et hachées menu; rapportez ensuite votre seconde abaisse sur la première; appuyez pour bien les joindre; parez le tour de votre gâteau; masquez le dessus et le tour d'une forte couche de crême; parsemez-le de pistaches hachées menu; décorez le dessus de deux branches d'olivier, symbole de la paix.

CHAPITRE VII.

DES ENTRÉES CHAUDES & HORS-D'ŒUVRE.

PREMIÈRE PARTIE.

DES JUS ET DES SAUCES.

Jus roux.

Le jus étant le point essentiel des sauces, je recommande la plus grande attention pour cette préparation.

Après avoir désossé un cuissot de veau, mettez de côté les morceaux qui en sont détachés et que l'on nomme la semelle, le quasi, la noix et la souris ; chacun de ces morceaux a en pâtisserie son emploi particulier ; j'en donnerai la description à la partie des pâtés.

Revenons à notre jus. Epluchez carottes, ognons, navets, poireaux, etc., etc.; émincez-les, puis placez-les au fond d'une grande casserole ; vous pouvez y joindre toutes espèces de viandes, pourvu qu'elles soient de bonne qualité, et différents débris de volaille, tels que gésier, foie, patte, cou, etc.; quelques couennes de lard ou pied de veau; le tout bien épluchés; brisez ensuite les os de votre cuissot, posez-les dessus vos légumes; ajoutez-y deux verres d'eau; mettez votre casserole couverte sur une fourneau de chaleur modérée; faites tomber votre fonci à glace, c'est-à-dire lorsque cela commence à s'attacher légèrement et qu'il s'en échappe une odeur de gratin; remplissez-la d'eau; joignez-y bouquet garni, ail, thym, laurier, une poignée de sel, etc., le tout modérément; aussitôt en ébullition, écumez avec soin; ralentissez l'ardeur du feu, que votre jus ne fasse plus que mijoter; laissez-le ainsi pendant huit heures au moins; ce temps est nécessaire à sa cuisson; ensuite passez-le, et chaud ou froid dégraissez-le avant de vous en servir.

Jus blanc.

Mettez dans une grande casserole, après les avoir brisés, les os d'un cuissot, plus un pied de veau bien blanchi; salez-les; recouvrez le tout d'eau; mettez votre casserole sur un fourneau ardent; écumez jusqu'à ce que votre liquide soit en ébullition; lorsqu'il est arrivé à ce point, joignez-y carottes, navets, poireaux, ognons, bouquet garni et clous de girofle; modérez l'ardeur de votre fourneau; laissez-le ainsi pendant dix heures environ; passez-le et dégraissez-le comme il est dit à l'article ci-dessus.

Sauce espagnole.

Mettez un morceau de beurre ordinaire dans une casserole de grandeur suffisante; faites-le fondre à peine; ajoutez-y de la farine pour en faire une liaison assez ferme que vous remuez à la spatule; tenez constamment sur un fourneau ordinaire jusqu'à ce que vous obteniez un blond foncé (ceci s'appelle faire un roux); retirez votre casserole du feu; versez dedans, par petite quantité et toujours en remuant, du jus roux pour obtenir une sauce bien liée; remettez votre casserole sur le feu et tournez votre sauce jusqu'à ce qu'elle soit en ébullition; retirez-la de nouveau; couvrez-la et laissez-la au coin du fourneau pour qu'elle bouille légèrement afin qu'elle puisse se dépouiller convenablement, ce qui a lieu lorsqu'elle est bien lisse et qu'elle a rejeté toute sa graisse et les ingrédients étrangers; écumez-la toujours avec soin; passez-la dans une étamine que vous placez sur une terrine; si vous n'êtes pas pour l'employer de suite, remuez-la de temps en temps jusqu'à ce qu'elle soit froide, afin qu'elle ne forme pas une croûte en dessus.

Sauce allemande.

Choisissez un bon morceau de beurre frais; mettez-le dans une casserole que vous placez sur un feu ordinaire; aussitôt le beurre fondu, retirez votre casserole; ajoutez-y de la farine; remuez à la spatule jusqu'à ce que vous ayez obtenu un corps assez ferme; remettez votre casserole sur le fourneau, cette fois modéré; remuez le contenu pendant dix minutes (ceci s'appelle faire un blanc); mouillez ensuite ce mélange avec du jus blanc; versez en petite quantité et toujours en remuant pour bien lier votre sauce; continuez l'opération jusqu'à l'ébullition; retirez votre casserole; laissez-la au coin du fourneau pour maintenir l'ébullition jusqu'à ce que votre sauce soit bien dépouillée; dégraissez-la ensuite et passez-la à l'étamine pour vous en servir au besoin.

Sauce veloutée pour entrées de poissons.

Epluchez, par égale quantité, carottes, navets et ognons; émincez-les dans une casserole; joignez-y un verre d'eau; mettez votre casserole sur un fourneau ordinaire; faites réduire vos légumes jusqu'à ce qu'ils s'attachent au fond de la casserole (ceci s'appelle faire un mirepoix); mouillez-les avec du bon vin blanc; ajoutez-y des débris de poissons et un bouquet garni, plus l'assaisonnement nécessaire; lorsque le tout est en ébullition, couvrez votre casserole; retirez-la au coin du fourneau et laissez-la à peu près une demi-heure; passez ce jus dans un tamis que vous posez sur un vase profond; préparez ensuite un blanc (comme il est décrit ci-dessus à l'article Sauce allemande); mouillez ce dernier avec votre jus de poisson; versez-le par petite quantité jusqu'à liaison parfaite; remettez cette sauce sur un feu modéré; lorsqu'elle est en ébullition, retirez-la encore au coin du fourneau pour obtenir un dépouillement et une légère réduction; écumez-la parfaitement; passez-la ensuite à l'étamine, et remuez-la de temps en temps avec la spatule jusqu'à ce qu'elle soit entièrement froide.

Sauce béchamel.

Mettez un bon morceau de beurre d'Isigny ou autre, mais de première qualité, dans une casserole; placez-la sur un feu ordinaire; joignez-y modérément de petites pincées de belle farine de gruau; mêlez le tout à la spatule; laissez ce mélange sur le feu pendant une minute; mouillez-la ensuite avec du bon lait versé par petite quantité et toujours en tournant; lorsque le tout est lié et forme sauce, remettez sur le feu; continuez à tourner jusqu'à ébullition complète; retirez votre casserole; laissez au coin du fourneau; assaisonnez votre sauce; couvrez-la et laissez-la ainsi pendant cinq minutes; passez-la ensuite dans une étamine que vous posez au-dessus d'une terrine, et remuez-la de temps en temps jusqu'à son entier refroidissement.

Sauce hollandaise pour poissons.

Mettez dans une casserole un verre d'eau, quatre jaunes d'œufs, une cuillerée de vinaigre, cent quatre-vingts grammes de beurre fin d'Isigny, poivre, sel et muscade râpée; faites prendre ce mélange au bain-marie ; lorsque le tout est lié et forme un corps lisse, ajoutez-y un peu de persil haché menu et la même quantité de beurre qu'au commencement ; continuez à remuer jusqu'à ce que ce dernier soit bien mélangé ; finissez cette sauce en y joignant une cuillerée de sauce espagnole ; remuez le tout ; versez-la immédiatement dans une saucière pour la servir de suite.

Sauce verte.

Mettez dans une casserole deux verres de vin blanc, une douzaine d'huîtres dites pieds de cheval ou autres, un bouquet garni, carottes, navets, ognons ; ces légumes bien émincés, mettez le tout en ébullition sur un fourneau bien doux ; laissez bouillir jusqu'à demi réduction. Préparez alors, dans une seconde casserole, un morceau de beurre légèrement fondu ; ajoutez-y un peu de farine (ceci s'appelle faire un blanc) ; ces deux ingrédients bien mêlés, posez votre casserole sur un feu doux ; remuez le contenu pendant deux minutes environ ; retirez votre casserole ; passez ensuite votre réduction dans un tamis posé sur une terrine ; servez-vous de ce court bouillon pour mouiller votre blanc ; liez-le bien ; mettez cette sauce en ébullition pendant dix minutes et passez-la à l'étamine.

DEUXIÈME PARTIE.

DES GARNITURES POUR ENTRÉES DE PATISSERIE.

Cervelles de bœuf, veau et mouton.

Les cervelles prises à leur état d'abats se placent pendant quelques heures dans un vase rempli d'eau fraîche (ceci s'appelle mettre à dégorger) ; renouvelez l'eau plusieurs fois, puis énervez-les, c'est-à-dire ôtez toutes les fibres qui entourent vos cervelles ; remettez-les de nouveau dans l'eau pendant une heure environ ; préparez ensuite dans une casserole le court bouillon que voici : mettez les deux tiers d'eau dans une casserole, qui doit être proportionnée à la quantité d'abats que vous avez à blanchir ; ajoutez-y un bouquet de persil garni de thym, laurier, gousse d'ail, plus carottes, navets, ognons ; ces légumes émincés, placez-y ensuite vos cervelles après les avoir bien égouttées, plus un filet de vinaigre ; posez cette casserole sur un fourneau ardent ; aussitôt le contenu en ébullition, couvrez votre casserole, retirez-la et laissez-la au coin du fourneau pendant un quart-d'heure à peu près ; transvasez-les ensuite dans une terrine et couvrez-les d'une feuille de papier pour éviter le hâle.

Ris de veau.

Mettez deux tiers d'eau dans une terrine ; placez-y vos ris de veau et laissez-les dégorger pendant deux heures environ ; égouttez-les ; mettez-les ensuite dans une casserole ; jetez-y une pincée de sel et couvrez-les d'eau ; placez votre casserole sur un fourneau ardent ; aussitôt le contenu en ébullition, retirez vos ris et plongez-les dans un seau d'eau fraîche ; renversez l'eau qui se trouve dans votre casserole et remplacez-la par la même quantité de jus ; puis égouttez vos ris et parez-les en retirant le cornet et les nerfs ; chaque ris formera alors deux morceaux : le premier conserve le nom de ris et le second, qui est la partie la plus plate et allongée, se nomme gorge ; remettez l'un et l'autre dans votre jus ; placez votre casserole sur un feu ordinaire ; lorsque vous verrez bouillir, couvrez votre casserole ; retirez-la et laissez-la au coin du fourneau pendant une demi-heure ; transvasez-la ensuite dans une terrine que vous couvrez d'un papier collé.

Champignons.

Choisissez de beaux champignons ; enlevez avec un couteau la partie terreuse qui se trouve au pied ; lavez-les plusieurs fois à grande eau et promptement ; égouttez-les ensuite dans une passoire ; préparez alors dans une casserole un blanc composé d'un bon morceau de beurre, un peu d'eau, sel et jus de citron, le tout proportionné à votre quantité de champignons ; séparez les têtes d'avec les queues ; pelez les premières avec un petit couteau bien coupant ; pour cela le couteau doit être bien serré dans votre main droite et ne pas en bouger, tandis qu'au contraire votre tête de champignon doit, par le mouvement des doigts de la main gauche, tourner sous votre lame. Cette opération demande de l'attention et beaucoup de pratique ; car de là dépend souvent la tournure et la beauté du champignon ; jetez-les ensuite dans votre blanc et sautez-les à mesure pour qu'ils conservent leur blancheur ; ceci fait, mettez votre casserole couverte sur un feu ardent ; de minute en minute faites sauter vos champignons pour qu'ils se trouvent d'égale cuisson; après cinq minutes d'ébullition, transvasez-les dans une terrine et couvrez-les d'une feuille de papier.

Culs d'artichauts.

Servez-vous d'artichauts moyens et bien tendres; enlevez les feuilles et le foin; puis tournez le plus correctement possible la partie ferme; jetez-les à mesure dans un vase rempli d'eau fraîche dans laquelle vous aurez versé quelques gouttes de vinaigre; préparez dans une casserole un blanc léger composé de farine délayée dans une certaine quantité d'eau salée légèrement; placez-y vos culs d'artichauts et mettez-les sur un fourneau ardent; lorsqu'ils sont en ébullition, couvrez votre casserole; retirez-la et laissez-la au coin du fourneau ou en dessous jusqu'à cuisson complète, ce qui a lieu lorsque vos artichauts sont tendres et fléchissent au toucher; transvasez-les ensuite dans une terrine et couvrez-les d'une feuille de papier.

Tronçons d'anguille.

Dépouillez une anguille; videz et nettoyez l'intérieur; ceci fait, coupez-la par tronçons en forme de losanges; relevez-les dans une casserole; couvrez-les de vin blanc, et joignez-y un peu d'eau, sel, légumes et bouquet de persil garni; mettez alors votre casserole sur un fourneau ardent; lorsque le contenu est en ébullition, couvrez votre casserole; retirez-la au coin du fourneau jusqu'à cuisson parfaite, et transvasez-la ensuite dans une terrine que vous couvrez d'un papier.

Crêtes et Rognons.

Choisissez de belles crêtes; parez-les; coupez-en les pointes pour faciliter la sortie du sang; placez-les dans une casserole que vous remplissez d'eau froide et que vous faites chauffer par degré; jetez-y quelques grains de sel; prenez de temps en temps une de ces crêtes, posez le doigt dessus; si la peau s'enlève, retirez votre casserole; égouttez vos crêtes dans une passoire; versez-les ensuite dans un torchon blanc; parsemez dessus une poignée de sel gris; renfermez-les dans votre torchon; prenez-en les deux extrémités et secouez fortement (sassez, terme technique); reposez votre torchon à plat sur la table; prenez vos crêtes une à une; épluchez-les avec le plus grand soin; jetez-les à mesure dans un vase rempli d'eau fraîche; lorsqu'elles y sont toutes, mettez-y les rognons; couvrez votre vase d'un linge et placez-le au frais; de quatre heures en quatre heures changez l'eau jusqu'à ce que vos crêtes soient bien blanches (ceci peut demander environ vingt-quatre heures); égouttez-les et remettez-les dans une casserole en y ajoutant vin blanc, eau, sel, etc., etc., comme pour les tronçons d'anguille; la cuisson en est la même (voyez ci-dessus).

Ecrevisses.

Servez-vous autant que possible d'écrevisses de rivière vivantes ; videz-les en arrachant de la queue la partie qui se trouve au milieu ; à mesure qu'elles sont vidées, jetez-les dans une casserole ; couvrez-les d'eau fraîche ; lavez-les bien et faites-les égoutter dans une passoire ; remettez-les dans votre casserole ; recouvrez-les d'eau ; joignez-y sel, poivre, clous de girofle, persil, thym, laurier, un peu de muscade râpée et un filet de vinaigre ; placez alors votre casserole en la couvrant sur un feu vif ; lorsque le contenu est en ébullition, retirez la casserole au coin du fourneau ; laissez mijoter un quart d'heure environ en les retirant de temps en temps ; transvasez ensuite vos écrevisses dans une terrine et couvrez-les d'un papier. Conservez cette cuisson si vous êtes susceptible d'en avoir besoin, souvent elle devient de meilleure en meilleure ; il est nécessaire dans ce cas de la rafraîchir d'un peu d'eau chaque fois.

Poulet dans son blanc.

Videz, flambez et découpez des petits poulets dits de Nantes ; jetez ces morceaux dans une casserole ; couvrez-les d'eau fraîche ; ajoutez-y une poignée de sel ; placez votre casserole sur un fourneau doux ; lorsque l'eau est tiède, les morceaux sont dégorgés ; égouttez-les dans une passoire ; mettez-les dans un grand vase d'eau fraîche ; remuez-les bien ; égouttez-les de nouveau et parez-les avec soin ; préparez ensuite dans une casserole un blanc léger, composé de farine, eau, sel, poivre, légumes et bouquet garni ; mettez ces morceaux de poulet dans votre blanc ; placez votre casserole sur un fourneau vif ; ayez le soin de remuer jusqu'à ce que le contenu soit en ébullition ; couvrez votre casserole ; retirez-la du feu et laissez-la au coin du fourneau jusqu'à cuisson parfaite ; transvasez alors dans une terrine et couvrez-la d'un papier.

Truffes.

Choisissez de préférence des truffes du Périgord ; mettez-les dans un grand vase que vous remplissez d'eau ; laissez-les ainsi pendant une heure environ ; puis, avec une brosse de gros crins, frottez-les pour en ôter la terre ; changez-les trois ou quatre fois d'eau en les brossant chaque fois ; égouttez-les et pelez-les légèrement ; préparez alors un mirepoix (*voir* Sauce veloutée) ; passez-le au tamis et relevez-le dans une casserole ; placez-y vos truffes ; couvrez-les de vin blanc ; mettez votre casserole sur le feu ; aussitôt en ébullition, couvrez-la ; retirez-la au coin du fourneau et laissez-la à peu près une heure ; tranvasez ensuite vos truffes dans une terrine et couvrez-la de papier.

Alouettes ou mauviettes.

Plumez, videz et flambez vos alouettes ; embrochez-les par demi-douzaine ; placez dessus une barde de lard ; relevez-les dans un plat à rôtir, qu'il soit en terre de préférence au cuivre ; joignez-y quelques gouttes de bouillon ; mettez-les cuire à four ordinaire ; arrosez de temps en temps et retirez-les une demi-heure après. On peut également les faire cuire à la casserole dans un bon jus, et s'en servir comme garniture.

Pâté chaud dit financière pour dix personnes.

Il faut, pour faire ce pâté, sept cent cinquante grammes de pâte à dresser que vous abaissez sur le tour à un centimètre d'épaisseur ; dressez la ronde ou ovale en forme de corbeille évasée (*voir* planche XXII, figure 1) ; remplissez cette dernière de farine ordinaire ou de noyaux de cerises conservés à cet effet, ou tout autre objet pouvant contenir la pâte à l'action du feu ; posez dessus un faux couvercle également en pâte à dresser ; soudez-le bien autour ; pincez-en la crête comme s'il devait rester ; pincez de même le haut et le bas de votre corbeille ; puis faites une collection de feuilles en pâte à nouilles ; décorez-en le tour de votre pâté en forme de couronnes ; dorez le tout parfaitement ; découpez ensuite, à l'aide d'emporte-pièces à jour, différents sujets que vous placerez également au-dessus et au-dessous de la couronne déjà formulée (*voyez* planche XXII, fig. 1) ; humectez alors le dessus de votre faux couvercle et posez-y le véritable, que vous ferez aussi de pâte à nouilles découpée à l'emporte-pièce à feuilles ; guillochez ces mêmes feuilles avec un petit couteau d'office, et dorez de nouveau toute votre croûte ; ceci fait, mettez-la à four ordinaire ; aussitôt blonde, retirez-la du four, et, avec une lame de couteau fine et tranchante, enlevez votre couvercle sans l'abîmer, de manière à le replacer après sur votre garniture ; renversez alors ce que vous avez mis dans votre croûte pour la maintenir au feu ; évitez de laisser à l'intérieur la moindre parcelle (farine ou noyaux, etc.), et mettez la à l'étuve pendant que vous préparerez la garniture qui doit être faite de cette manière :

La garniture se compose d'une sauce espagnole dépouillée et bien réduite ; mettez un demi-litre environ de cette sauce dans une casserole ; placez-la sur le feu ; joignez-y un filet de vin de Madère, trente-cinq quenelles de godiveau gras, une douzaine de têtes de champignons tournées au couteau et parfaitement blanchies ; lorsque ce mélange commence à bouillir, ajoutez-y quelques truffes coupées par tranches minces, quelques morceaux de cervelle de veau coupés très proprement, des morceaux de ris de veau, un cul d'artichaut coupé en quatre morceaux, quatre tronçons d'anguille cuite, quatre mauviettes, ou à défaut les remplacer par quelques filets de volaille ; tous ces ingrédients doivent être cuits et assaisonnés à part avant de les placer dans votre sauce espagnole ; mettez alors ce tout en ébullition, et dix minutes après goûtez-le et ajoutez-y, selon le goût, ce que vous croirez qui manquera en assaisonnement ; retirez votre croûte de l'étuve ; dressez-la sur un plat d'entrée; versez dedans votre garniture, et posez dessus le plus convenablement possible crêtes et rognons de coqs, écrevisses et truffes, le tout cuit par avance et conservé chaudement; placez alors votre couvercle et servez de suite.

Pâté chaud printanier.

La croûte est de même composition que le pâté financière; la forme et le dessin diffèrent. La garniture se prépare ainsi : mettez dans une casserole un demi-litre environ de sauce allemande dépouillée et bien réduite; puis sortez de leur blanc la quantité de têtes de champignons nécessaire pour garnir votre croûte; vos champignons bien égouttés, joignez-les à votre sauce; assaisonnez parfaitement; laissez bouillir dix minutes; retirez aussitôt; préparez une liaison composée d'un jaune d'œuf, un peu de beurre fin et quelques gouttes de jus de citron; mêlez cette liaison à votre sauce; garnissez-en votre croûte; replacez votre couvercle et servez de suite.

Timbale italienne.

Faites, avec de la pâte à dresser, dans une casserole dite bain-marie, une croûte très élevée; garnissez-la de noyaux ou farine; mettez dessus un couvercle de même pâte; décorez-le d'une rosace en pâte à nouilles; dorez bien; mettez cette timbale à four ordinaire et tenez de couleur blonde; retirez du four; enlevez le couvercle, et renversez votre timbale sur une tourtière; dorez-la bien et replacez-la au four dans cet état; faites-lui prendre à la flamme une couleur d'or; retirez-la de nouveau; videz-la avec beaucoup de précaution; placez-la sur un plat; garnissez l'intérieur d'un appareil de macaroni préparé à l'italienne, et servez extrêmement chaud.

Timbale Milanaise.

Faites une croûte comme pour le pâté chaud financière; décorez-la de branches, de feuilles et de rosaces en reliefs; tous ces ornements doivent être en pâte à nouilles et suivant le modèle ci-contre; garnissez d'une couche d'appareil à nouilles le fond de votre croûte; placez sur cette couche des champignons bien blanchis, des petites tranches de jambon de Bayonne et de langue écarlate; assaisonnez le tout, et couvrez-le d'une seconde couche de nouilles; recommencez votre garniture, et ainsi de suite jusqu'au haut; assaisonnez de nouveau; humectez le tour de votre timbale et faites-y adhérer votre faux couvercle; pincez-le autour avec les doigts pour simuler une crête de coq; dorez cette crête et toute la superficie de votre croûte; décorez le dessus d'une rosace composée de feuilles en pâte à nouilles; découpez à l'emporte-pièce uni; mettez ensuite cette timbale à four ordinaire; cuisez-la de couleur blonde et servez très chaud.

Vol-au-vent financière au roux.

Prenez un kilog. de pâte à feuilletage à six tours ; abaissez-le très également à quinze millimètres d'épaisseur ; faites ensuite une abaisse de pâte à foncer de deux millimètres d'épaisseur ; humectez partout et légèrement votre abaisse de feuilletage et appliquez dessus celle en pâte à foncer ; puis, posez dessus et au centre un cercle ou assiette de grandeur voulue ; coupez avec la lame d'un couteau le tour de votre cercle bien en pente, ce qui vous donnera un fonds que vous ne toucherez qu'en passant en dessous la lame d'un couteau pour le renverser dans votre main ; posez-le alors, et du côté de la pâte à foncer, sur une tourtière, de manière que la pâte en feuilletage puisse faire son action au four ; ceci fait, incisez tout le tour avec la pointe d'un couteau ; dorez bien le dessus ; puis, à deux centimètres de ce même bord, incisez légèrement un cercle plus petit et intérieur, pour pouvoir plus tard former votre couvercle ; rayez-le, ainsi que les bords, en rosaces ou en croisillons ; mettez à four ordinaire jusqu'à son entière élévation et couleur bien blonde ; retirez du four ; enlevez légèrement au couteau le couvercle que vous avez tracé et qui se détache facilement, ainsi que la mie ou pâte non cuite qui se trouve à l'intérieur, et garnissez votre vol-au-vent comme pour le pâté chaud financière.

Pâté chaud au blanc.

La croûte et la garniture sont absolument les mêmes que pour le pâté chaud dit financière, la sauce seule diffère et se remplace par une sauce allemande ; mais comme toutes les sauces blanches doivent être liées ou assaisonnées à point au moment d'être servies, préparez à part, dans un bol, un jaune d'œuf, gros comme une noix de beurre fin, un peu d'eau, quelques gouttes de jus de citron ; battez le tout, et joignez-le à la sauce une fois qu'elle aura été retirée du feu ; faites-la sauter plusieurs fois afin de bien la mêler ; cette opération ne doit se faire qu'au moment de servir ; garnissez-en votre croûte, que vous avez tenue au chaud, et servez de suite.

Vol-au-vent au blanc.

Ce vol-au-vent est de même composition que le vol-au-vent au roux. Comme nous l'avons dit pour le pâté chaud au blanc, on emploie une sauce allemande bien dépouillée et réduite à point ; la garniture ainsi préparée, vous la versez dans votre croûte que vous avez tenue à l'étuve, et vous servez bien chaud.

Vol-au-vent au maigre pour dix personnes.

La croûte est la même que les précédentes ; la garniture se compose d'une sauce maigre bien dépouillée et passée à l'étamine ; faites ensuite quarante quenelles de poisson moulées également; aussitôt pochées et bien égouttées, vous les mettez dans votre sauce; joignez-y quatre laites de carpes, qui n'ont besoin que de jeter un bouillon pour être cuites; ajoutez encore dix têtes de champignons tournées, bien blanches et assaisonnées à point; versez le tout dans votre croûte et dressez-la sur un réchaud garni.

Vol-au-vent béchamel.

Choisissez un beau morceau de morue dessalée; faites-la cuire jusqu'à ce qu'elle soit bien tendre et bien blanche; égouttez-la et désossez-la bien sans en détacher les morceaux; préparez une sauce dite béchamel, mettez-y votre morue; faites-lui jeter un bouillon; ajoutez-y un beau morceau de beurre fin, ainsi que les épices nécessaires; faites sauter le tout dans votre casserole jusqu'à parfait mélange, et versez dans votre croûte, que vous servirez sur un réchaud garni.

Tourte d'entrée.

Faites une abaisse ronde de pâte à foncer de quatre millimètres d'épaisseur; posez-la sur une tourtière de grandeur; piquez cette pâte partout, et mettez au centre un tampon en papier pour réserver la place nécessaire à la garniture; refaites une deuxième abaisse de même épaisseur, mais de rognures de feuilletage et de pâte à foncer par égale quantité; posez-la sur votre tampon, et mouillez tout autour l'abaisse de dessous de manière à y faire adhérer celle de dessus et afin que votre tampon y soit bien renfermé; dans cet état, appliquez autour, après l'avoir bien humecté, une bande de pâte en feuilletage à six tours de deux centimètres de largeur sur cinq millimètres d'épaisseur; joignez bien et dorez partout, excepté la coupe de la bande, car tout feuilletage perd à être doré sur la tranche; faites un trou au milieu de la superficie de votre croûte pour permettre l'évaporation, et mettez à four ordinaire; aussitôt de couleur blonde et de bonne cuite, sortez du four; enlevez le couvercle de votre tourte au moyen d'une lame mince de couteau; ôtez ensuite le tampon de papier; tenez votre tourte à l'étuve si votre garniture n'est pas prête; dans le cas contraire, versez-la immédiatement et servez de suite.

La garniture est la même que pour le vol-au-vent financière.

Tourte ciboulettes.

Faites une croûte comme pour les pâtés chauds, tourte d'entrée ou pâté au jus; placez dedans godiveau mouillé et ciboulettes hachées; mélangez bien ces deux ingrédients; recouvrez de son couvercle votre pièce non cuite; dorez-la bien et mettez-la à four ordinaire jusqu'à couleur blonde; l'intérieur alors sera suffisamment cuit; retirez du four; faites un trou à la superficie de votre couvercle, et au moyen d'un entonnoir, infiltrez dans votre pâté une sauce espagnole très chaude, et servez immédiatement.

Croûte aux champignons.

Beurrez bien un moule à dôme un peu haut de forme; garnissez le tour intérieur d'une couche de pâte à foncer; remplissez cette abaisse de farine ou de noyaux de cerises; retournez ce moule sans dessus dessous sur une tourtière; mettez-le à four ordinaire pendant une demi-heure environ; sortez-le; démoulez et nettoyez votre croûte avec soin; renversez-la de nouveau sur la même tourtière; dorez-la bien à l'intérieur, et remettez-la au four pour lui faire une couleur bien blonde; préparez ensuite la garniture que voici : mettez dans une casserole la quantité de sauce allemande nécessaire, pour qu'une fois les autres substances dedans vous ayez de quoi remplir votre croûte; joignez à votre sauce de beaux champignons bien tournés et bien blancs; faites-leur faire deux ou trois bouillons; retirez votre casserole du feu, et liez votre garniture avec un jaune d'œuf, mélangé d'un peu de beurre fin et de quelques gouttes de citron; ce tout bien mêlé, vous le versez dans votre casserole en faisant sauter le contenu pour lui faire prendre un corps parfait; garnissez alors votre croûte et servez chaud.

Petits Pâtés au jus.

Garnissez de pâte à foncer des petits moules à brioches cannelés; piquez partout votre pâte; remplissez ces petits moules de godiveau gras mouillé; faites ensuite une abaisse de rognure de feuilletage sur laquelle vous enlevez à l'emporte-pièce de petits couvercles que vous placerez sur chacun de vos moules; dorez-les bien; rayez-les au besoin et relevez-les sur des plaques; mettez à four ordinaire et cuisez-les de couleur blonde; sortez-les du four; enlevez à chacun son couvercle; ôtez le godiveau; coupez-le par petits morceaux; mettez alors dans une casserole un peu de sauce espagnole; faites-lui prendre un bouillon et jetez-y vos morceaux de godiveau; ajoutez champignons blanchis, cervelle, ris de veau cuits à l'avance; faites-leur jeter un seul bouillon dans cette sauce; assaisonnez de nouveau si besoin il y a, puis versez cette garniture dans vos petits pâtés; recouvrez-les et servez chaud.

Croustade parisienne.

Garnissez des petits moules à darioles de pâte à foncer abaissée très mince; piquez-la bien; remplissez ces petits moules de farine ordinaire ou de noyaux de cerises, afin qu'ils puissent conserver leur forme pendant l'action du four; prenez quelques rognures de feuilletage, faites-en une abaisse; enlevez dessus des petits couvercles que vous relèverez sur une tourtière; dorez-les bien et mettez-les en même temps que vos croustades à four ordinaire. Comme le feuilletage sera plutôt cuit que la pâte à foncer qui garnit vos petits moules, retirez-les aussitôt de couleur blonde; un instant après, retirez également vos croustades; videz-les, nettoyez-les bien, et démoulez-les en les renversant sur des tourtières; dorez-les partout; remettez-les au four jusqu'à couleur blonde; retirez-les de nouveau, et garnissez l'intérieur de même appareil que pour les petits pâtés au jus; posez sur chaque croustade son petit couvercle; dressez-les sur un plat et servez de suite.

Bouchée à la reine.

Enlevez sur une abaisse de feuilletage à six tours de six millimètres d'épaisseur les petits ronds qui vous seront nécessaires. L'emporte-pièce avec lequel vous enlevez ces petits ronds doit être cannelé et de quinze centimètres de diamètre; retournez ces petits fonds sur un plafond de cuivre étamé et légèrement humecté; dorez bien le dessus, et avec un emporte-pièce uni et plus petit que le premier, marquez son empreinte jusqu'à demi-pâte pour ne pas atteindre le fond; rayez légèrement ce dernier petit rond, et mettez à four ordinaire jusqu'à élévation complète et de couleur blonde; sortez-les du four, et avec la pointe d'un couteau enlevez le petit couvercle que vous avez incisé sur votre pâté et qui se détachera facilement. Comme il vous faut un vide pour y placer une garniture, enlevez un peu de la mie du milieu de votre pâté et au-dessous du couvercle; remplissez alors l'intérieur par une garniture semblable à celles des croustades.

Ces petites bouchées doivent être tenues constamment chaudes jusqu'au moment de servir.

Bouchée aux huîtres.

La croûte est la même que celle ci-dessus; la garniture se compose d'huîtres blanchies dans un court bouillon au vin blanc; lorsqu'elles sont égouttées, placez-les dans une sauce verte avec quelques champignons; mettez-la cinq minutes en ébullition; retirez aussitôt, et liez cette garniture avec un jaune d'œuf en la sautant plusieurs fois; assaisonnez de nouveau si besoin il y a; garnissez-en vos bouchées, que vous recouvrez de leurs petits couvercles, et servez tout de suite.

Petits Pâtés hors-d'œuvre.

Disposez une abaisse de feuilletage à six tours de quatre millimètres d'épaisseur; enlevez de dessus, avec un emporte-pièce uni de dix-huit centimètres de diamètre, les petits fonds qui vous seront nécessaires; réunissez vos rognures de feuilletage; donnez-leur de nouveau deux tours; enlevez sur cette abaisse, avec un emporte-pièce de seize centimètres de diamètre, autant de petits fonds que la première fois; relevez ces derniers sur une tourtière légèrement humectée; mouillez ces petits fonds; placez au centre de chacun, gros comme une aveline, de godiveau mouillé; couvrez-les avec les autres fonds et faites-les joindre par la pression d'un plus petit emporte-pièce ; dorez-les bien ; doublez votre tourtière pour éviter l'action trop vive du four ; mettez-les à four ordinaire ; aussitôt leur élévation complète et de couleur blonde, sortez-les du four, mettez-les à l'étuve ou servez immédiatement.

Sandwiches.

Coupez dans un pain de mie des petites tartines de trois millimètres d'épaisseur sur cinq centimètres de longueur et de trois centimètres de largeur ; étendez sur ces tranches une petite couche de beurre fin salé légèrement ; coupez de même jambon de Bayonne, veau ou foie gras ; placez-en un morceau entre deux tartines ; égalisez bien le tout et dressez-les au moment de servir.

Ces sandwiches se garnissent de plusieurs manières ; cela dépend du goût.

CHAPITRE VIII.

PATÉS FROIDS.

Epices.

L'épice est composée de différentes drogues aromatiques orientales et européennes ; l'une et l'autre de ces plantes doivent être extrêmement sèches et se préparent ainsi :

Vous mettez dans un mortier trente grammes de clous de girofle, vingt grammes de muscades, trente grammes de poivre, quarante grains de macis, quinze grammes de cannelle, vingt grammes de gingembre, vingt-cinq grains de thym, trente grammes de laurier, vingt-cinq grammes de sariette, dix grammes de feuilles de ronce, vingt grains de coriandre, trente grammes de basilic et trente grammes de marjolaine, le tout bien pilé, réduit en poussière ; passez-les ensuite dans un tamis de soie, et renfermez cette poudre dans une boîte en fer-blanc que vous couvrez hermétiquement.

Nota. — A défaut de plusieurs de ces ingrédients on peut également obtenir de bonnes épices, seulement cette préparation donne l'épice dite extra fine.

Jambon de Bayonne.

Coupez et détachez le manche d'un jambon de Bayonne ; enveloppez votre jambon dans un torchon bien blanc ; réunissez les quatre coins

du torchon et serrez fortement; placez-le ensuite dans une grande casserole pleine d'eau; ajoutez-y ognons, carottes, ail, bouquet garni, clous
de girofle, muscade et un peu de foin; mettez votre casserole sur le
feu; couvrez-la; lorsque le contenu sera en ébullition, modérez l'ardeur
de votre fourneau, pour que votre jambon continue à cuire pendant
six heures environ: ce temps révolu, piquez avec une lardoire; si cette
dernière y pénètre assez facilement, retirez votre casserole; égouttez
votre jambon; retirez-le du torchon; désossez-le avec soin; relevez-le
aussitôt dans une terrine de grandeur proportionnée à votre jambon
pour qu'il en prenne bien la forme; ayez soin de placer la couenne en
dessous; couvrez-le d'une tourtière d'un ou deux centimètres moins
large que la terrine, et placez dessus un poids quelconque pour bien le
presser; laissez-le ainsi pendant douze heures environ, et sortez-le de la
terrine pour le placer sur un plat.

Manière d'apprêter et de parer les farces et garnitures de pâtés avec les morceaux de veau dont est composé un cuissot.

Lorsque vous avez désossé un cuissot et que tous les morceaux en
sont bien détachés, enlevez la peau de dessus, plus les nerfs et les fibres; lorsque les parties sont bien nettes, coupez une bande de lard;
faites-en des lardons de huit centimètres de long sur un centimètre de
large; garnissez-en bien vos morceaux de veau sur leur longueur (au
moyen d'une lardoire à cet effet); lorsque le tout est bien garni, coupez
les bouts de lard qui dépassent; relevez vos morceaux de veau dans
une terrine; puis parez avec le plus grand soin les débris qui proviennent de ces mêmes morceaux; les peaux et les nerfs servent pour faire
le jus, et les parures pour faire la farce ordinaire; joignez à ces débris
tous les morceaux de lard que vous avez rogné; toutes ces parures réunies composent votre farce, comme on va le voir aux articles suivants.

Farce ordinaire.

Ajoutez à vos parures de veau une égale quantité de lard frais; assaisonnez d'épices; mettez le tout dans la mécanique ou sur le hachoir,
et au moyen de couteaux (dits feuilles) hachez bien menu; assaisonnez;
relevez ce hachis dans un mortier; pilez et mouillez-le ensuite en y
versant par petites quantités un bon jus pris en gelée; le tout bien
mêlé doit vous donner une farce d'un corps parfait et d'un goût déli-
cieux. Si vous devez vous en servir pour pâté truffé et que vous ayez
des pelures de truffes, joignez-les à votre farce en les y mêlant parfaitement.

Farce fine pour pâtés de volailles.

Prenez un demi-kilog. de noix de veau, un demi-kilog. de lard frais, les bas morceaux et les foies de vos volailles ; hachez le tout bien menu; assaisonnez d'épices fines ; puis pilez dans un mortier cent vingt-cinq grammes de bonnes truffes ; joignez-y ensuite votre hachis, et pilez le tout jusqu'à mélange parfait; mouillez cette farce en versant dessus par petites quantités du jus de viande pris en gelée ; lorsque votre farce a acquis beaucoup de corps, quoique étant bien mouillée, relevez-la dans une terrine.

Farce au gibier.

Désossez votre gibier; mettez les principaux morceaux de côté; prenez ceux inférieurs pour faire votre farce; ajoutez à ces morceaux, poids pour poids, du lard frais; hachez ce tout en y joignant quelques truffes ou parures; lorsque ce hachis est à l'état de farce, assaisonnez-le d'épices fines; relevez-le ensuite dans un mortier; pilez parfaitement et mouillez-le avec le sang de votre gibier; ajoutez-y un peu de vieux vin de Châblis ou de vieux cognac; lorsque cette farce a obtenu un corps parfait, mettez-la dans une terrine pour l'employer au besoin.

Farce de poissons.

Mettez dans une casserole cent soixante-quinze grammes de mie de pain ; versez dessus un quart de litre de lait ; mélangez à la spatule ces deux ingrédients ; posez votre casserole sur un feu ordinaire ; continuez à remuer jusqu'à ce que le tout soit en ébullition et qu'il forme panade; renversez-la sur un plafond ; étalez-la en couche mince et laissez-la refroidir.

Servez-vous ensuite de belles carpes vivantes, ou à défaut de celles-ci de soles, merlans, etc., etc.; enlevez les filets; parez-les, ne laissez ni arêtes ni écailles; pesez-en un demi-kilog. ou plus, selon votre besoin ; mettez-le dans un mortier ; pilez-le jusqu'à ce qu'il soit à l'état de farce; joignez-y un demi-kilog. de votre panade; continuez à piler pour bien mêler ces substances; ajoutez-y de nouveau, et toujours en pilant, deux cent cinquante grammes de beurre fin; lorsque le tout ne fait plus qu'un seul corps, assaisonnez-le d'épices fines, et mouillez cette farce avec six œufs, cassés et mêlés un à un, toujours par le travail du pilon; relevez alors le tout dans un tamis de crin, dit tamis à farce; puis avec le dos d'une cuillère en bois faites-la passer au travers du tamis; relevez-la ensuite dans une terrine; saupoudrez le tour à pâte de farine ; couchez-y votre farce par petites parties; roulez-la, et faites-en des quenelles que vous relevez sur un plafond ; mettez en ébullition une grande casserole d'eau salée légèrement; jetez-y toutes vos quenelles ; laissez-les jusqu'à ce qu'elles soient assez pochées, c'est-à-dire bien fermes, et égouttez-les dans une passoire.

Farce au beurre d'anchois.

Lavez à grande eau deux anchois; égouttez-les ; mettez-les dans un

linge pour bien les ressuyer ; écaillez-les ; ôtez les arêtes ; mettez les filets
dans un mortier bien propre ; pilez-les ; ajoutez-y deux cent cinquante
grammes de tétine de veau ; continuez à piler pour bien mêler ces deux
ingrédients ; joignez-y deux cent cinquante grammes de beurre fin ; ce
tout, bien pilé, doit vous donner un corps parfait ; jetez alors dedans
trente grammes d'épices, et mouillez cette farce avec quatre œufs cassés
et mêlés un à un ; relevez-la ensuite dans un tamis en crins, et, avec le
dos d'une cuillère en bois, faites-la passer à travers le tamis ; relevez
cette farce dans une terrine, et, sur le tour à pâte, faites-en des petites
quenelles que vous roulez et pochez comme les quenelles à l'article ci-
dessus.

Godiveau gras.

Prenez un demi-kilog. de noix de veau ou tout autre morceau faisant
partie du cuissot ; parez-le bien ; puis épluchez un kilog. de graisse de
bœuf (du rognon) ; choisissez cette graisse farineuse ; mettez-la de côté ;
hachez votre veau très mince ; pilez-le ensuite dans un mortier extrêmement propre ; hachez à part votre graisse ; relevez votre veau du mortier en le mélangeant à votre graisse ; hachez-le de nouveau ; lorsque ce
mélange est parfait, joignez-y quatre œufs, que vous cassez et mêlez un
à un afin de faire prendre du corps à votre hachis ; ajoutez trente
grammes de sel, épices fines, que vous y mêlez parfaitement ; détachez
votre godiveau en deux parties ; pilez chaque partie séparément et
réunissez-les ensuite ; relevez alors votre godiveau dans une terrine ;
laissez-le reposer pendant quelques heures, puis placez-le de nouveau
dans le mortier ; pilez-le pendant quelques secondes ; mouillez-le ensuite
avec de l'eau en hiver et de la glace en été ; d'une manière comme de
l'autre ne mettez eau ou glace que par petite quantité et en pilant con-
tinuellement afin de donner du corps à votre godiveau ; pour qu'il soit
mouillé à point, on doit pouvoir le coucher sur le tour sans qu'il s'af-
faisse ; ceci fait, relevez votre godiveau dans une terrine ; saupoudrez de
farine le tour à pâte ; couchez-y votre godiveau par petites parties, pour
ensuite le rouler et en former des quenelles ; relevez-les sur des plaques
de cuivre étamé ; mettez-les à four doux (1) ; laissez-les le temps nécessaire pour qu'elles se pochent et qu'elles se tiennent d'elles-mêmes, ce
que vous apercevrez lorsque, sortant du four, elles résistent au toucher ;
relevez-les aussitôt des plaques et placez-les dans une terrine ou sur un
plat.

Pâté de Paris.

Prenez, selon la grosseur que vous voulez donner à votre pâté, la
quantité de pâte à dresser nécessaire ; moulez-la dans vos mains en

(1) A défaut du four, pochez-les dans l'eau bouillante (*voir* quenelles, poissons.

forme de boule; abaissez-la au rouleau, sur le tour, à un centimètre d'épaisseur; faites au centre, en appuyant avec le pouce, un rond de la grandeur que vous voulez donner à votre pâté; puis, remontez le tour de votre pâte en lui faisant prendre, par la manipulation, la forme de tour étranglée; relevez sur une tourtière légèrement beurrée, et garnissez le tour intérieur de votre croûte d'une bande mince de lard; ceci fait, prenez de la farce ordinaire; garnissez-en le fond de votre croûte d'une couche mince; préparez un morceau de noix de veau, que vous piquerez bien partout avec du lard frais; assaisonnez-le et placez-le dans votre pâte; puis, couvrez ce morceau de veau d'une nouvelle couche de farce sur laquelle vous mettez une tranche de jambon de **Bayonne** cuit, que vous masquerez elle-même par une nouvelle couche de farce sur laquelle vous ajouterez une bande de lard mince et une pointe de feuille de laurier; renfermez tous ces ingrédients par un faux couvercle fait de même pâte que le fond de votre pâté, et que vous y ferez adhérer en mouillant et en pinçant les bords de la crête; une fois bien soudé, rognez avec un couteau les parties qui dépassent; faites en dehors de votre croûte des dessins avec la pince à cet effet, et posez au-dessus un couvercle en feuilletage; dorez partout votre pâté; rayez le dessus en rosace et mettez-le à four ordinaire; cuisez bien blond; retirez du four, et faites pénétrer à l'intérieur, au moyen d'un entonnoir, le jus de viandes que vous jugerez nécessaire. La croûte de ces pâtés étant très difficile à dresser, il n'y a que le vrai praticien qui puisse y arriver. Nous ferons observer qu'on peut les foncer dans des moules à côtes ou en ployant la pâte dite à moule; la garniture est absolument la même, la croûte seule en diffère.

Nota. — Pour un pâté d'un kilog., une heure et demie de cuisson.

Pâté de volaille aux truffes.

L'abaisse est de même pâte et se dresse comme celle ci-dessus, ainsi que le faux couvercle, et le couvercle en feuilletage; désossez votre volaille avec soin; piquez-en les parties principales avec du lard fin; assaisonnez parfaitement au centre; mettez quelques truffes cuites au champagne ou vin blanc ordinaire, entières ou en tranches, ainsi que la quantité de farce nécessaire (*voir* Farce fine) pour remplir le vide, et réunissez vos morceaux en place, autant que possible suivant leur forme première, de manière à imiter une volaille non désossée; ceci fait, placez au fond et autour de l'intérieur de votre pâté une bande de lard mince; enduisez le fond d'une couche de farce d'un centimètre d'épaisseur; posez dessus votre volaille; couvrez-la également d'une couche de farce; puis appliquez dessus une tranche de jambon de **Bayonne** cuit; recouvrez de nouveau d'une couche de farce, d'une barde de lard, d'une pointe de laurier, et enfin de votre faux couvercle (*voir* Pâté de Paris); pincez la crête et le tour de votre croûte; humectez légèrement le dessus et placez-y votre couvercle en feuilletage; dorez également partout; rayez en rosace le dessus de votre couvercle; faites-y un trou au centre, tant pour y faire pénétrer votre jus de viandes que pour permettre l'évaporation nécessaire à la cuisson; mettez à four chaud; tenez bien blond.

Un pâté d'un kilogramme doit rester au four une heure et demie environ; de deux kilog., deux heures, et dans la même progression pour les plus gros. Cinq minutes après que votre pâté aura été sorti du four, infiltrez par le trou du couvercle, et à l'aide d'un entonnoir, un bon jus de viandes bien chaud; bouchez aussitôt ce petit trou avec de la pâte et laissez refroidir.

On peut également faire ces pâtés dans des moules de formes rondes; on emploie alors de la pâte faite exprès (dite pâte à moules).

Pâté de lièvre aux truffes.

Dressez une croûte de même pâte que les précédentes, de forme ovale et de la grandeur nécessaire pour contenir votre lièvre; une fois qu'il aura été désossé, ainsi que les accessoires, qui forment environ un tiers en sus, comme nous l'avons dit pour le pâté de volaille, piquez avec du lard fin les plus fortes parties de votre lièvre; réservez avec beaucoup de soin le sang et le foie pour faire votre farcis; ceci préparé, le reste de l'opération, c'est-à-dire la manière de garnir, est semblable aux articles précédents; la cuisson, en raison de son volume, doit être de trois heures environ; aussitôt que votre pâté est cuit et sorti du four, infiltrez-y, comme il a été dit, un jus de gelée bien chaud, dans lequel vous aurez mis un petit verre de cognac; bouchez hermétiquement le trou qui a servi à l'infiltration, et laissez refroidir.

On peut également faire ces pâtés dans des moules à côtes et de formes ovales; dans ce cas, on emploie de la pâte faite exprès (dite pâte à moules).

Pâté de gibier aux truffes dit de Chartres et de Périgueux.

Ces pâtes se font avec faisans, perdreaux, cailles, bécasses, etc., etc., qui doivent être désossés sans perte et par morceaux les plus entiers possible; la pâte qui sert à dresser la croûte est la même que pour les pâtés de Paris, ronds ou ovales, suivant sa grosseur; chaque pièce de gibier représentant un certain volume devra être parfaitement piqué au lard fin, et les ailes, têtes et cous conservés très proprement pour les replacer au moment du service.

Passons à l'intérieur de notre pâté : réunissez les parements de gibier; assaisonnez-les et donnez-leur autant que possible leur forme première; n'oubliez pas surtout, pour qu'ils conservent leur grosseur naturelle, de placer au centre truffes et farces; avant de les placer dans votre croûte, bardez de lard le fond et le tour de votre pâte; posez dans ce même fond une couche de farce d'un centimètre d'épaisseur; placez dessus votre gibier sans le déformer; assaisonnez de nouveau et recouvrez-le d'une nouvelle couche de farce, puis d'une bande de lard enduite fortement de beurre et d'une pointe de laurier; recouvrez, pincez et dorez, comme il a été dit dans les articles précédents; la cuisson est proportionnée à la quantité contenue intérieurement.

Comme il faut que le goût du gibier ne se perde pas, il est essentiel de briser les os dans un mortier et de les faire bouillir une demi-heure environ dans le jus de viandes, que vous devez infiltrer après la cuisson; n'oubliez pas de le passer au tamis fin, afin d'éviter toute parcelle d'os; fermez hermétiquement le trou de l'infiltration. Reste à nous occuper de poser les ailes et la tête d'une manière naturelle sur le pâté, ce qui dépendra du goût du praticien; servez aussitôt froid.

Comme nous l'avons dit pour les autres pâtés, on peut se servir d'un moule et obtenir de même un très bon résultat.

Pâté aux mauviettes.

La forme et la croûte sont entièrement semblables et de même pâte que pour les pâtés de Paris; on devra cependant leur donner un tiers de moins d'élévation; l'intérieur se prépare comme suit : enlevez l'os dorsal de vos mauviettes en fendant primitivement la peau, l'écartant légèrement et en enlevant l'os des reins; videz-les; mettez de côté les foies, dont vous avez ôté avec beaucoup de soin le fiel sans le crever; pilez ensuite ces foies dans un mortier avec une farce fine, bien assaisonnée et mélangée de pelures de truffes; une fois le tout bien amalgamé, remplissez-en le ventre de vos alouettes; assaisonnez également le tout et recouvrez légèrement avec la peau; ceci fait, garnissez le fond et le tour de votre croûte d'une barde de lard mince; puis mettez au fond une couche de farce bien fine truffée, et posez dessus un rang de mauviettes; couvrez ce même rang d'une couche mince de truffes en tranches; appliquez sur ces truffes une deuxième couche de farce fine; remettez un deuxième rang de mauviettes, et continuez ainsi jusqu'à la hauteur où vous devez placer le faux couvercle; couvrez alors le tout avec une barde de lard; posez le faux couvercle et posez-le comme il a déjà été dit; pincez-le; dorez-le, etc., etc., comme pour les pâtés de gibier, et cuisez de même; n'oubliez pas d'infiltrer le jus de viande à l'intérieur lorsqu'il sera sorti du four.

Pâté de Rouen au veau piqué de jambon.

Faites une abaisse en pâte à dresser de la grandeur d'une plaque ordinaire; donnez-lui un centimètre d'épaisseur et relevez-la dessus; placez au centre, en forme carrée, longue, de manière à pouvoir l'envelopper avec votre pâte, une couche de farce ordinaire, bien assaisonnée et mélangée de truffes, de la longueur de trente centimètres sur vingt

de largeur; posez dessus une tranche de veau piqué au jambon de
Bayonne cru (gras et maigre); assaisonnez de nouveau et semez dessus
un persil menu; remettez une couche de farce, une couche de veau et
ainsi de suite jusqu'à la hauteur de six centimètres; enveloppez alors
ce mélange d'une barde de lard et remontez les côtés de votre abaisse
sur la longueur en la faisant croiser en dessus; faites-en autant sur la
largeur, et donnez à votre pâte, par une pression en dehors qui se fait
avec les mains, une forme bien unie, d'un carré long, imitant un bloc;
faites une seconde abaisse semblable et de même pâte que la première,
mais ne lui donnez que trois millimètres d'épaisseur; humectez le tour
et le dessus de votre première abaisse et appliquez la seconde par-
dessus; puis pincez avec les doigts le tour de votre pâte; dorez-la bien;
mouillez de nouveau le dessus seulement de votre pâte et appliquez-y
le véritable couvercle en feuilletage; dorez aussi ce dernier; rayez-le;
faites un trou au centre pour l'évaporation et faites cuire à four chaud;
il faut environ une heure et demie de cuisson; aussitôt sorti du four,
infiltrez-y du jus de viandes chaud au moyen d'un entonnoir et bouchez le trou du pâté avec de la pâte fraîche.

Pâté de lapin dit Jardinière.

Faites une abaisse de pâte à dresser de cinquante centimètres de
long sur vingt centimètres de large; relevez-la sur une plaque ordinaire; dépouillez et videz un jeune lapin; mettez le foie (après en avoir
extrait le fiel) et le sang de côté; faites une farce ordinaire, que vous
mouillez avec un bon jus; mêlez-y foie et sang; pilez le tout dans un
mortier; assaisonnez fortement et relevez dans une terrine; ceci fait,
pour que votre lapin, qui doit rester entier, ne se raidisse pas à la cuisson, brisez les os sans trop les mutiler ni les séparer, de manière à
pouvoir donner de la flexibilité; dans cet état, piquez-en toutes les
parties charnues avec du lard frais; puis, reprenant votre abaisse, vous
la garnissez d'un centimètre de farce sur l'emplacement que doit tenir
votre lapin, que vous poserez au centre, après l'avoir bien assaisonné et
rempli lui-même de hachis; masquez-en également le dessus et recouvrez le tout d'une barde de lard mince; reste donc à former votre pâté,
que vous aurez soin de tenir très long; appliquez une bande mince de
même pâte que la première dessus et autour, ce qui lui servira d'enveloppe; remontez ensuite les côtés de votre première abaisse en tous
sens et faites-les rejoindre dessus; puis dorez le tour; humectez le
dessus et appliquez-y un couvercle en feuilletage; dorez également;
rayez; mettez à four ordinaire, et cuisez une heure et demie environ. Il
est utile d'infiltrer du jus de viandes dans ce pâté.

Pâté de lièvre dit Gîte.

Servez-vous d'une terrine qui représente un lièvre au gîte (on en trouve facilement dans le commerce); garnissez le fond et le tour d'une barde de lard frais ; videz votre lièvre ; mettez de côté le foie et le sang ; désossez-le et pesez-en les chairs, que vous hachez menu en y joignant poids pour poids du lard frais ; mettez-y ensuite votre foie et quelques truffes ; assaisonnez bien et mouillez ce hachis avec le sang de votre lièvre ; versez-y aussi un petit verre de vieux cognac ; remplissez votre terrine de ce hachis et couvrez-le d'une bande de lard frais sur laquelle vous mettez un peu de laurier ; recouvrez alors votre terrine de son couvercle ; soudez-le avec un bourrelet de pâte pour empêcher l'évaporation ; mettez à four chaud pendant deux heures environ ; aussitôt retiré du four, versez dedans la quantité nécessaire de saindoux chaud et clarifié ; recouvrez alors votre terrine et laissez refroidir.

Ce pâté peut se conserver pendant quinze jours sans perdre de sa fraîcheur ni de son arome.

Petit Pâté pantin du prix de 40 cent.

Prenez un demi-kilog. de pâte à dresser, que vous séparez en quatre parties égales ; moulez avec le talon de votre main ces morceaux de pâte ; abaissez-les d'une forme ovale ; puis préparez cent vingt-cinq grammes moitié veau piqué, moitié farce ordinaire ; assaisonnez l'un et l'autre, et placez-les ensuite au centre de votre pâte ; relevez les côtés les plus étroits, de manière à envelopper votre veau ; abaissez les deux parties plates et relevez-les également ; placez votre pâté sur une tourtière ; mouillez légèrement le dessus ; posez-y un petit couvercle en feuilletage de forme carré long et à pans coupés ; dorez la superficie ; rayez le couvercle ; mettez à four ordinaire pendant une demi-heure et relevez sur un clayon.

Pâté de thon mariné.

Procurez-vous une ou plusieurs belles carpes bien fraîches ; nettoyez et videz-les ; lavez-les bien et laissez-les égoutter ; enlevez de dessus un kilog. de chair avec le plus grand soin, sans y laisser d'arêtes ; faites alors une panade composée d'environ sept cent cinquante grammes de mie de pain et d'un demi-litre de lait ; mettez le tout dans une casserole sur un feu doux ; remuez constamment ; aussitôt le premier bouillon, retirez-la du feu ; comme cette panade a pris beaucoup de corps, renversez-la sur le couvercle d'une casserole et laissez-la refroidir ; pesez en ce moment un kilog., poids égal à votre chair de carpe ; pilez cette dernière dans un mortier et ajoutez-y, lorsqu'elle est bien pilée, votre panade à laquelle vous ferez subir la même opération, afin que ces deux substances soient bien mêlée ; jetez-y alors trois cent soixante-quinze grammes de beurre fin ; recommencez à piler, et assaisonnez le tout avec trente grammes de sel et épices fines dans lesquelles il doit y avoir une forte partie de muscade ; puis mouillez cette farce avec quatre œufs entiers cassés un à un, et que vous y mêlez sans discontinuer de piler; relevez alors le tout dans une terrine jusqu'à ce que vous ayez fait une croûte pour le contenir. Cette croûte doit être dressée de cette manière : faites, avec de la pâte à dresser, un pâté de forme ronde et élevée, dans le genre des pâtés de Paris, et assez grand pour contenir le double de votre hachis; garnissez le fond et les parois intérieurs avec votre farce, et seulement d'un centimètre d'épaisseur; placez au centre un beau morceau de thon mariné, bien paré et assaisonné; enduisez-le entièrement de farce, et couvrez le tout d'un faux couvercle en pâte à dresser; pincez le tour du couvercle; humectez-le pour y poser des feuilles en même pâte, qui, une fois posées, doivent imiter la branche de laurier; comme il vous reste un vide au centre, faites un beau chou de même pâte que vos feuilles et posez-le comme ornement; pincez avec les pinces le tour de votre pâté; dorez-le bien et mettez-le à four chaud; faites cuire deux heures environ; aussitôt qu'il est sorti du four, clarifiez du beurre à la noisette, et infiltrez-le par le trou où se trouve placé le chou.

Ces pâtés peuvent également se faire dans des moules ronds et à côtes, la croûte dans ce cas se compose de pâte à pâté ordinaire.

Pâté de foie gras de Strasbourg.

Les pâtés de foie gras se font de deux manières, en terrine ou enveloppés d'une croûte, l'intérieur est toujours le même et se fait ainsi : prenez un kilog. de foie d'oies cru; retirez-en la moitié pour faire de la farce, mais ayez le soin de choisir les moins blancs et les moins fins; mettez ce demi-kilog. dans un mortier; pilez-le bien et relevez-le dans une terrine; mettez également dans ce même mortier, lorsque vos foies sont retirés, un demi-kilog. de foie de veau cru et bien blanc; pilez-le comme vous avez fait pour les précédents; joignez-y vos foies d'oies, et repilez de nouveau ces deux ingrédients, en y ajoutant peu à peu trois cent soixante-quinze grammes de beurre frais; assaisonnez et mélangez bien le tout; passez ensuite cette farce dans un tamis (dit à farce), en appuyant avec le dos d'une cuillère en bois; comme ces pâtés se garnissent ordinairement de truffes, et qu'il serait difficile, du moins impossible, de bien piler des pelures de truffes avec de la chair, vous devrez par conséquent mettre à part dans le mortier les pelures de truffes bien propres; pilez-les bien et longtemps; relevez-les et joignez-les à votre farce, sans piler de nouveau, mais en les mélangeant parfaitement.

Si c'est un pâté en terrine, garnissez le tour et le fond de bardes de lard et placez sur ce lard une couche de farce d'un centimètre; mettez sur cette couche de farce des foies et des truffes entières cuites au vin de champagne; faites toucher vos foies et vos truffes; assaisonnez cette couche d'épices fines; couvrez-la d'une deuxième couche de farce, et continuez l'opération jusqu'au haut de votre terrine; couvrez le tout

d'une belle barde de lard, et posez votre couvercle, que vous joindrez
hermétiquement avec un bourrelet en pâte ; mettez à four ordinaire ;
pour un pâté de deux kilog., il faut deux heures de cuisson ; pour quatre
kilog., trois heures ; lorsque vous avez retiré votre terrine du four, dé-
couvrez-la et versez-y, jusqu'à ce qu'elle soit pleine, du beurre liquide
clarifié ; replacez votre couvercle et soudez-le cette fois, pour l'élégance
et l'interruption de l'air, avec une feuille de plomb que vous adapterez
sur la jointure, soit au jaune d'œuf ou à la colle de pâte ; si votre pâté
doit être monté en croûte, vous faites une abaisse que vous dressez
comme pour les pâtés de Paris, seulement sa forme sera droite comme
un puits ; la garniture et l'arrangement sont exactement les mêmes que
pour la terrine ; lorsque la pâte est garnie, placez dessus un faux couvercle en pâte à dresser ; pincez-le à l'intérieur ainsi que le dehors de
votre croûte ; humectez votre faux couvercle ; placez-y une rosace en
feuilles découpées et surmontez le centre d'un petit chou ; ceci fait, et
pour éviter que la chaleur ne déforme votre ouvrage, entourez votre
pâté d'une feuille de papier blanc, fort, collé et bien beurré ; ficelez ce
pâté en forme de cercle et mettez-le au four ; la cuisson est la même
que pour les terrines ; seulement lorsque votre pâté sera cuit, retirez le
chou ; remplissez le pâté de beurre à la noisette, et replacez ensuite
votre chou.

Terrine de Nérac.

Préparez une farce et des perdreaux comme pour le pâté de Chartres
ou de Périgueux, la différence n'existe que de la terrine à la croûte ;
garnissez bien votre terrine d'une barde de lard et de quelques truffes ;
soudez bien le couvercle avec un bourrelet de pâte ; lorsque vous sortez
cette terrine du four, remplissez-la de jus de viandes ; pour quatre perdreaux, deux heures de cuisson à four ordinaire, etc.

Pâté anglais aux légumes.

Foncez avec de la pâte de ce nom de trois millimètres d'épaisseur un
plat ovale dit à pâté anglais ; garnissez-le avec des feuilles de joubarbe
et des légumes, tels que ognons, carottes, navets, poireaux, le tout
haché très menu ; ajoutez-y deux clous de girofle, quelques grains de
poivre long et de muscade râpée ; ceci fait, découpez un filet de bœuf
cru en tranches minces ; rangez-les en forme de couronne dans votre
plat en les posant par moitié les unes sur les autres ; assaisonnez fortement d'épices, et mettez au centre de ces tranches ognons et persil
hachés ; recouvrez votre plat d'un couvercle en pâte à foncer semblable
à votre fond, dont vous aurez eu le soin d'humecter les bords afin de
souder hermétiquement ces deux pâtes ; comme il faut pour la cuisson
que l'évaporation s'effectue, percez un trou au centre et infiltrez par
ce trou du jus de viandes ; remplissez-en votre pâté ; ne rebouchez pas

ORDRES:

Ionique.

le trou; mettez à four ordinaire pendant deux heures environ; tenez votre pâté de couleur blonde, et servez chaud.

Pâté de fruits.

Garnissez un plat à pâté anglais d'une abaisse de pâte à foncer de trois millimètres d'épaisseur; piquez partout votre pâte pour qu'elle ne travaille pas à la cuisson; saupoudrez légèrement cette abaisse de sucre en poudre; nettoyez ou enlevez les noyaux aux fruits que vous voulez y placer et qui sont ordinairement : pommes, poires, pêches, abricots, prunes, cerises, framboises et groseilles différentes; les gros fruits se coupent par tranches, les autres se mettent en entier; saupoudrez ces fruits de sucre fin; faites une deuxième abaisse; mouillez la première; faites-les joindre en appuyant partout avec les doigts pour bien enfermer vos fruits hermétiquement; dorez bien le dessus; faites un trou sur la superficie; mettez à four ordinaire pendant une heure environ; aussitôt blond et cuit, retirez votre pâté du four et laissez-le refroidir. On peut également, après la cuisson, infiltrer un sirop en rapport avec les fruits qui composent la garniture.

CHAPÎTRE IX.

DESCRIPTION GÉNÉRALE

SUIVIE DE LEURS DESSINS

DES SOCLES ET PIÈCES MONTÉES.

PREMIÈRE PARTIE.

DES SOCLES.

Socle riche.

Le fond sur lequel repose le socle est de pâte d'office glacé rose ; la bordure d'angélique, les trois gradins en pâte d'amandes : le premier glacé vert, le second rose, le troisième blanc, et tous trois décorés de glaces différentes ; le socle est en pastillage découpé sur carton ; placez-

---

SUJETS DE LA PLANCHE Ire.

Le nº 1 représente un socle riche.
Le nº 2, un socle fontaine.
Le nº 3, un socle torsade avec colonne orientale.
Le nº 4, un socle vénitien.

1

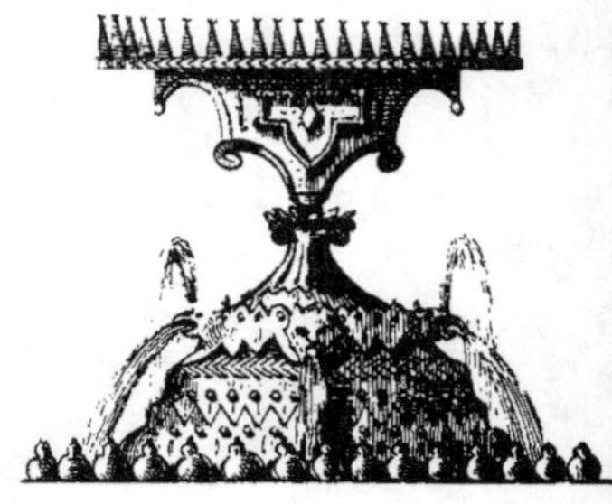

2

3

4

le et décorez-le de glace coloriée; le plafond est de pâte d'amandes, glacé rose, orné d'une bordure de pâte anglaise; sous cette bordure, vous en mettez une autre en angélique taillée en dents de loup.

On doit, pour donner de la solidité à tous les socles, placer au milieu une colonne en pâte d'office sur laquelle on fait adhérer tous ces ornements au moyen d'un cornet garni de pâte à repérer.

S'il arrive que votre colonne soit visible à de certaines places, faites-y quelques raccords avec de la glace royale.

Socle fontaine.

Faites dans un grand moule dit savarin, que vous foncez de pâte d'office, un bassin, glacé vert, sur lequel vous posez votre premier gradin, également en pâte d'office et glacé blanc; puis vient le second gradin, toujours de même pâte, que vous foncez dans un moule à corbeilles pour lui donner une forme étranglée; glacez celui-ci rose, puis placez sur les quatre faces quatre têtes, deux de griffon et deux de lion, qui jettent chacune par leur gueule un filet d'eau qui va se perdre en tombant dans le bassin qui se trouve à la base de votre pièce; placez ensuite sur ce piédestal deux autres petites corbeilles renversées en sens inverse et posées l'une sur l'autre; glacez-les blanches et décorez-les de filets roses. Le fond qui reçoit la pièce est aussi en pâte d'office coloriée de sucre vert, bordé de rose et orné d'une galerie d'angélique taillée en dents de loup; placez alors votre socle sur un fond d'office de quatre millimètres d'épaisseur; coloriez-le de sucre vert, et faites autour une guirlande de pâte anglaise, découpée dans un moule à bordures à jour.

Socle torsade avec colonnes à l'Orientale.

Ce socle se trouve divisé en deux parties : la première comprend la colonne et sa garniture; la seconde les ornements en relief qui l'entourent; le fond qui supporte le sujet est de pâte d'office, de cinq millimètres d'épaisseur; une colonne, également de pâte d'office et de forme ronde, unie, de six millimètres de diamètre, prend naissance au milieu de ce fond et monte en ligne directe pour supporter le plafond; il est nécessaire de les tenir à un niveau régulier; le plafond doit être de quelques centimètres moins grand que le fond. Les ornements qui garnissent votre colonne sont faits en pastillage, découpés sur carton, et se trouvent superposés les uns sur les autres, ce qui donne au socle le double de solidité; les parties en relief sont également en pastillage, découpées par le même procédé que ci-dessus, et placées par tiers de manière à ce qu'elles se soutiennent l'une par l'autre; faites ensuite les raccords au cornet, et bordez chaque relief de petits filets avec imitation de feuilles renversées.

Le fond se garnit d'une bordure représentant une guirlande (en glace) à triples filets, et le plafond d'un rang d'angélique taillée en dents de loup.

Socle Vénitien.

Le bassin est fait en pâte d'office, ainsi que le fond sur lequel il est placé; une petite plate-forme ronde est posée de niveau sur le bassin et reçoit une fontaine carrée d'où s'échappe, sur chaque partie et au milieu, un filet d'eau qui tombe dans le bassin; une petite galerie couronne la fontaine; mettez au milieu une tour, sur laquelle s'adapte une corbeille renversée, faite de pâte d'office glacé rose, qui reçoit par le haut le plafond; ce dernier est orné d'une bordure en pastillage, découpée à l'emporte-pièce à jour, imitant des cœurs enflammés.

Toutes les parties du socle sont de nuances différentes et se trouvent tatouées de toutes parts; ne pas charger les couleurs et faire dominer le blanc.

La bordure du bas-fond est de pâte anglaise et de feuilles découpées à l'emporte-pièce à jour.

Socle moderne.

Le fond qui sert de base à votre socle est de pâte d'office glacé vert; la bordure, de pâte anglaise; le pied, de pâte d'amandes, glacé rose et décoré de filets blancs; le socle est de pastillage blanc, découpé sur des modèles en carton; le plafond est de pâte d'office, glacé vert; la bordure renversée est d'angélique taillée en dents de loup, et la galerie du haut en pâte anglaise à jour.

Socle Grec.

Le fond est en pâte d'office glacé blanc; la bordure, en guirlande quadruple, est de glace royale poussée au cornet, que l'on fait sur le plafond en le tenant renversé sur une bouteille, ou un pot à confiture haut de forme; le premier gradin du socle est en pâte d'office glacé rose, décoré et garni d'ornements en glace blanche; le second gradin est de pâte d'amandes glacé vert, décoré de petits filets blancs; les genouillères sont en pastillage, découpées sur carton; le socle est soutenu par une colonne en pâte d'office glacé blanc, sur laquelle on rapporte des ornements en pastillage, découpés en relief; le plafond de pâte d'office glacé rose, orné par le bas d'une guirlande de filets en glace royale poussée au cornet; la galerie du dessus est en angélique dé-

---

SUJETS DE LA PLANCHE II.

Le nº 1 représente un socle moderne.
Le nº 2, un socle grec.
Le nº 3, un socle renaissance.
Le nº 4, un socle régent.

1.

2.

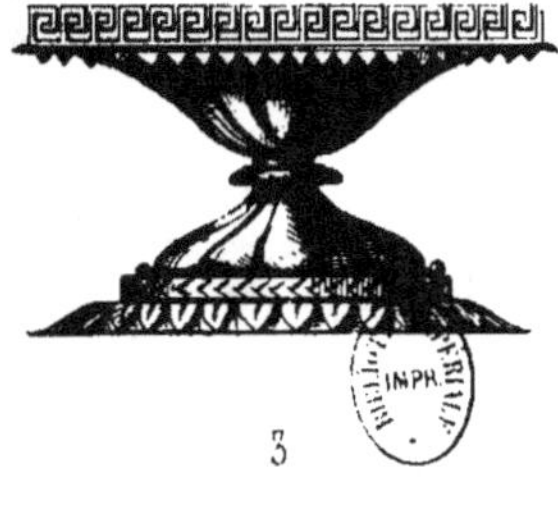

3.

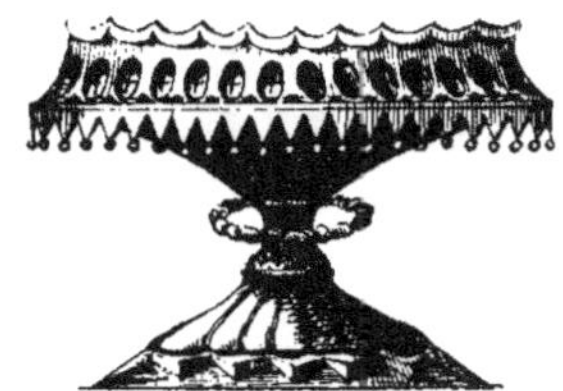

4.

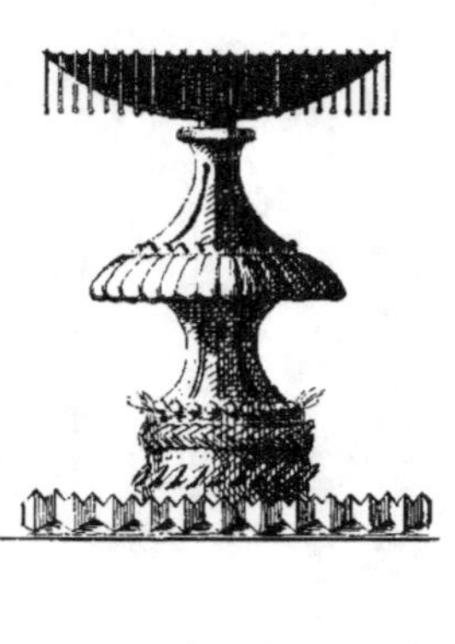

1

2

3

4

coupée en dents de loup et glacée au grand cassé; les anses sont de sucre coulé et roulé en torsade.

Socle Renaissance.

Le fond et le gradin, qui se trouvent superposés, sont en pâte d'office glacés blanc et décorés rose; le socle se compose de deux coupes évasées, renversées l'une sur l'autre, faites en nougat ordinaire, qu'on recouvre d'un panaché; le plafond est de pâte d'office, colorié vert et garni d'une bordure en pâte anglaise à jour; la bordure qui entoure le fond est en pastillage à jour.

Socle Régent.

Les deux coupes qui forment le socle sont en pâte d'office glacé rose, décorées de filets blancs; la douille qui se trouve placée entre est également en pâte d'office glacé vert; la couronne qui l'entoure est de carton découpé et décoré en guirlande; elle se tient à la douille par quatre filets transversaux; placez sur le socle votre plafond d'office glacé vert et orné en dessus d'une galerie d'angélique taillée en dents de loup; posez ensuite sur votre socle une couronne pleine qui en fait le tour et se trouve élevée de quatre centimètres au-dessus du plafond, qui doit lui-même être orné d'une garniture très légère en dessus, bordée d'une guirlande en glace royale.

Grande coupe à double pied pour garnir de meringues.

Le premier plan est en pâte d'office, dressé dans un moule à pâté rond glacé vert; le second est également de pâte d'office glacé rose, moulé sur un pied de corbeille; la coupe et son pied sont en nougat ordinaire; la bordure, d'une guirlande en glace royale; le plafond, de pâte d'office glacé blanc, orné d'une bordure en pâte anglaise. Cette pièce se dresse sur un fond orné d'une seconde bordure en glace royale poussée au cornet; placez ensuite dans votre coupe, en les superposant, des meringues ordinaires, garnies intérieurement d'appareil frappé.

Socle à trois pans avec rinceaux et coupes.

Le socle avec ses deux gradins sont en pâte d'office, le premier glacé vert et le second blanc; les rinceaux de pastillage, découpés sur planche

---

SUJETS DE LA PLANCHE III.

ou sur carton; la coupe, en pâte à frol glacé rose; le fond sur lequel se trouve placé le socle est en pâte d'office; la bordure en pâte anglaise, découpée à l'emporte-pièce plein; puis coloriez votre fond rose tendre.

Socle avec griffons et pâte.

Le fond est en pâte d'office, colorié au sucre rose; la bordure en angélique; le socle et ses deux gradins sont en pâte d'amandes, glacés blancs; les griffons en pastillage, découpés sur planche, et la coupe en nougat, parsemée d'un panaché.

Socle avec cygnes et coupe.

Les deux petits supports sont en pâte d'office, le premier glacé blanc et le second glacé vert; les cygnes sont en pastillage, la coupe et sa colonne en nougat ordinaire; le fond en pâte d'office, colorié rose; le plafond en pâte d'office, colorié vert, et les bordures en pastillage, découpées à l'emporte-pièce plein.

Socle en coupe.

Le fond est de pâte d'office, colorié rose, et bordé d'une galerie en pastillage, découpée dans un emporte-pièce petite croix; le premier et le second compartiment du socle sont deux pieds de corbeilles en pâte d'office, bien posés l'un sur l'autre; le troisième compartiment est une corbeille de même pâte; coloriez ces trois pièces de glace ou de sucre de différentes couleurs; pointillez chaque jointure pour trancher les nuances; placez sur votre socle un fond d'office, colorié blanc; garnissez le tour, haut et bas, de deux guirlandes en glace blanche, garnies de petites pointes vertes.

Socle flamand.

Le pied est une corbeille gros cannelon faite de pâte d'office, que l'on renverse sur un fond de même pâte coloriée rose, et que l'on entoure d'une galerie de petits pics en pastillage, découpés à l'emporte-pièce plein; une seconde bordure entoure le pied du socle et se fait avec des petites couronnes en feuilletage à blanc. La seconde partie est également de pâte d'office, dressée dans un moule à pâté rond; détachez ces deux parties par une guirlande de fleurs découpées sur papier-carton; décorez d'une glace royale rose; placez sur le dessus un bassin, toujours de

---

SUJETS DE LA PLANCHE IV.

Le nº 1 représente un socle en coupe.
Le nº 2, un socle flamand.
Le nº 3, un socle marquise.
Le nº 4, un socle Richelieu.

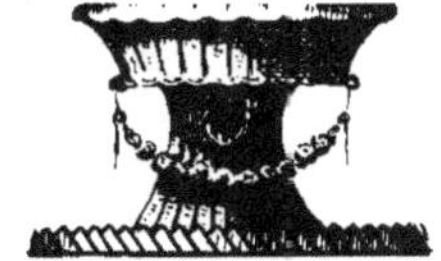

1   2

3   4

1

2

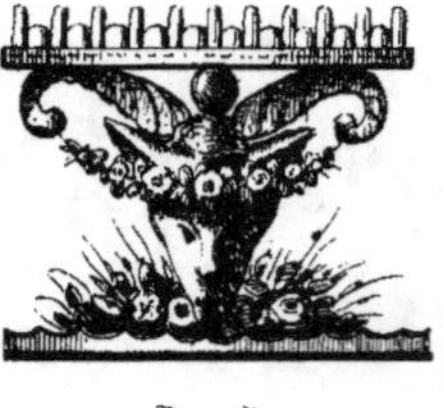

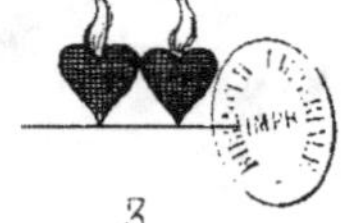

3

4

dessin de Bailleux.

pâte d'office. Chaque partie se glace de nuance différente et se décore de feuillage avec branches; puis, pour terminer, posez sur votre bassin un plafond d'office glacé vert, entouré haut et bas d'une guirlande de fleurs découpées sur carton et garnie de glaces de différentes couleurs.

Socle marquise.

Le pied ressemble à celui d'une corbeille fait en pâte d'office, glacé rose, et décoré de filets blancs; la seconde partie est une petite coupe plate, également de même pâte, glacé vert, et que l'on renverse sur le pied; la troisième partie, toujours même pâte, glacé rose, c'est un vase dit Anglais, garni d'une guirlande très basse faite de glace royale poussée au cornet; posez sur votre vase un fond d'office, colorié rose, garni tout autour d'une galerie d'angélique taillée en dents de loup; placez ce socle sur un fond de pâte d'office, colorié vert, entouré d'une bordure à jour faite de feuilletage à blanc.

Socle Richelieu.

Le socle se compose de deux pieds de corbeille en pâte d'office, renversés l'un sur l'autre et glacé de différentes nuances; séparez-les au milieu avec une petite douille plate glacée et décorée. La couronne qui se trouve au centre est de parpier-carton, découpée en guirlande et décorée de glace royale; le fond est en pâte d'office, colorié rose, bordé tout autour d'un petit trèfle en pâte anglaise; le plafond est de même pâte que le fond; parsemez-le de sucre vert, et ornez-le du haut et du bas de deux guirlandes à quadruple filets en glace royale, poussée au cornet.

Socle champêtre.

Le socle est d'une seule pièce qui se pose sur un fond d'office, glacé blanc, bordé d'une galerie d'angélique taillée en dents de loup; le sujet est une coupe gros cannelon, très haute de forme et à bord renversé, glacé vert; placez au pied un petit champ d'herbes composé de branches et de feuilles d'angélique, et de fleurs en sucre coulé; posez sur votre coupe un plafond en pâte d'office colorié rose, et bordé en haut et en bas de guirlandes en glace royale poussée au cornet.

SUJETS DE LA PLANCHE V.

Le nᵒ 1 représente un socle champêtre.
Le nᵒ 2, un socle griffons.
Le nᵒ 3, un socle mérinos à double tête.
Le nᵒ 4, un socle composé de trois S.

Socle griffons.

Les griffons sont en pastillage; la coupe qui se trouve placée au milieu est de pâte d'office, glacée rose; le fond est de même pâte, glacé vert, entouré d'une bordure de petites meringues-moelleuses, et le plafond en pâte d'office, glacé rose, entouré de bordure en glace faisant guirlandes quadruples.

Socle mérinos à double tête.

Le fond est en pâte d'office, colorié rose, bordé de petits cœurs enflammés; le socle est composé de deux têtes de bélier, en pastillage, rapprochées l'une contre l'autre en sens inverse; le front des béliers est orné d'une guirlande de fleurs tombant sur les cornes; la guirlande est découpée sur papier-carton et décorée de glace royale. La figure des béliers est entourée de petits feuillages légers, et le plafond est en pâte d'office, glacé vert, orné d'une guirlande de glace royale tirée d'un simple filet.

Socle composé de trois S.

Le fond sur lequel est posé le socle est de forme ronde, glacé ou colorié vert; les S sont dressés sur un bâton qui se trouve placé au centre du fond et montent en ligne directe pour soutenir le plafond qui doit recevoir la pièce; le plafond est orné d'une double bordure montante et tombante, le fond d'une même bordure toute simple. Le tout est en pâte d'office.

DEUXIÈME PARTIE.

DES PIÈCES MONTÉES.

Rocher en meringues surmonté d'un jet d'eau en sucre filé.

En général, toutes les pièces montées se collent au sucre cuit au cassé, à l'appareil de glace royale ou à la pâte à repérer; elles ont pour soubassement un fond en pâte d'office, toujours de quelques centimètres plus large que la pièce elle-même.

Nous allons expliquer cette pièce dans tous ses menus détails, pour éviter de nous répéter trop souvent aux autres sujets; nous nous bornerons à indiquer seulement de quelle sorte et de quelle nature sont formés chaque ingrédient qui la composent. Nos dessins s'adressent à des praticiens, ils nous comprendront facilement par la nomenclature de chaque pâte et la description des ornements qui la décorent.

Pour le rocher en meringues représenté planche VI, figure 1re, moulez dans votre main et sur le tour un morceau de pâte d'office; abaissez-le de six millimètres d'épaisseur, rond ou ovale selon votre désir, et de la grandeur proportionnée à votre pièce; relevez-la sur une tourtière bien droite; égalisez le tour; piquez votre pâte de toute part; dorez-en la superficie; cuisez à four ordinaire; tenez bien blond; aussitôt sortie du four, placez-la sur une table de marbre ou de bois exces-

---

SUJETS DE LA PLANCHE VI.

Le no 1 représente un rocher en meringue, surmonté d'un jet d'eau en sucre filé.

Le no 2, un rocher cascade grande évolution.

Le no 3, une vue de falaise sur les bords de la mer, d'où s'échappe une chute d'eau.

Le no 4, un rocher en biscuit colorié, surmonté d'un jet d'eau en sucre filé.

sivement droite; mettez-la sous presse; faites ensuite avec de la pâte à froll un grand cornet; renversez-le sur un fond d'office et bien au centre; ce cornet vous servira de point d'appui aux objets que vous y ferez adhérer; n'oubliez pas qu'il doit être fait dans un moule forme d'entonnoir; une fois posé au centre de votre fond, fixez-le avec du sucre au cassé; prenez alors des coques de meringues, que vous placez une à une autour de votre cornet, en commençant par le bas; posez-les de manière à imiter, autant que possible, la forme d'un rocher ardu, finissant en pointe vers l'extrémité; chaque coque, avant d'être placée, doit être trempée dans le sucre cuit au grand cassé et seulement par le bout qui doit adhérer au cornet.

Lorsque vous avez atteint la forme désirée ou celle approximative de la figure première, il vous restera à vous occuper de votre jet d'eau, qui couronne la superficie du rocher. Pour cela, il faut avoir fait une certaine quantité de sucre filé; ce dernier étant l'ingrédient qui représente le mieux l'eau, on devra dans ce cas en faire usage partout où il sera nécessaire. On peut lui donner la forme que l'on désire sans crainte de le briser, car il reste toujours dans un état de glu, qui, **frappé par** l'air, n'en dessèche que la superficie; prenez-en la quantité que vous croirez nécessaire pour former le point de départ du jet d'eau, tournez les filets sur eux-mêmes, entre vos doigts que vous tenez arrondis à un centimètre de hauteur, ou un peu plus élevés si vous le jugez convenable; ces filets doivent imiter parfaitement l'eau qui n'est pas encore séparée et qui sort avec force et en quantité d'un tube; rapprochez **tous** vos filets, donnez-leur une forme montante, arrondie et évasée **par le** haut, retombant naturellement sur le rocher. Le côté le **plus serré de** vos filets doit être au départ du tube et les plus détachés en retombant; si ces filets ne se perdent qu'à la moitié de votre pièce, **mettez plus bas,** à partir de chaque cavité, quelques légers filets imitant la **cascade, et** remplissez de ce même sucre tous les endroits creux, afin de figurer l'eau qui va se perdre à la base de votre pièce.

Entre vos meringues, qui forment le premier et le deuxième rang, il existe des jonctions, des trous mêmes qui laisseraient apercevoir le travail qu'emploie l'artiste; profitez-en, et faites partir de ces cavités, sans profusion cependant, quelques morceaux d'angélique taillés en forme de joncs, de branches de lys ou de feuilles aquatiques; donnez-leur, le plus possible, une forme naturelle. Je répète qu'il faut éviter la profusion, quatre ou cinq endroits de votre pièce devront être seulement garnis de verdure, car vous n'ignorez pas qu'il pousse très peu de plantes sur un rocher.

Votre travail, ainsi préparé, doit avoir toute la **tournure de la** figure 1re; restera à poser la bordure, soit en pâte anglaise ou pastillage, l'une ou l'autre à jour; vous les collez par le même procédé que vos coques de meringues, et vous les placez sans interruption **autour** de votre fond d'office; ceci terminé, il existe quelques places blanches

1

2

3

4

qui se voient à distance sur votre fond ; masquez-les en parsemant dessus du sucre colorié, et posez-y quelques morceaux de meringues arrachés et non coupés. Lorsque votre rocher est sur la table, dressez de chaque côté un compotier de crême Chantilly, sucrée et vanillée.

Rocher cascade grande évolution.

Préparez un fond en pâte d'office de grandeur suffisante ; posez dessus, et en forme de rocher, des morceaux de biscuits de Savoie superposés les uns sur les autres ; tenez-les large à la base de votre pièce, et allez toujours en diminuant vers l'extrémité ; prenez ensuite de l'appareil à meringues fines (*voyez* Appareil), et au moyen d'une poche masquez vos morceaux de biscuit le moins régulièrement possible ; laissez sur un côté de votre rocher un vide que vous remplirez avec des petits filets en meringues en imitant une cascade à trois étages, étroite du haut et large du bas ; saupoudrez de sucre glace toute la superficie de votre pièce ; faites-la sécher à l'étuve ; lorsque votre meringue résiste au toucher, retirez votre rocher ; faites alors un feu de bois très clair ; mettez votre pièce à côté ; cotoyez-la de temps en temps, de manière à varier la nuance ; tenez les parties foncées de couleur bien blonde ; formez ensuite aux jonctions de vos petites roches des bouquets de verdure que vous imiterez avec des branches d'angélique ; placez autour de votre fond une bordure d'angélique taillée en dents de loup, que vous collerez avec du sucre cuit au cassé, et parsemez de sucre vert l'intérieur de cette même galerie, de manière à ne laisser voir aucune place blanche.

Vue d'une falaise sur les bords de la mer d'où s'échappe une chute d'eau.

Dressez en pâte à frol une carcasse approchant la grosseur de votre sujet ; mettez-la sur un fond plat en pâte d'office de forme ovale, et de grandeur selon votre besoin ; masquez toute la superficie de petits morceaux de génoise mate, qui, au préalable, aura dû être faite dans une caisse ; arrachez-les par petites parties et trempez-les dans du sucre cuit au grand cassé pour les faire adhérer à votre carcasse ; puis avec un appareil de meringue fine, que vous mettez dans une poche, imitez le dessin de cette planche ; saupoudrez ensuite de sucre glace ; allumez aussitôt un feu de bois très clair ; placez votre falaise assez éloignée pour pouvoir la colorier sans trop la foncer ; laissez de loin en loin des parties blanches, ce qui lui donnera un transparent naturel ; placez alors à la base de votre pièce un champ d'herbes et des petites branches garnies de feuilles ; imitez-les avec de l'angélique ; laissez seulement au bord de votre fond d'office un espace assez large pour y fixer une galerie en pâte anglaise ou en pastillage.

Si cette pièce n'était pas pour être dressée de suite, tenez-la dans un endroit chaleur d'étuve.

Rocher en biscuit surmonté d'un jet d'eau en sucre filé.

Prenez un demi-kilog. de pâte à biscuits ordinaire (*voir* Pâte); séparez-le en trois parties égales; mélangez à chacune d'elles, en le mêlant légèrement, un carmin rose, vert et jaune; beurrez et farinez trois caisses (dites à manquer), que vous remplissez de votre pâte; mettez à four ordinaire; cuisez blond; retirez du four et renversez-les sur des clayons; ceci fait, disposez un fond en pâte d'office de grandeur suffisante; faites un petit socle en pâte à frol en lui donnant la forme d'un entonnoir renversé; placez-le au centre de votre fond, puis cassez machinalement des morceaux de biscuit en mélangeant les couleurs; glacez-les et superposez-les les uns sur les autres; ayez toujours le soin de les écarter à la base et de les finir en pointe à l'extrémité.

On peut avec adresse laisser des cavités du haut en bas et sur un côté seulement pour imiter une cascade, soit en sucre filé ou coulé; de toute manière, ce rocher doit être surmonté d'un jet d'eau en sucre filé; garnissez ensuite le tour du fond d'une bordure à jour en pastillage ou en pâte anglaise, et saupoudrez les places vides qui se trouvent au pied du rocher avec un sucre colorié vert ou rose.

Trophée militaire.

Cette magnifique pièce demande toute l'attention et le goût du praticien; quoique son exécution soit des plus faciles, pour la bien réussir décalquez sur du papier-carton chaque sujet qui la compose; il faut pour cela se procurer des petits ciseaux à broder; une fois vos cartons découpés, vous les maintenez avec du fil de fer et au moyen de petites bandes de papier-écolier que vous y collez parfaitement, soit au repère, à la gomme ou à la colle de pâte; de toute manière, il ne faut pas les toucher avant qu'ils ne soient entièrement secs; le socle, monté sur trois gradins, est de pâte d'amandes desséchée, glacé blanc, bleu et rouge, décoré de filets droits et de guirlandes de fleurs; la draperie qui couronne le socle est en pastillage blanc plissée sur le socle; le plastron et son ravalement se dessinent au crayon, se découpent aux ciseaux et se glacent à blanc; on décore le soleil au cornet; les drapeaux, également de papier-carton, sont masqués de glace royale aux trois couleurs na-

---

SUJETS DE LA PLANCHE VII.

Le nᵒ 1 représente un trophée militaire.
Le nᵒ 2, un attribut de chasse.
Le nᵒ 3, un attribut de musique.
Le nᵒ 4, les attributs réunis du commerce et de l'industrie.
Le nᵒ 5, un attribut théâtral.

dessin de Bailleux.

tionales; la flèche est soutenue par un fil de fer qui lui-même sert de bâton pour soutenir la draperie; la cuirasse, les deux branches de laurier et le casque se découpent et se glacent comme les ornements ci-dessus; le plumet est en pastillage décoré en relief et rapporté au casque avec un peu de pâte à repérer; le fond sur lequel vous placez votre pièce est de pâte d'office; il doit dépasser votre socle de cinq centimètres au moins; coloriez-le vert ou rose, et faites-y adhérer une bordure très élevée en pastillage à jour; on peut également, sans trop charger, garnir chaque gradin qui compose le socle d'un rang de petits gâteaux légers et décorés; si vous voulez donner plus de solidité à votre pièce, placez au milieu une colonne en pâte d'office, sur laquelle vous ferez adhérer vos ornements.

Attributs de chasse.

Le socle, de forme carrée à pan coupé, se fait en nougat parsemé d'un panaché; la colonne et la flèche qui la termine sont en pâte d'office; l'oiseau est décalqué sur papier-carton et décoré en relief avec un appareil de glace royale; les branches et la couronne sont également de papier-carton masqués de glace et décorés au cornet; il faut autant que possible varier les nuances; on peut garnir chaque gradin qui compose le socle d'un rang de petites génoises glacées et superposées les unes aux autres; le fond est en pâte d'office colorié vert, et la bordure en pâte anglaise découpée au moyen d'un emporte-pièce plein.

Cette pièce, dressée d'après le modèle de la planche v, est des plus gracieuses, d'une extrême légèreté et d'une exécution facile; on peut la compliquer en y joignant le fusil de chasse, la carnassière et la poire à poudre; j'ai préféré la donner ici dans toute sa simplicité, afin de mettre toute personne à même de pouvoir l'exécuter; pour le praticien, il lui est toujours facile d'en ajouter, sans pour cela trop la charger, car le trop d'ornements souvent l'écrase.

Attributs de musique.

Le fond et le socle sont en pâte d'office; ce dernier se monte par gradins de trois étages; masquez ces gradins de glaces différentes; décorez-les de guirlandes de fleurs en glace royale et de rosaces découpées; mettez un fond sur votre socle en pastillage ou en pâte anglaise; la colonne faite en pastillage prend naissance sur cette plate-forme et s'élève en ligne droite à peu près à trente centimètres de hauteur; sur cette même colonne se dressent vos attributs, décalqués avec le plus grand soin sur du papier-carton, que vous glacez et décorez selon l'ordre, et que vous placez d'après leur classement; on peut découper sur ce même carton plusieurs sujets qui se trouvent placés en ligne directe sur le modèle; les branches et leurs feuillages, découpés de même, se masquent et se décorent de glace royale coloriée; la couronne et le panache se décorent à blanc; le tambour de basque, jaune; la lyre, rose et les cordes blanches; l'album blanc et les notes noires.

Cette pièce, bien arrangée dans ses moindres détails, est d'un effet remarquable qui ne laisse rien à désirer. Ne pas oublier de la dresser sur un fond d'office colorié vert, et orné d'une bordure pleine en pastillage ou en pâte anglaise.

Attributs réunis du commerce et de l'industrie.

Le fond est en pâte d'office colorié rose, et le tour en sucre vert; ornez ce fond d'une bordure en pastillage à jour; le socle, composé de trois gradins, est en pâte à frol; masquez chacun de ces gradins d'une glace de nuance différente et très peu foncée; décorez-les : le premier, d'une branche de laurier; le second, d'une guirlande de fleurs, et le troisième, de rosaces; terminez votre socle en posant dessus un petit fond en pastillage sur lequel vous placez au centre une colonne bien droite finissant en flèche; puis, dessinez au crayon et sur papier-carton tous les sujets qui composent votre attribut; ayez le soin de les tenir de grandeur suffisante pour être en rapport avec le volume que vous désirez obtenir; découpez aux ciseaux fins ces mêmes cartons; masquez-les ensuite de glace de différentes nuances en donnant le relief nécessaire; ensuite décorez au cornet vos sujets, sans oublier aucun détail; adaptez à chaque carton un petit fil de fer que vous collez à la gomme au moyen de bandes de papier; laissez-les bien sécher, et placez-les d'après l'ordre en les faisant s'appuyer à la colonne, qui doit être garnie, à partir de sa base, de plusieurs branches de palmier; surmontez cette même colonne de trois couronnes de laurier superposées les unes aux autres. Ceci fait, vous devez avoir un sujet très élégant et de bon goût.

Attribut théâtral.

Le fond est en pâte d'office colorié au sucre vert; la bordure en pâte anglaise; le socle, tel qu'il est représenté sur le modèle, est composé de pâte anglaise découpée à jour et monté sur trois gradins; la draperie qui le recouvre est en pastillage bleu clair, elle se plisse sur le dernier gradin; la colonne, de forme carrée, est en pastillage et de blancheur d'albâtre; la corniche en pastillage ombré; le médaillon ou écusson se découpe sur papier-carton que l'on masque de glace royale bien blanche et que l'on borde de filets roses ou verts; les feuillages, les haches, les couronnes et la flèche sont également de papier-carton glacé blanc et décoré en relief au moyen d'un cornet.

Cette pièce peut servir de même pour mariage, réunion, repas de corps, etc., etc.; si c'est pour mariage, le nom ou les initiales des mariés, dans le médaillon ou écusson; si c'est pour un repas de corps d'état, les attributs de cet état. Classez tous ces objets dans leur ordre, avec le plus grand goût, en évitant autant que possible la confusion.

Meringue romaine.

Disposez en pâte à frol cinq cercles de différentes grandeurs, tels qu'ils sont représentés sur la planche; couchez sur des tourtières beurrées et farinées de petites meringues rondes, en assez grande quantité pour en garnir tous vos cercles; saupoudrez-les de sucre glace; mettez-les à four doux; retirez-les aussitôt de couleur blonde; détachez-les avec soin et relevez-les sur un clayon; puis, faites cuire du sucre au grand cassé; trempez-y vos meringues; faites-les adhérer à vos cercles; posez-les de manière à imiter le mieux possible les rocailles d'un rocher; placez entre chaque gradin, et tout autour, une galerie d'angélique taillée en dents de loup; relevez votre pièce sur un fond de pâte d'amandes, glacé rose, et orné d'une bordure en pastillage; garnissez l'intérieur de votre meringue d'une crème bavaroise, et placez sur le dernier gradin une gerbe d'angélique taillée en branches.

Meringue parisienne dite croûte à vacherin.

Prenez des cercles dits à meringue suisse; veillez à ce qu'ils soient extrêmement propres; beurrez-les avec soin, et passez-les dans la fécule; préparez et nettoyez également des tourtières au moins de quatre centimètres plus larges que vos cercles; beurrez-les, et placez vos cercles sur chacune d'elles; garnissez une poche d'appareil à meringue fine; faites avec cet appareil des petits points en ligne droite, en commençant par la base de vos cercles jusqu'à ce que vous soyez arrivé à l'extrémité de votre pièce; recommencez cette opération autant de fois qu'il sera nécessaire pour que vos cercles en soient bien garnis; lissez votre meringue par le haut avec la lame d'un couteau, et saupoudrez fortement de sucre glace toute la superficie de votre appareil; placez vos cercles à l'étuve pendant douze heures environ; retirez-les, et mettez-les à four doux; aussitôt de couleur blonde, sortez-les; démoulez vivement; nettoyez de nouveau les tourtières, et replacez dessus vos cercles de meringues; garnissez-les à l'intérieur d'une couche de deux centimètres d'épaisseur de même appareil que vous saupoudrez également; mettez à l'étuve; aussitôt que cet appareil résiste au toucher, enlevez vos tourtières; remettez-les à four doux, et laissez sécher votre meringue pendant quatre heures environ; retirez alors vos cercles; placez-les les uns sur les autres; surmontez le tout d'une aigrette en

---

SUJETS DE LA PLANCHE VIII.

Le n° 1 représente une meringue romaine.
Le n° 2, une meringue parisienne dite croûte à vacherin.
Le n° 3, une meringue suisse.
Le n° 4, une fontaine à quatre étages, surmontée d'un jet d'eau à sucre filé

sucre coulé; décorez chaque cercle d'un filet en glace, et appliquez-y quelques branches d'angélique.

Meringue suisse.

Chaque grandeur ayant sa dimension différente, on doit prendre des cercles de même forme (*voir* pour l'exécution du travail et la préparation des cercles la Meringue parisienne ci-dessus); garnissez d'appareil à meringue fine une poche revêtue de sa douille; faites avec cet appareil des petits points, en commençant par la base de votre pièce, jusqu'à son extrémité; relevez ensuite vos couronnes sur des plaques ou tourtières bien droites; saupoudrez de sucre glace toute la superficie de votre meringue; mettez-la à l'étuve, puis à four doux; aussitôt de couleur blonde, démoulez et garnissez l'intérieur de deux centimètres d'épaisseur de même meringue; remettez à four doux pour bien sécher; sortez-les de nouveau et dressez-les d'après le modèle de la planche VIII, figure 3; versez dans votre meringue une crême Chantilly; ornez le dessus d'une aigrette en sucre coulé.

Le fond sur lequel est dressée votre pièce est en pâte d'office, colorié rose; il est orné d'une bordure de petites coques de meringues, garnies également de crême Chantilly rosée.

Fontaine à quatre étages, surmontée d'un jet d'eau en sucre filé.

Le fond est en pâte d'office colorié vert; la bordure en pastillage, découpée à jours; les coupes en nougat ordinaire, bordées d'une dent de loup en angélique; le jet et la chute d'eau sont en sucre filé.

Croquenbouche orange.

Préparez un fond d'office de grandeur suffisante et de quatre millimètres d'épaisseur; passez dessus avec le pinceau une légère couche de blanc d'œuf sucré, que vous saupoudrez de sucre rose, ainsi que le tour de votre fond, que vous saupoudrez également de sucre vert. Faites une bordure à jour en pastillage ou en pâte anglaise; collez-la à votre pièce au moyen d'un cornet rempli d'appareil de glace royale.

Montez votre croquenbouche dans un moule à charlotte très haut de forme; commencez par poser dans le fond de votre moule, en en faisant le tour, un rang de quartiers d'oranges placés horizontalement; faites-

---

SUJETS DE LA PLANCHE IX.

Le nᵒ 1 représente un croquenbouche orange.
Le nᵒ 2, un croquenbouche de fruits assortis.
Le nᵒ 3, un mille-feuilles parisien.
Le nᵒ 4, une timbale chinoise.

1

3

2

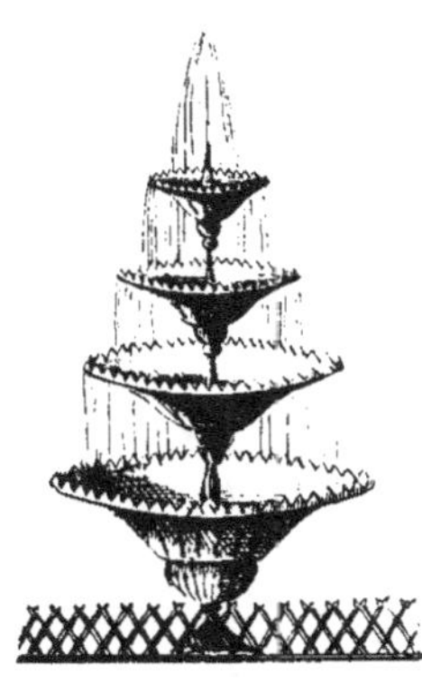

4

dessin de Bailleux.

les adhérer les uns aux autres avec un peu de sucre au cassé; recommencez un second rang, que vous posez sur le premier, mais en sens inverse, et ainsi de suite jusqu'au haut de votre moule; aussitôt votre croquenbouche froid, c'est-à-dire le sucre qui se trouve après vos quartiers d'orange, sortez-le du moule en frappant ce dernier légèrement; placez-le ensuite sur votre fond; puis, faites avec seize beaux quartiers d'oranges, que vous avez conservés, un bonnet dit mitre d'évêque, que vous surmontez d'une aigrette en sucre filé; les quartiers d'orange qui imitent la mitre sont décorés à leur jonction de plusieurs branches d'angélique placées de manière à formuler un bouquet de verdure.

Croquenbouche de fruits assortis.

Ce croquenbouche se dresse dans le même moule et de la même manière que le croquenbouche orange. Prenez, après les avoir glacés, des fruits confits le mieux assortis possible; mettez-les par rang en les collant avec du sucre au cassé; superposez-les jusqu'à ce que vous ayez atteint la hauteur de votre moule; laissez refroidir votre sucre et démoulez de suite; dressez-le sur un fond d'office préparé à cet effet; ornez, avec des mêmes fruits, le dessus de votre croquenbouche d'une mitre d'évêque; surmontez-le d'une aigrette en sucre coulé, et bordez le tour de votre fond d'office d'un rang d'angélique taillée en dents de loup (pour les autres détails, voyez ci-dessus).

Mille-Feuilles parisien.

Prenez des rognures de feuilletage; donnez-leur de nouveau six tours; faites-en de petites abaisses de quatre centimètres de diamètre et de cinq millimètres d'épaisseur; videz le centre avec un emporte-pièce uni de vingt centimètres de diamètre; relevez-les ensuite sur des plaques ordinaires; humectez-les légèrement avec un peu d'eau; saupoudrez-les de sucre en poudre; piquez-les partout; mettez à four doux; aussitôt de couleur blonde, retirez-les du four et relevez-les sur des clayons; laissez refroidir un instant; prenez alors une de ces couronnes, que vous placez sur le tour; masquez-la d'une couche mince de marmelade d'abricots; posez sur cette première couronne une seconde, que vous masquez de gelée de groseilles, et ainsi de suite jusqu'à la hauteur de seize centimètres environ; arrondissez votre gâteau avec la lame d'un couteau d'office; prenez alors un appareil de meringue fine, avec lequel vous masquez le tour de votre mille-feuilles d'une couche excessivement mince; saupoudrez-le de sucre glace; posez dessus, par rang, des pistaches, que vous rangez de manière à imiter une branche; faites marcher vos rangs en sens inverse; séparez-les par un autre rang d'amandes fraîches, émondées et coupées en deux; placez votre gâteau ainsi décoré sur un petit fond en génoise mate, que vous y faites adhérer avec un peu d'abricots; relevez le tout sur un fond d'office, glacé rose, bordé d'une guirlande en glace royale ou d'un petit trèfle en pastillage ; glacez le dessus de votre mille-feuilles avec une glace curaçao et décorez-le d'une grappe de raisins avec une feuille en relief, le tout en glace royale ; faites autour de cette même grappe un rang de petites clochettes en meringue fine, que vous coloriez vert, et entourez votre grappe d'une belle couche de gelée de groseilles.

Timbale chinoise.

Cette timbale est de forme pentagone (ou à cinq angles) ; la carcasse se fait en pâte d'amandes desséchées et se coupe sur cinq faces ; faites adhérer chaque partie à la carcasse en les collant au sucre cuit au cassé ; masquez tout le tour d'une glace rose, décoré de pistaches placées en losange ; dressez votre timbale sur un petit fond en pâte d'amandes glacé blanc, et orné d'une bordure en glace royale ; garnissez l'intérieur de votre timbale d'un appareil à fromage glacé ; recouvrez-la d'un chapeau chinois en nougat, orné de petites clochettes et surmonté d'une girouette également garnie de clochettes, le tout en sucre coulé.

Cascade parachute moderne.

Chaque coupe est en nougat perlé ; le jet d'eau en sucre filé ; le bassin en pâte d'office, colorié vert ; la bordure en angélique taillée en dents de loup ; la pièce se pose sur un fond en pâte d'office, bordé d'une galerie en pâte anglaise, découpée à l'emporte-pièce plein.

Vase pyramidal grand modèle.

Les trois pieds sont en pâte d'office, glacés de différentes couleurs ; la coupe est en nougat blanc, garnie par le haut d'une galerie d'angélique taillée en dents de loup ; les deux anses sont en sucre coulé ; le fond sur lequel est posée votre pièce est en pâte d'office colorié rose, entouré d'une bordure en pastillage découpée à l'emporte-pièce plein ; garnissez l'intérieur de votre vase d'une crème Chantilly panachée.

Fontaine moderne, composée de deux dauphins entrelacés et formant coupe.

Le fond est en pâte d'office ; la bordure en pastillage à jour ; le bassin

---

SUJETS DE LA PLANCHE X.

Le nᵒ 1 représente une cascade parachute moderne.
Le nᵒ 2, un vase pyramidal grand modèle.
Le nᵒ 3, une fontaine moderne, composée de deux dauphins entrelacés et
formant coupe.
Le nᵒ 4, une colonne antique.

1

2

3

4

dessin de Bailleux

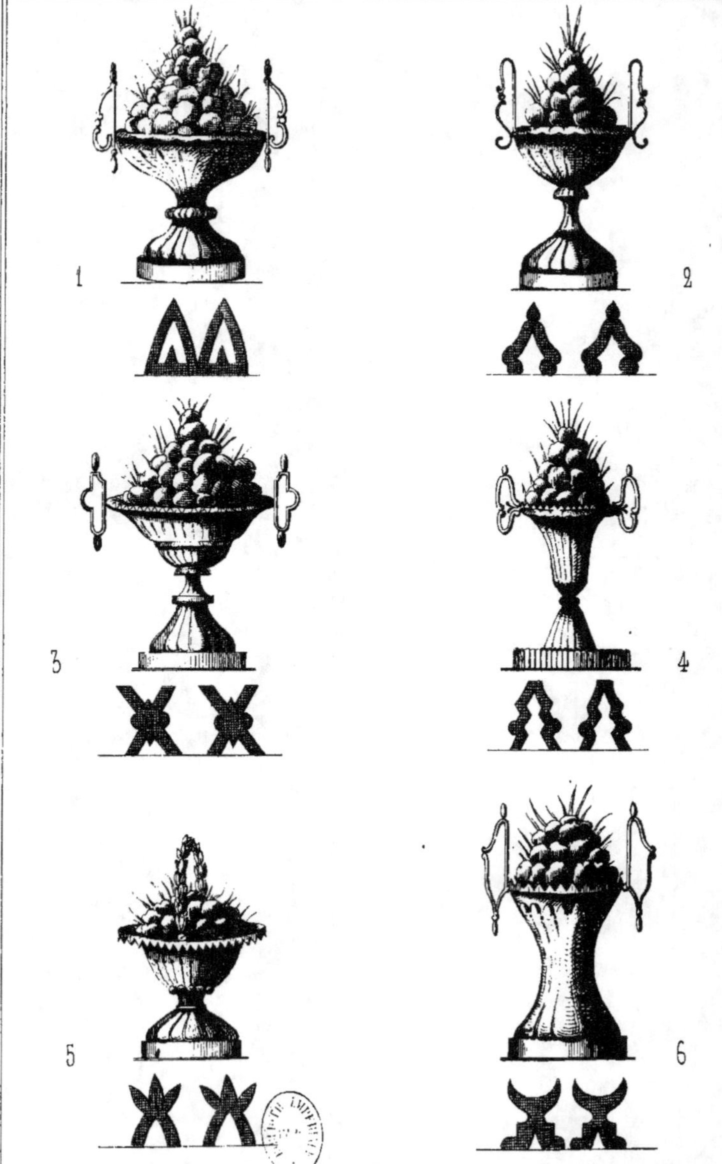

dessin de Bailleux.

en pâte d'amandes masqué de glace rose; la bordure du bassin en angélique taillée en dents de loup; les dauphins en nougat; le bassin qui se trouve placé sur les dauphins est en pâte d'amandes colorié vert; la coupe en nougat ordinaire, et le jet d'eau en sucre filé.

Colonne antique.

Le socle se compose de quatre parties, chacune est glacée de nuance différente, décorée en relief de glace royale; la colonne, qui se trouve composée de neuf cylindres, en pâte d'amandes; le dernier cylindre est surmonté d'un chapiteau en glace royale imitant un bloc sculpté; la colonne est glacée et décorée de différents sujets en relief; elle se trouve placée sur un fond d'office colorié vert, orné d'une bordure en sucre coulé imitant une grille; le second et le dernier fond sont entourés d'une guirlande en glace royale.

Coupe ovale à gros cannelons.

Le fond est en pâte d'office, colorié sucre vert; la bordure en pâte anglaise à jour; la coupe en nougat ordinaire; les anses en sucre coulé; la garniture en fruits assortis, glacée au sucre grand cassé; les feuilles en angélique; le bouquet qui surmonte le sujet est également en angélique, taillé en losanges, de quatre centimètres de longueur sur deux centimètres de largeur; cinq de ces losanges, glacés à la glace royale et rapprochés en griffes, forment une petite tulipe ouverte, ce qui fait un très bel effet; on peut également y faire adhérer une aigrette en sucre filé.

Coupe ronde et creuse à gros cannelons.

Le fond est en pâte d'office colorié vert; la bordure en pastillage à jour; la coupe en pâte d'amandes desséchées, glacée au curaçao, décorée de filets blancs tirés au cornet, et garnie de glace royale; la guirlande qui orne le bord de la coupe est également en glace royale et d'un seul trait; les anses sont en sucre coulé; la garniture est composée de fruits glacés; les places vides garnies de branches d'angélique, et l'aigrette en sucre coulé.

Si cette pièce est destinée pour milieu de table, dressez-la sur un socle élevé.

SUJETS DE LA PLANCHE XI.

Le n° 1 représente une coupe ovale à gros cannelons.
Le n° 2, une coupe ronde et creuse à gros cannelons.
Le n° 3, une coupe ronde, évasée, grand modèle.
Le n° 4, un vase cannelé très élancé nouveau modèle.
Le n° 5, un panier ovale renversé.
Le n° 6, une corbeille à gros cannelons ancien modèle.

Coupe ronde, évasée, grand modèle.

En raison du volume de votre pièce, tenez le fond de pâte d'office un peu plus épais; coloriez-le vert en dessus et rouge autour; la bordure est en angélique; la coupe en nougat panaché; la bordure de la coupe en amandes coupées par moitié, glacée au sucre grand cassé; la garniture de coques de meringues garnies à l'intérieur d'une crème Chantilly sucrée et vanillée; l'aigrette et la garniture des coques de meringues se font en fleurons taillés sur un feuilletage à huit tours, et les anses en sucre coulé.

Vase cannelé très élancé nouveau modèle.

Le fond, en pâte d'office, doit dépasser le pied de votre vase de trois millimètres au plus; masquez ce pied d'une glace rose au curaçao, ou d'une glace verte aux pistaches; la bordure, en petit filet, est tirée au cornet, garnie d'une glace royale; le vase en pâte à frol, glacé blanc à l'anisette; la galerie d'angélique taillée en dents de loup; les anses en pastillage; la garniture de quartiers d'abricots, glacée au sucre cuit au grand cassé; la verdure qui se trouve placée entre chaque quartier d'abricot est de branches d'angélique taillées, et l'aigrette de même composition.

Panier ovale renversé.

Le fond, en pâte d'office, colorié rose, dépasse le pied du panier de trois centimètres; la bordure en angélique taillée en dents de loup; le panier en nougat, recouvert d'un panaché; la galerie du haut en angélique; l'anse en sucre roulé et tordu, garni tout autour d'une guirlande de fleurs; l'intérieur du panier est plein de fruits mélangés glacés au grand cassé.

Corbeille gros cannelon ancien modèle.

Le fond est en pâte d'office colorié vert; la coupe coloriée rose; la bordure en pastillage plein; la corbeille en pâte d'amandes panachée; le bord de la corbeille garni d'une dent de loup taillée en angélique; les anses en sucre coulé colorié rose, et la garniture de fruits assortis glacés au sucre grand cassé; placez entre chaque fruit des branches d'angélique glacée et surmontez-les d'une aigrette en sucre coulé.

Petite coupe formant socle surmontée d'une corbeille garnie de fruits.

Le fond est en pâte d'office colorié vert; la coupe en nougat perlé; la corbeille en pâte à frol, masquée d'abricots, recouverts d'un panaché; la galerie qui l'entoure est en angélique découpée en dents de loup; les anses en sucre coulé; la garniture en fruits assortis, glacés au sucre cuit au grand cassé; les fleurs qui entrelacent les fruits sont en sucre coulé; les branches d'angélique qui entourent les fruits également glacés; le dessus est orné d'une tulipe en sucre filé, et la bordure qui entoure le fond en pastillage, découpée à l'emporte-pièce plein.

Coupe moderne avec guirlande.

Le pied est en pâte à frol, masqué d'une couche de glace rose, décoré de filets blancs; la coupe en nougat perlé, recouvert d'un panaché; la galerie en moitié d'amandes glacées au sucre cuit au grand cassé; les anses en sucre coulé; la guirlande en petites couronnes, faite en glace royale; la garniture de quartiers d'ananas confits et glacés, entrecoupés de branches d'angélique; le fond sur lequel est posée votre pièce est en pâte d'office colorié rose, orné d'une bordure découpée à l'emporte-pièce plein.

Coupe ronde grand modèle.

Le fond est en pâte d'office colorié vert; la bordure en pâte anglaise découpée à jour; la coupe en nougat ordinaire décoré d'une guirlande à triple rang, faite au moyen d'un cornet garni de glace royale; les anses en sucre coulé; la garniture, composée de fruits assortis, est glacée au sucre grand cassé; placez entre chaque fruit plusieurs tranches d'angélique glacée, et posez sur le chinois qui couronne la garniture une aigrette en sucre filé.

Vase tulipe.

Le fond est en pâte d'office coloriée rose; la bordure en pâte anglaise découpée à jour; le vase, en pâte d'amandes, est glacé vert et décoré de filets blancs; le tour du vase est bordé d'une guirlande en glace royale; les anses en sucre coulé; la garniture, composée de fruits assortis, est glacée avec du sucre au cassé; l'aigrette est en sucre filé.

Coupe à perles très grand modèle.

La coupe est en pâte à frol, glacée blanche, décorée rose et verte; la bordure d'amandes fraîches émondées, coupée par moitié, est glacée

---

SUJETS DE LA PLANCHE XII.

Le nᵒ 1 représente une petite coupe formant socle, surmontée d'une corbeille garnie de fruits.
Le nᵒ 2, une coupe moderne avec guirlande.
Le nᵒ 3, une coupe ronde grand modèle.
Le nᵒ 4, un vase tulipe.
Le nᵒ 5, une coupe à perles très grand modèle.
Le nᵒ 6, une corbeille forme palmier.

au sucre grand cassé; les anses en sucre coulé ; la garniture en meringue ordinaire, garnie de crême Chantilly sucrée et vanillée, est entre-coupée de branches d'angélique; le tout est surmonté d'une tulipe en angélique glacé ; le fond, sur lequel vous posez cette pièce, est en pâte d'office, bordé d'une galerie en pâte anglaise découpée à l'emporte-pièce plein.

Corbeille forme palmier.

Chaque feuille est un moule détaché et se fait avec un appareil de nougat ordinaire, que l'on rapporte après coup, les uns dans les autres, et que l'on garnit de fruits glacés, comme les corbeilles ci-dessus ; le fond sur lequel est posée cette pièce est de pâte d'office colorié vert, et bordé d'une galerie en pastillage à jour.

Chinois.

Les cinq chapeaux sont faits en nougat ordinaire; les pieds qui soutiennent les chapeaux sont en même appareil ; les clochettes et l'aigrette sont en sucre filé; le fond qui supporte la pièce est en pâte d'office colorié vert ; les clochettes qui entourent le fond sont en sucre filé et la bordure en pâte anglaise à jour.

Grande Fontaine à sept gradins.

Les gradins sont faits en nougat ordinaire; les bordures en filets de glace royale; la cocarde est de sucre filé; le fond sur lequel est posée la pièce est de pâte d'office colorié vert et bordé d'angélique taillée en dents de loup ; le bassin est en pâte d'office, et sa bordure est en angélique découpée en petites lances.

Timbale pyramidale surmontée d'une mitre, ou coiffure d'évêque.

La croûte est en pâte à frol glacé rose ; les guirlandes de fleurs sont faites en relief avec de la glace royale de différentes nuances; le fond, qui soutient la timbale, est en pâte d'amandes glacé vert, orné d'une bordure en pâte anglaise découpée avec l'emporte-pièce à jour ; la croûte est garnie d'une crême Chantilly; le chapeau qui la couvre est en glace royale, surmontée d'une mitre de même composition et orné d'une aigrette en sucre coulé.

SUJETS DE LA PLANCHE XIII.

Le nº 1 représente un Chinois.
Le nº 2, une grande fontaine à sept gradins.
Le nº 3, une timbale pyramidale surmontée d'une autre en coiffure d'évêque.
Le nº 4, une lyre.

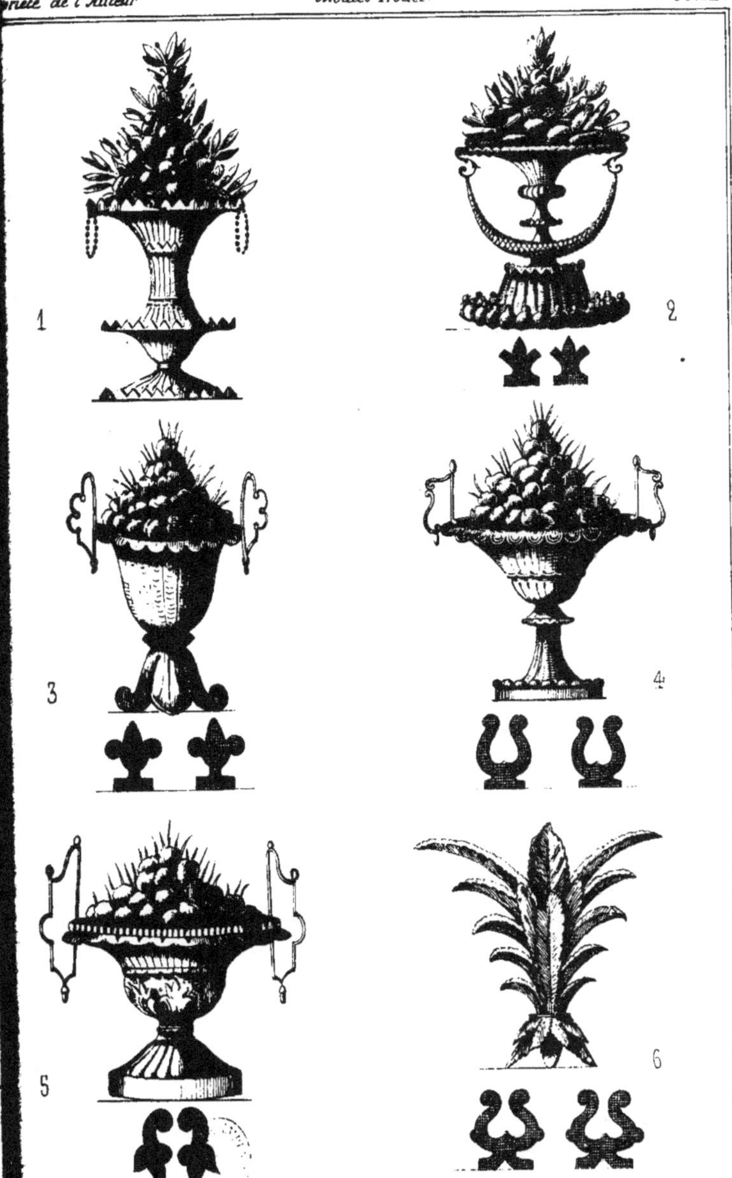

dessin de Bailleux.

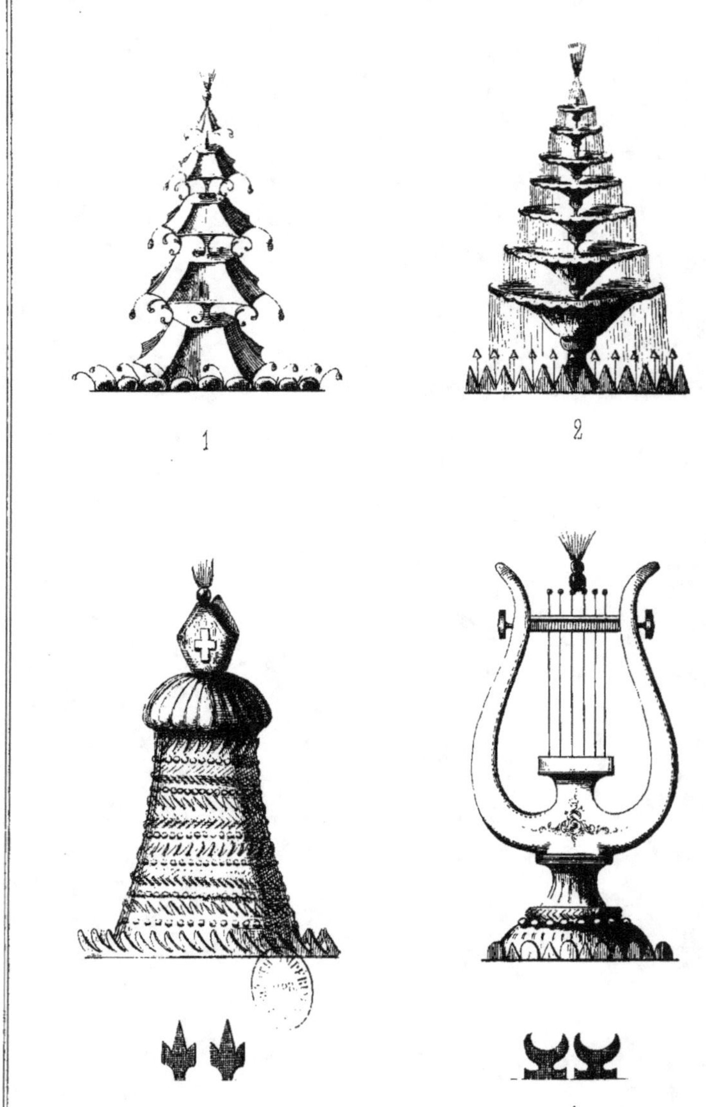

1
2
3
4

Lyre.

Le socle de la lyre est un pied de corbeille fait en pâte d'office glacé
rose et décoré blanc; la lyre est en nougat perlé parsemé d'un panaché; les cordes sont en sucre roulé et l'aigrette en sucre filé; cette
pièce est dressée sur un fond d'office coloriée verte, et ornée d'une
bordure en pastillage découpée dans un emporte-pièce à jour.

Timbale en ruines.

La tour est en pâte à frol; elle est entièrement vide à l'intérieur; la
superficie est glacée rose et décorée d'un cep de vigne, partant du pied
et grimpant autour de votre pièce; les feuilles, les grappes de raisin et
le cep sont en glace royale. Le dessus de cette timbale est orné d'une
couronne découpée sur papier carton et décorée de glace royale; la
guirlande de fleurs qui l'entoure est découpée également et glacée de
glace royale; cette croûte est posée sur un fond d'office glacé blanc,
garni d'angélique, taillée en dents de loup; remplissez votre timbale
d'un appareil glacé; faites dessus une rosace avec de la crème Chantilly
poussée à la poche.

Caisse d'orangers.

La caisse est en pâte d'office glacée blanche, et décorée de filets en
glace rose; le dessus de la caisse est en pâte anglaise saupoudré de
chocolat râpé, non sucré; l'arbre et les branches sont en nougat blanc;
les feuilles sont artificielles; les fruits sont des chinois glacés que l'on
fait adhérer aux branches avec du sucre cuit au cassé; le fond qui
supporte cette pièce est en pâte d'office saupoudré de sucre vert et entouré d'une petite bordure en rustique; le tout est posé sur un fond un
peu plus grand que le premier, entouré d'une bordure en pastillage
découpée à l'emporte-pièce à jour.

Timbale italienne.

Faites en pâte d'amandes, dans un moule à charlotte, une croûte
ayant la forme de votre timbale; aussitôt démoulée, posez-la sur un
fond en pâte d'office très mince; garnissez le tour de votre timbale de

---

SUJETS DE LA PLANCHE XIV.

Le n° 1 représente une timbale en ruines.
Le n° 2, une caisse d'orangers.
Le n° 3, une timbale italienne.
Le n° 4, un génois décoré.
Le n° 5, une coupe parisienne.
Le n° 6, une petite coupe montée sur rocher.

deux rangs de biscuits à la cuillère posés l'un sur l'autre en sens inverse; glacez-les rose et blanc, et faites-les adhérer à votre croûte avec du sucre cuit au cassé; le dessus est orné d'une couronne de petites génoises rondes que vous glacez également roses et blanches; votre coupe est en nougat perlé; la bordure en angélique taillée en dents de loup; garnissez votre bordure de quartiers d'abricots, de prunes vertes, de cerises et de mirabelles, chaque rang d'un seul et même fruit; ornez le dessus de votre pièce d'un bouquet de fleurs en sucre coulé entrelacé de feuilles d'angélique glacée; placez sous votre timbale un fromage glacé, et dressez autour un rang de coques de meringues que vous garnissez d'une crême panachée; la bordure du fond sur lequel est posée votre pièce est en pastillage découpé avec l'emporte-pièce dit coupe-feuilles.

Génois décoré.

Les couronnes sont en pâte à génoise; elles sont adhérentes les unes aux autres, et garnies intérieurement de confitures différentes ; masquez l'extérieur d'une couche d'abricots que vous recouvrez d'une glace rose, et que vous décorez de variantes; le dôme est en pâte d'amandes glacé vert et décoré de feuilles glacées blanches; l'aigrette en sucre filé entourée d'angélique glacée; relevez votre pièce sur un fond en pâte d'amandes glacé blanc; ornez le tour d'une galerie de petites meringues que vous garnissez de crême Chantilly rose et blanche, et d'une seconde bordure en pâte anglaise découpée à l'emporte-pièce à jour.

Coupe parisienne.

La première coupe qui sert de socle est en pâte d'office glacée verte et rose; sa bordure, d'angélique taillée en dents de loup; la seconde coupe est en nougat ordinaire, recouverte d'un panaché; les anses sont en sucre coulé; la garniture est de fruits assortis et glacés; l'aigrette, en sucre coulé, entourée de branches d'angélique; le fond, sur lequel est posée votre pièce, est en pâte d'office colorié vert; sa bordure, en pastillage découpé à l'emporte-pièce à jour.

Petite coupe montée sur rocher.

La carcasse du rocher est en pâte d'office; la garniture, de bâtons en pâte à choux, glacée au grand cassé et panachée; la coupe est en nougat ordinaire; les anses, en sucre coulé; le fond, qui supporte le socle, est en pâte d'office colorié rose; la bordure, en pâte anglaise découpée à l'emporte-pièce plein.

Petite coupe moderne.

Le fond est en pâte d'office colorié rose; sa bordure, de pâte anglaise; la coupe, en nougat ordinaire, parsemée d'un panaché; les anses, en

dessin de Bailleux

dessin de Bailleux

sucre filé; la garniture est composée de fruits assortis glacée au sucre cuit au grand cassé, et l'aigrette se compose de filets en glace royale.

Grande coupe moderne garnie de feuillages.

Le fond est en pâte d'office colorié vert; la bordure, en pastillage découpé à l'emporte-pièce plein; la coupe en nougat ordinaire; les anses, en sucre coulé; la garniture est composée de fruits assortis glacés au sucre cuit au grand cassé; vous placez entre chaque fruit un morceau de cédrat, ou une branche d'angélique taillée en feuille.

Timbale moderne.

Le fond est en pâte à génoise sec; la timbale, en pâte à frol masquée de glace blanche et peinte au pinceau avec des carmins végétaux; l'intérieur de cette timbale est garni d'un appareil frappé et couvert d'un chapeau en fruits assortis glacés, et dressés d'après le modèle; le vase du dessus est en glace royale orné de fleurs en sucre coulé, et la bordure du fond, en pâte anglaise découpée à l'emporte-pièce plein.

Temple sur rocher.

Les voûtes sont en pâte d'office, moulées dans des cercles à flan; le fond est en pâte d'office, colorié vert, et orné d'une bordure en glace royale tirée au cornet; chaque petit cercle qui forme le socle est garni de morceaux de génoise arrachés, que l'on y fait adhérer avec un peu de sucre cuit au cassé; entre chaque cavité sont placées des branches d'angélique glacée; les colonnes du temple sont en nougat perlé; le chapiteau, en nougat ordinaire; la corbeille à jour est faite en glace royale; sa garniture se compose de petites fleurs en sucre coulé, entrecoupées de branches et de feuilles d'angélique.

Corbeille ronde gros cannelons.

La corbeille est en nougat ordinaire, bordée d'angélique découpée en guirlandes; la garniture est composée de fruits tels que cédrat en branche, angélique en feuilles, raisins d'Espagne en grappes, le tout entrelacé de fleurs en sucre coulé; le fond est en pâte d'office colorié rose, orné d'une bordure (dite araignée de mer) en pâte anglaise découpée à jour.

SUJETS DE LA PLANCHE XV.

Le n° 1 représente une petite coupe moderne.
Le n° 2, une grande coupe moderne garnie de feuillage.
Le n° 3, une timbale moderne.
Le n° 4, un temple sur rocher.
Le n° 5, une corbeille ronde à gros cannelons.
Le n° 6, une coupe vacherin, surmontée d'un fromage glacé.

Coupe Vacherin, surmontée d'un fromage glacé.

Le fond est en pâte d'amandes glacé vert; la bordure, en pâte anglaise; la coupe, en pâte d'amandes glacé rose; la galerie qui l'entoure est en angélique taillée en dents de loup; lorsque votre fromage est glacé, vous le démoulez sur la coupe, vous l'entourez de biscuits à la cuillère glacés blanc, rose et vert, et vous ornez le dessus d'un bouquet composé de branches d'angélique et de fleurs en sucre coulé.

Domino parisien.

Le fond est en pâte d'office colorié rose; la bordure est en petites couronnes, de rognures de feuilletage, coloriée vert, et décorée d'une petite galerie d'angélique taillée en flèche; le corps du gâteau est composé de petites génoises carrées enduites d'abricots et glacées de quatre nuances; faites adhérer vos petits carrés les uns aux autres avec du sucre au cassé; placez-les de manière à ce que les couleurs se trouvent variées; la galerie est en angélique découpée en dents de loup; le dôme en sucre coulé, et l'aigrette en sucre filé.

Au moment de le servir, garnissez l'intérieur de votre gâteau d'une crême bavaroise, ou servez-la à part dans un compotier.

Croquenbouche lyonnais.

Le fond sur lequel est posé le croquenbouche est en pâte d'amandes aux jaunes d'œufs; la bordure, en angélique taillée en dents de loup; le croquenbouche est fait de petits choux garnis à l'intérieur d'une crême vanille; glacez-les ensuite au grand cassé; coloriez-les rose et vert, et montez-les dans un moule à charlotte russe très haut de forme; aussitôt froid, démoulez-le en le renversant sur votre fond en pâte d'amandes; entourez le haut de votre pièce d'une galerie de belles amandes glacées, et dressez au milieu un petit pied tordu en sucre coulé, surmonté d'une aigrette en sucre filé.

Chaumière normande.

On peut figurer ce sujet de plusieurs manières : d'abord, en nougat de toutes sortes, de pâte sèche, puis de bâtons de pâte à choux, ce qui

---

SUJETS DE LA PLANCHE XVI.

dessin de Bailleux

dessin de Bailleus

imite parfaitement cette chaumière; son toit est en nougat ordinaire;
les deux arbres en nougat blanc; les branches et les feuilles sont artificielles: le fond qui supporte cette pièce est en pâte d'office colorié vert,
et les claies en pâte d'office.

Ruche.

Faites, dans une casserole dite bain-marie, une carcasse très élevée et
un toit ayant la forme d'un entonnoir, soit en pâte d'amandes ou en
pâte à frol; pratiquez à sa base une ouverture; garnissez cette carcasse
de petits filets en meringue fine; saupoudrez-les de sucre glace; mettez-
la à four ordinaire; retirez aussitôt de couleur blonde; les abeilles qui
sont sur la ruche sont en glace royale; les gerbes et le bouquet sont
en sucre filé; le fond qui supporte votre pièce est en pâte d'office colorié vert, et la grille est de même pâte; lorsque votre pièce est ainsi préparée, vous la garnissez intérieurement de crême Chantilly ou bavaroise,
et vous dressez le tout sur un petit socle en pâte d'office.

Tulipe avec jet d'eau.

La tulipe et son pied sont en nougat blanc; le pied est garni
de plantes aquatiques artificielles ou en branches d'angélique dédoublées; l'intérieur de la tulipe est garni de fruits glacés; l'aigrette et le
jet d'eau sont en sucre filé; le fond est en pâte d'office bordé d'une
guirlande d'angélique taillée en petit croissant; le socle qui supporte
cette pièce est en pâte d'office glacé rose, et sa bordure en pastillage
découpée à l'emporte-pièce plein.

Panier moderne.

Le petit socle qui supporte le panier est en pâte d'office colorié vert,
et entouré d'une bordure en pastillage découpée à l'emporte-pièce à
jour; le panier est en nougat ordinaire parsemé d'un panaché; la bordure du panier est en angélique découpée en dents de loup; la garniture, de fruits confits glacés au sucre grand cassé; l'anse est de sucre
coulé sur un cercle à meringue suisse; garnissez-le de fleurs en sucre
coulé; toutes les branches qui se trouvent entremêlées avec les fruits
sont en angélique glacée.

SUJETS DE LA PLANCHE XVII.

Le n° 1 représente une harpe.
Le n° 2, une cathédrale gothique.
Le n° 3, un pavillon mauresque.
Le n° 4, un catalpa et pins.
Le n° 5, une église bretonne.
Le n° 6, un rocher surmonté d'une tour.

Harpe.

Le socle est en pâte à frol glacé de nuances différentes, et décoré en relief, soit en glace royale ou en fruits glacés; la harpe en nougat blanc; les cordes en sucre coulé; les couronnes de papier carton, découpées en guirlandes de fleurs, que vous figurez au moyen d'un cornet rempli de glace royale.

Cathédrale gothique.

Ce monument, par sa simplicité, peut être exécuté avec différentes pâtes, telles que pâte d'office, pâte à frol, pastillage, pâte d'amandes ou de nougat : l'une ou l'autre de ces pâtes se découpe sur papier carton ; on peut également monter cette pièce en glace royale ou en appareil en meringue fine; mais comme il n'y a que le praticien qui puisse entreprendre un pareil sujet, je me contenterai de donner la description sous une seule forme, c'est-à-dire la manière la plus simple pour le confectionner.

Le fond est en pâte d'office, de forme carrée, un peu allongé; les gradins en pâte à frol; la carcasse en pâte d'amandes; les tours, les clochers, les flèches et toutes les figures en relief, se font en appareil de meringue fine; couchées sur des plaques beurrées et farinées, toutes vos pièces doivent adhérer à votre carcasse avec de la glace royale; l'arrière-partie du monument est en nougat blanc ordinaire recouvert d'un panaché. Cette pièce se dresse sur une plate-forme un peu élevée, faite en pâte d'office, coloriée rose; les chaînes sont en sucre roulé, et les bornes qui les soutiennent sont en pâte d'office.

Pavillon mauresque.

L'amphithéâtre est en pâte d'office; le portail et la rotonde sont en nougat ordinaire; les colonnes en nougat blanc; le toit en nougat ordinaire; le dôme et les gradins de même appareil; ces derniers sont, de plus, panachés; le croissant, les flèches, la fontaine et le jet d'eau, sont en glace royale; le fond qui supporte cette pièce est en pâte d'office colorié vert, et la grille est en sucre roulé.

Catalpa et pins.

Faites dans un plateau de balance en cuivre une abaisse en pâte d'office piquée de toute part; garnissez l'intérieur de noyaux de cerises ou de son; renversez le tout sur une tourtière; mettez à four ordinaire; aussitôt votre pâte d'office bien sèche, retirez-la du four; nettoyez bien votre cylindre; placez ensuite le côté bombé en dessus, sur un fond d'office; faites-y adhérer, avec du sucre cuit au grand cassé, vos arbres en nougat blanc; le feuillage seul est artificiel; le pied des arbres est parsemé de chocolat râpé; les petites pousses en angélique; le fond en pâte d'office; la haie en pâte d'office ou en pâte anglaise.

Eglise bretonne.

Le corps de la chapelle est en pâte d'amandes, recouvert de filets en meringue fine; le grillage des fenêtres est en glace royale; les flèches sont en angélique; la croix en sucre coulé; le fond est en pâte d'office colorié vert, et entouré d'une bordure en glace royale imitant une chaîne brisée.

Cette pièce est montée sur un socle en pâte d'office colorié vert.

Rocher surmonté d'une tour.

Le socle ou les trois gradins sont en pâte d'office ou en pâte d'amandes; vous y faites adhérer, avec du sucre cuit au grand cassé, des morceaux de biscuits arrachés et de différentes nuances; la tour est en nougat blanc panaché; les plantes sauvages qui sont au-dessus de la tour sont en angélique; tous les dessins en relief sont faits en glace royale poussés au cornet.

Cette pièce est posée sur un premier fond en pâte d'office colorié rose; sa bordure en angélique; l'autre fond, celui qui touche la table, est de même appareil que la pièce; il est colorié vert, et sa bordure est en pâte anglaise découpée à l'emporte-pièce à jour.

Cerisier en caisse.

La caisse est en pâte d'office; son dessus est couvert de chocolat râpé; les côtés de la caisse sont glacés roses, décorés de petits filets blancs; les petites boules de la caisse sont glacées vertes; l'arbre et les branches sont en nougat perlé; les feuilles sont artificielles; les cerises naturelles en primeur, ou en sucre conserve à défaut des premières; elles se glacent et s'adaptent aux branches avec du sucre cuit au grand cassé à peine chaud; le fond qui supporte cette caisse est en pâte d'office colorié rose, entouré d'une grille en glace royale poussée au cornet.

Arbre effeuillé.

L'arbre est en nougat ordinaire; les branches en sucre roulé; les feuilles sont artificielles; les nids en nougat blanc; le rescif est fait avec des morceaux de génoises arrachés et coloriés rose et vert; entre chaque ouverture sont des branches d'angélique posées en sens in-

---

SUJETS DE LA PLANCHE XVIII.

Le n° 1 représente un cerisier en caisse.
Le n° 2, un arbre effeuillé.
Le n° 3, un temple troyen.
Le n° 4, un moulin à vent.

verse ; le tout est sur un fond d'office colorié vert, entouré d'une bordure en glace royale.

Temple troyen.

Le soubassement formant voûte est en pâte d'office ; les ouvertures qui l'entourent sont pratiquées lorsque le soubassement est monté ; faites-y adhérer çà et là quelques morceaux de biscuits coloriés pour imiter la ruine ; le rocher est fait de morceaux de biscuits arrachés ; tout le bâtiment est en pâte d'amandes ; les colonnes sont en nougat perlé ; la porte d'honneur, celle qui avance, en nougat blanc ; ses colonnes en même nougat ; le frontispice qui orne cette porte est en pastillage ; les inscriptions qui se trouvent dessus sont écrites en glace royale, poussées au cornet : devant, HONNEUR ; derrière, PATRIE ; sur les deux autres côtés, VICTOIRE et CLÉMENCE.

Il est nécessaire, lorsqu'on veut transporter cette pièce, de la placer sur un fond d'office assez épais ; toutes les parties de cette pièce sont collées avec le plus grand soin au sucre grand cassé.

Cette pièce, telle qu'elle est représentée sur la planche XVIII, figure 4, peut, par son aspect, paraître d'une exécution difficile à nos jeunes praticiens ; il n'en est rien ; avec la description ci-dessus, elle peut être exécutée avec la même facilité que les autres pièces.

Moulin à vent.

Le fond et la grille sont en pâte d'office colorié vert ; le petit socle, qui est monté sur un pied de corbeille, est en nougat perlé ; le corps du bâtiment, en nougat ordinaire parsemé d'un panaché ; ce nougat se monte dans une casserole dite bain-marie ; le toit, également de nougat, se monte dans un entonnoir évasé ; la guirlande est en angélique taillée en dents de loup ; les ailes du moulin sont en nougat perlé ou en glace royale poussée au cornet ; elles tiennent au corps du bâtiment par une poutre transversale en pâte d'office ; l'échelle est en pâte d'office roulée ; la porte et les fenêtres se découpent lorsque le nougat est encore chaud.

On peut faire cette pièce en pâte à frol ou en pâte d'amandes ; dans ce cas, on garnit l'intérieur d'une crème frappée.

SUJETS DE LA PLANCHE XIX.

Le nᵒ 1 représente un napolitain.
Le nᵒ 2, une coupe moderne.
Le nᵒ 3, une timbale en génoise.
Le nᵒ 4, une chaumière normande.
Le nᵒ 5, un châteaubriand.

1

2

3

4

dessin de Bailleux

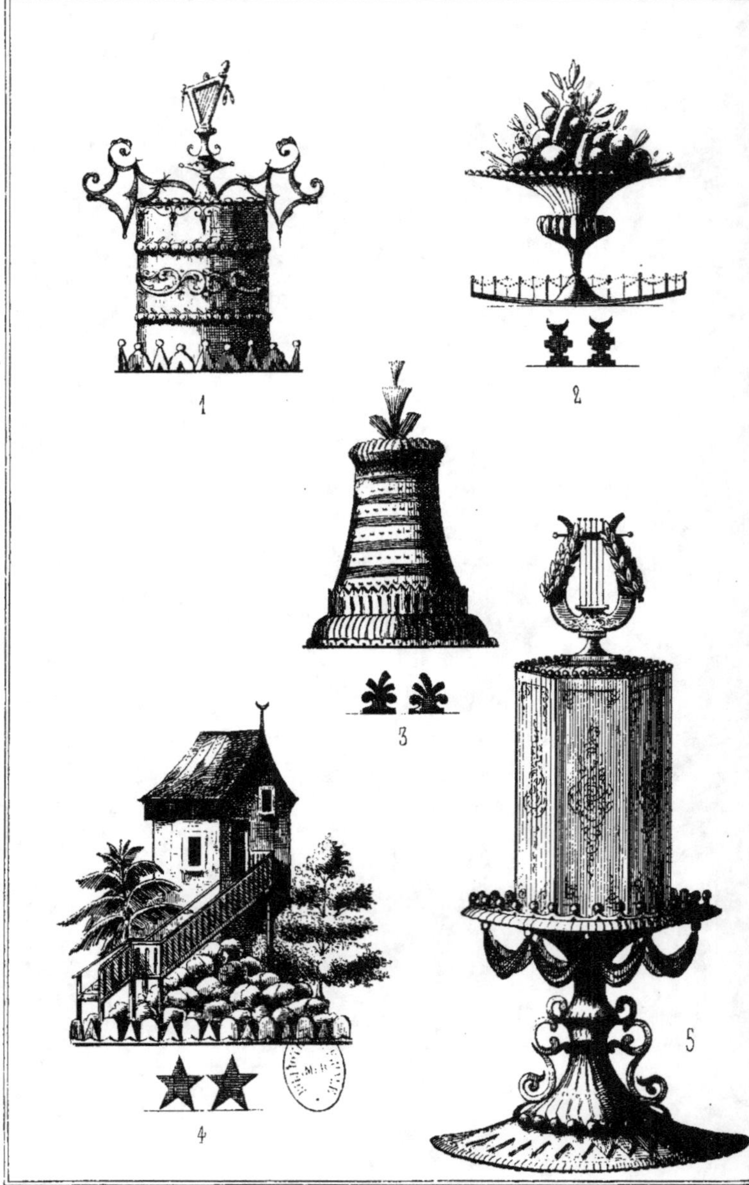

dessin de Baillenx

Napolitain.

Faites avec de la pâte à napolitain (*voir* **Pâte**) douze petites abaisses rondes de cinq millimètres d'épaisseur sur quarante-cinq centimètres de diamètre; videz-les au milieu avec un emporte-pièce rond de seize centimètres de diamètre; relevez-les sur des plaques ordinaires très droites qui auront été beurrées; piquez votre pâte avec soin; mettez-la à four ordinaire; cuisez de couleur blonde; retirez aussitôt, et placez-les sur une table de marbre ou de bois bien droite; lorsque vos couronnes seront froides, placez-les l'une sur l'autre en garnissant chaque feuille d'une couche d'abricots, et l'autre couronne groseilles, ainsi de suite; parez-les avec une lame de couteau, que le tour de ce gâteau soit bien droit; relevez-le sur un petit fond de pâte d'amandes de trois centimètres plus large que le napolitain; faites ensuite réduire dans un poêlon d'office une marmelade d'abricots au lissé; lorsque votre abricot est bouillant, versez-le sur votre gâteau en ayant le soin de garantir le puits avec un cercle à coupe-pâte uni qui en prend juste l'empreinte; sitôt l'abricot refroidi, décorez le tour de votre gâteau d'ornements légers faits en glace royale poussée au cornet; placez en haut du napolitain une corbeille renversée faite de nougat ordinaire; la harpe, en glace royale; la guirlande de fleurs qui l'entoure, en sucre coulé; la couronne, en sucre roulé; les dessins, en relief, sont en pastillage blanc découpés à jour sur carton; relevez votre gâteau sur un fond en pâte d'office colorié rose, et ornez-le d'une bordure en pâte anglaise découpée à l'emporte-pièce à jour.

Coupe moderne.

Le pied est en nougat perlé; la coupe en nougat ordinaire parsemée de pistaches émondées et hachées; la garniture, de fruits assortis entrelacés de feuillage, en sucre coulé et de branches d'angélique glacée; le fond qui supporte la coupe est en pâte d'office colorié vert, et sa grille en pastillage à jour.

Timbale en génoise.

Placez sur la même tourtière deux cercles à flan de grandeurs différentes; laissez entre eux trois centimètres de vide, que vous remplissez aux deux tiers de pâte à génoise mate; répétez ceci autant de fois qu'il vous sera nécessaire pour obtenir, après leur cuisson et lorsqu'ils auront été posés l'un sur l'autre, une élévation de vingt centimètres environ; mettez ces couronnes à four ordinaire; aussitôt de bonne cuite, sortez-les du four; démoulez de suite; laissez refroidir, et placez-les l'une sur l'autre en appliquant sur chaque couronne une couche de marmelade d'abricots; parez le tour de votre gâteau; masquez-le ensuite d'une autre couche d'abricots passée au tamis; décorez-le de pistaches et d'angélique; garnissez l'intérieur de votre timbale d'un appareil frappé; fermez le dessus d'un petit fond de génoise glacé rose, décoré d'une couronne de laurier en glace royale poussée au cornet; la triple aigrette est en sucre coulé. Cette timbale est placée sur un petit fond en pâte d'office composé de deux gradins glacés rose et vert et décorés d'angélique; puis, sur un deuxième fond en pâte d'office, saupoudré vert et entouré d'une bordure en pâte anglaise découpée à l'emporte-pièce à jour.

Chaumière normande.

Le fond est en pâte d'office colorié blanc; la carcasse du rocher, en pâte d'amandes; le rocher, en morceaux de génoise cassés, que vous faites adhérer à votre carcasse au moyen du sucre cuit au grand cassé, et colorié avec le sucre non pareil ou de toutes couleurs; la plate-forme, sur laquelle est posée la chaumière, est en pâte d'amandes; la chaumière et son escalier sont en nougat perlé; la rampe est en sucre coulé; les arbres sont en nougat ordinaire; les branches, en sucre coulé; les feuilles, artificielles; le champ d'herbes, qui garnit le fond, est en angélique, et la bordure, en sucre coulé.

Châteaubriand.

Le socle est en pâte d'office; son plafond, vert, orné de deux bordures, montante et descendante; le châteaubriand, de forme pentagone, est en pâte d'amandes ou en pâte à frol; chacune de ses parties est masquée d'une marmelade d'abricots recouverte d'une glace différente, et décorée en relief d'une glace royale poussée au cornet; on fait adhérer ses parties au moyen du sucre cuit au grand cassé; l'intérieur du châteaubriand est garni d'une crême dite appareil frappé; il est recouvert d'un plafond en génoise glacé et décoré; le fond sur lequel repose votre pièce est en pâte d'office colorié rose, et orné d'une bordure en pastillage à jour.

Fontaine.

Le socle est en nougat de Provence; le premier et le second gradin sont en pâte d'amandes, glacés vert; les bornes en pâte d'office, glacées

---

SUJETS DE LA PLANCHE XX.

Le nº 1 représente une fontaine.
Le nº 2, une galère.
Le nº 3, un dôme.
Le nº 4, une coupe cannelée à grosses côtes.
Le nº 5, une coupe fontaine.

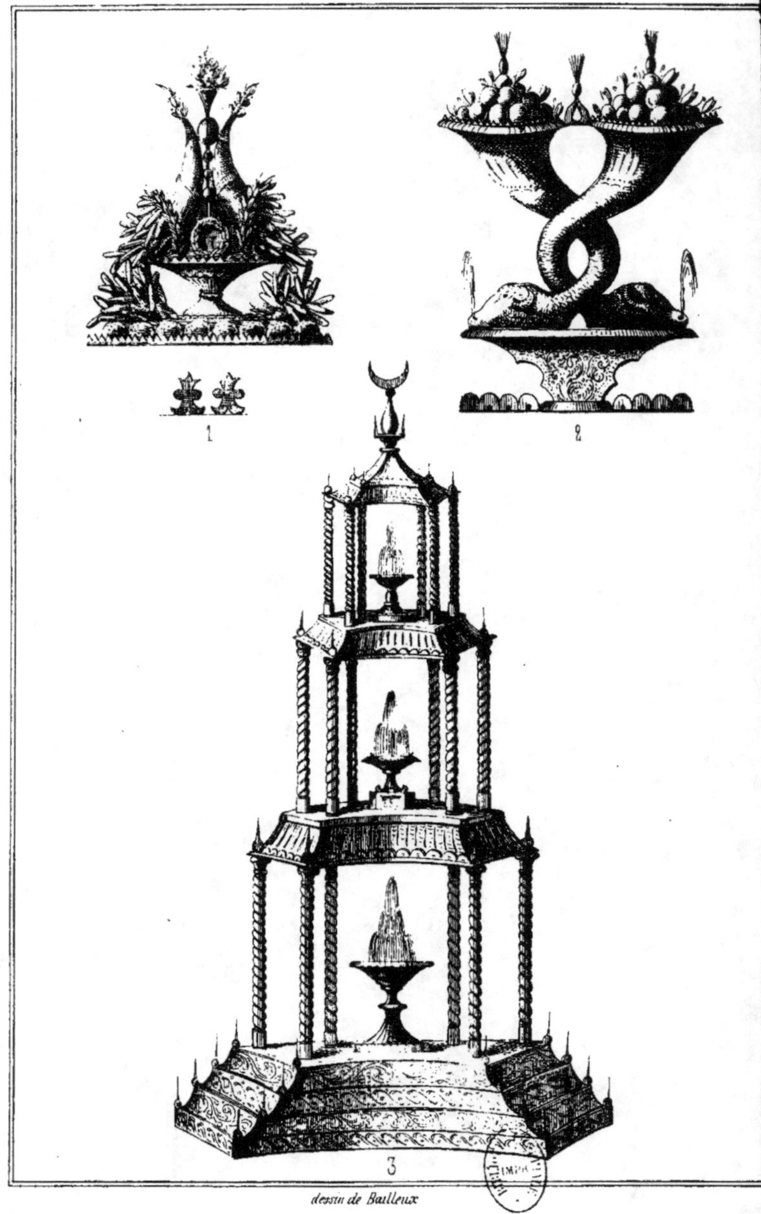

dessin de Bailleux

rose; les chaînes en sucre roulé; les colonnes en nougat ordinaire; le jet d'eau et la cascade en sucre filé; le dôme en nougat perlé, orné d'une galerie d'angélique taillée en dents de loup; l'aigrette en sucre coulé; le bouquet en angélique taillée en losange; le fond sur lequel est posée la pièce est en pâte d'office colorié vert, et la bordure en pâte anglaise.

Galère.

La carcasse du navire est en nougat blanc; le pavillon et les drapeaux sont en sucre filé; le gouvernail en nougat perlé; le grand mât en nougat ordinaire; le pont en nougat blanc; l'ancre et les cordages en sucre coulé; les échelles en sucre roulé; la mer en glace royale légèrement teinte de bleu; imitez les vagues avec la lame d'un couteau; le tour est orné d'une guirlande d'angélique taillée en dents de loup.

Dôme.

Le fond est en pâte d'amandes aux jaunes d'œufs; la galerie qui l'entoure est en coques de meringue; remplissez-les de crème frappée et panachée; le dôme est composé de petits choux ronds et longs garnis de crème fine à l'intérieur, glacés au sucre cuit au grand cassé et trempés dans le sucre colorié; le bouquet est également de choux glacés et panachés; le feuillage qui l'entoure est en sucre coulé et en branches d'angélique; l'intérieur du dôme est garni d'une plombière.

Coupe cannelée à grosses côtes.

La coupe est en nougat ordinaire recouvert d'un panaché; la bordure du pied en feuilletage découpé dans un emporte-pièce cannelé en forme de crête de coq; la garniture qui borde le haut de la coupe est en pâte anglaise; les anses en sucre roulé; la garniture de l'intérieur est composée de fruits confits entrelacés de branches et de feuilles d'angélique; l'aigrette est en sucre coulé, et le fond est en pâte d'office colorié vert, orné d'une bordure en glace royale poussée au cornet.

Coupe fontaine.

Le socle et le fond sont en pâte d'office coloriés vert; la bordure en pastillage à jour; les dauphins en pâte anglaise; l'eau en sucre filé; la coupe en nougat ordinaire, parsemée d'un panaché; les anses en sucre coulé, ornées de feuilles du même sucre, et la garniture en fruits assortis, glacée au sucre cuit au cassé.

SUJETS DE LA PLANCHE XXI.

Le n° 1 représente une coupe plate surmontée de deux cornes d'abondance.
Le n° 2, des cornes entrelacées garnies de fruits.
Le n° 3, un temple turc.

Coupe plate, surmontée de deux cornes d'abondance.

Le bassin est en pâte d'office colorié vert; la bordure en pastillage à jour; le socle est en pâte d'amandes, masqué d'abricots et recouvert d'un panaché; la coupe en pâte à frol glacée rose; la galerie en angélique découpée en dents de loup; la colonne en nougat perlé; l'aigrette en sucre coulé; les cornes en nougat ordinaire; leur garniture en fruits assortis, glacée au sucre cuit au grand cassé; les fleurs qui entrelacent les fruits sont en sucre coulé.

Cornes entrelacées garnies de fruits.

Le socle est en pâte d'office colorié rose; les deux cornes en nougat panaché; les bordures en angélique taillée en dents de loup et glacées au sucre cuit au grand cassé; on peut les garnir de fruits glacés ou de petits fours mélangés; les aigrettes sont en sucre filé, et la petite coupe en nougat ordinaire.

Temple turc.

Le socle est composé de quatre gradins en pâte d'office de grandeurs différentes; le premier est glacé blanc, le deuxième rose, le troisième vert, et le quatrième chocolat; garnissez ces gradins de jolis petits gâteaux glacés et décorés; placez entre chaque gradin un plafond en pâte d'office, chacun glacé d'une couleur différente; les colonnes sont faites en nougat perlé, décorées de filets en glace royale; le chapiteau en nougat ordinaire; le croissant en angélique; les fontaines en nougat blanc; le jet d'eau en sucre coulé; les frontons en pâte d'office, décorés de filets en glace royale; la pièce est placée sur un énorme plateau de pâte d'office colorié vert; la bordure qui entoure le monument est en angélique taillée en dents de loup, et la galerie qui se trouve à l'extrémité du plafond est en pâte anglaise découpée dans un emporte-pièce à jour.

1.

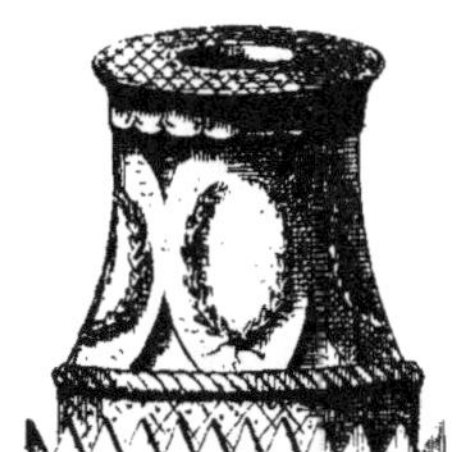

2.

3.

4.

CHAPITRE X.

DES PETITS-FOURS.

PREMIÈRE PARTIE.

MERINGUE FINE.

Pommes de terre.

Ce petit-four se couche en deux parties; placez, après une poche, une douille de deux centimètres de diamètre; garnissez cette poche d'appareil à meringue fine; formez avec, des moitiés de pommes de terre vitelotte de quatre centimètres de longueur sur deux de largeur; couchez-les sur une demi-feuille de papier écolier, à distance de deux centimètres les unes des autres; mouillez ensuite une planche de chêne à l'usage des petits-fours; saupoudrez vos petites couches avec du sucre colorié, rose ou vert; renversez vos papiers pour faire tomber le trop de sucre et relevez-les ensuite sur la planche mouillée; mettez-la au four, extrêmement doux, pendant cinq minutes environ; retirez alors la planche du four, et avec la lame d'un couteau enlevez de dessus le papier vos moitiés de pommes de terre; joignez deux moitiés pour leur donner la forme d'une pomme de terre entière; posez-les adroitement sur un clayon, en évitant que la jonction de la pomme de terre ne touche au clayon; mettez-les à l'étuve pendant vingt-quatre heures, et tenez-les dans un endroit sec.

Raves ou Radis.

Servez-vous de la même poche et du même appareil que ci-dessus.
Couchez sur du papier écolier un point gros comme une boule de loto;
à deux centimètres plus loin, faites une autre partie formant la pointe;
saupoudrez la boule sucre rose et la pointe sucre vert; retournez votre
papier pour faire tomber le trop de sucre; placez ce papier sur une
planche mouillée; posez sur le point rond et bien au centre une petite
portion d'angélique, taillée en queue de radis. Lorsque votre planche
est bien garnie de ces petits-fours, mettez-la à four doux pendant cinq
minutes; retirez aussitôt; puis, avec la lame d'un couteau, enlevez la
partie garnie d'angélique; retournez-la sur votre main; enlevez également la partie allongée; posez-la sur le premier; relevez le tout sur un
clayon; placez ensuite à l'étuve pendant douze heures environ, et tenez
sèchement.

Champignons.

Pour ce petit-four, mettez à votre poche une douille de quatre centimètres de diamètre; emplissez cette poche d'appareil à meringue fine;
couchez sur des demi-feuilles de papier collé un point rond et aplati
de la grandeur d'une pièce de un franc; éloignez-les à distance de deux
centimètres; saupoudrez toutes ces têtes de champignon avec du chocolat non sucré et râpé; puis, sur une seconde feuille de même papier,
couchez des petits points allongés pour former les queues de champignons; saupoudrez ceux-ci de sucre glace; relevez ces feuilles sur une
planche de chêne bien mouillée; mettez-la à four doux pendant cinq
minutes; retirez aussitôt; puis, avec la lame d'un couteau, enlevez de
dessus le papier la partie demi-ronde; retournez-la dans votre main;
prenez ensuite la seconde partie et faites-la adhérer à la première en la
plaçant au centre par le côté pointu; placez ces champignons sur un
clayon; mettez à l'étuve; laissez-les pendant douze heures environ et
relevez-les.

Pommes d'Api.

Couchez sur du papier collé, au moyen d'une poche remplie d'appareil de meringue fine, des petites moitiés de boule ayant forme d'un
pion de loto; placez sur la moitié de ces demi-boules un petit bâton
d'angélique formant la queue de la pomme et sur l'autre moitié un
grain de raisin de Corinthe; saupoudrez le tout de sucre colorié rose;
retournez le papier pour faire tomber le trop du sucre; placez-les ensuite sur des planches mouillées; mettez-les à four doux. Lorsque la
superficie de ces petites pommes formera croûte, sortez-les du four;
puis, avec la lame d'un couteau, détachez-les; prenez et renversez dans
votre main la partie où se trouve l'angélique et rapportez dessus celle
où est placé le grain de raisin; ceci fait, placez ces petites pommes sur

un clayon, et mettez à l'étuve pendant vingt-quatre heures pour bien les sécher.

Poires.

Servez-vous de même poche, douille et appareil que ci-dessus; couchez sur du papier collé des petites boules allongées, ayant la forme d'une moitié de poire coupée sur sa longueur; saupoudrez de sucre vert; faites tomber le trop de sucre en retournant le papier; relevez-les sur des planches mouillées; mettez à four doux. Lorsque votre meringue formera croûte, sortez-la du four; détachez chaque partie avec la lame d'un couteau; doublez-les en ayant le soin de mettre entre les deux et au bout, qui forme la pointe, un petit bâton d'angélique pour imiter la queue de la poire; placez-les sur des clayons. et mettez-les vingt-quatre heures à l'étuve pour ensuite les tenir sèchement.

Grappes de raisin.

Même poche, même douille et même appareil que pour les petits-fours ci-dessus. Couchez sur du papier écolier des demi-grappes de raisin dans leur longueur; saupoudrez-les de sucre vert; secouez vos feuilles et relevez-les sur des planches mouillées; mettez-les à four doux; aussitôt que la superficie de votre meringue formera croûte, retirez du four; avec la lame d'un couteau, enlevez ces demi-grappes; doublez-les pour obtenir la grappe entière; placez entre les deux parties un petit bâton d'angélique pour imiter la queue d'une grappe de raisin; relevez-les à plat sur un clayon; évitez que les grappes ne se touchent, et mettez-les à l'étuve jusqu'à ce qu'elles soient bien sèches.

Petites meringues moelleuses.

Après avoir muni une poche d'une douille de quatre centimètres de diamètre, remplissez-la d'appareil à meringue fine; couchez sur du papier collé des petits clochers ayant à leur base dix centimètres de diamètre et quatre centimètres de hauteur; placez ces petites meringues à deux ou trois centimètres de distance les unes des autres; saupoudrez-les de sucre glace; relevez vos papiers sur des planches mouillées; mettez à four doux; aussitôt de couleur blonde, retirez-les du four; enlevez-les de dessus le papier; doublez-les, c'est-à-dire réunissez les deux parties larges ensemble; posez-les sur des clayons, et mettez-les sécher à l'étuve pendant douze heures environ.

Carottes de Crécy.

Couchez à distance, sur du papier collé, des petites parties de meringue fine d'un centimètre de largeur à leur départ, et de trois centimètres de longueur en venant finir en pointe; saupoudrez-les de sucre rose; renversez le papier pour faire tomber le trop du sucre; puis, placez-les sur des planches mouillées; mettez à four doux; aussitôt que le dessus de vos meringues forme croûte, retirez-les du four; détachez-les avec un couteau; doublez-les, et mettez entre les deux, vers la partie la plus large, un petit morceau d'angélique taillé en forme de queue; placez ensuite ces petites carottes sur un clayon, et faites-les sécher à l'étuve.

Boule pralinée.

Prenez de l'appareil à meringue fine que vous vanillez parfaitement; couchez-la au moyen d'une poche, en lui donnant une forme de petite boule coupée par moitié, et à peu près grosse comme un pion de loto; parsemez dessus des amandes hachées menu; saupoudrez-les de sucre glace; retournez le papier pour faire tomber le trop du sucre; relevez-les sur des planches mouillées; mettez à four doux; aussitôt de couleur blonde, enlevez-les; doublez-les; posez-les ensuite sur un clayon, et mettez-les à l'étuve jusqu'à ce qu'elles soient bien sèches.

Fondants légers.

Beurrez et farinez des plaques bien droites; couchez dessus, et à distance, des petites meringues de quatre centimètres de longueur sur deux de largeur en forme de dos d'âne; vous devez, pour leur donner plus d'élégance, coucher votre meringue à plat en la refoulant sur elle-même par petits gradins, de manière à obtenir une partie haute et basse; parsemez le dessus avec des amandes hachées menu; saupoudrez fortement de sucre glace; retournez vos plaques en les secouant; mettez-les à four doux; aussitôt de couleur blonde, sortez-les du four; avec un couteau, détachez-les des plaques; mettez-les refroidir sur un clayon; puis enduisez la partie plate d'une couche légère de marmelade d'abricots que vous recouvrez d'un glacé quelconque; placez-les de nouveau sur des tourtières, et présentez-les deux secondes à la bouche du four pour brillanter le glacé.

Marguerites.

Couchez avec le même appareil de meringue, et au moyen d'une poche, des petites couronnes de dix centimètres de contour sur deux centimètres de diamètre; rangez à l'intérieur, en les tenant légèrement couchées, des amandes effilées, de manière à formuler des feuilles de marguerite; saupoudrez-les fortement de sucre glace; placez-les sur une planche mouillée; mettez à four doux; lorsque le dessus forme croûte, retirez du four; enlevez vos moitiés de couronne de dessus le papier; doublez-les et posez-les sur un clayon pour les remettre à l'étuve jusqu'à ce qu'elles soient sèches.

Nota. — Je ne donne ici qu'un faible assortiment de petits-fours en meringue fine, mais assez cependant pour donner une idée d'opérer.

Le praticien à qui il plaira d'étendre cette collection, comprendra que la fabrication est toujours la même. Il lui suffira seulement de changer les formes en donnant à chaque objet celle qui lui est naturelle.

DEUXIÈME PARTIE.

PETITS-FOURS APPAREIL MERINGUE ITALIENNE.

Bâtons au café.

Faites réduire à l'état d'essence une certaine quantité de café à l'eau; laissez-le refroidir; puis versez-le goutte à goutte, tout en le mêlant à la spatule dans un appareil de meringue italienne (*voir* Appareil); que cette dernière soit de belle teinte; faites ce mélange aussitôt l'appareil retiré du fourneau; remplissez-en aussitôt une poche garnie d'une douille ayant à son embouchure quatre centimètres de diamètre; couchez sur des plaques ordinaires, beurrées et farinées d'avance, des petits bâtons de quinze millimètres de largeur sur un centimètre de hauteur, en les tenant à distance; cette opération doit être faite le plus promptement possible; une fois votre plaque garnie, mettez-la à four doux; lorsque la superficie de votre meringue forme croûte, retirez du four, et relevez-les sur des clayons.

Bâtons vanillés.

Préparez un appareil de meringue italienne auquel vous ajoutez très peu de vanille; garnissez-en une poche; puis couchez sur des plaques beurrées et farinées des bâtons de la même forme que les bâtons au café, et terminez l'opération comme il est décrit ci-dessus.

Bâtons au chocolat.

Faites dissoudre sur une petite tourtière (selon la quantité de meringue que vous voulez employer) une ou plusieurs tablettes de chocolat pur cacao sans sucre; préparez ensuite votre appareil de meringue; ajoutez-y votre chocolat; mêlez le tout vivement; couchez-les le plus promptement possible sur des plaques beurrées et farinées. Le reste de l'opération comme ci-dessus.

Bâtons à la rose.

Joignez à votre appareil de meringue italienne quelques gouttes d'eau de rose et un peu de carmin de même couleur; mélangez ce tout le plus promptement possible, afin que votre meringue une fois couchée en bâtons soit encore à l'état de tiédeur. Opérez ensuite comme ci-dessus.

Gimblettes vierges.

Beurrez et farinez avec soin des plaques ordinaires les plus droites possible, puis garnissez une poche d'appareil à meringue italienne légèrement vanillée; couchez sur ces plaques des petites couronnes ayant à leur centre deux centimètres de vide; tenez-les assez éloignées les unes des autres pour qu'elles ne se nuisent pas à la cuisson; posez dessus, à égale distance, trois petits morceaux de pistache coupés en filet; placez entre ces derniers trois bonbons bijoux variés en couleur; mettez ensuite ces plaques à four doux; lorsque la superficie de ces petites couronnes sera sèche, détachez-les des plaques avec un couteau d'office dit tranche-lard; doublez-les, et relevez-les sur un clayon.

Gringalets.

Servez-vous d'une poche à laquelle vous mettrez une douille guillochée; puis, avec de l'appareil à meringue italienne sortant du feu, couchez sur des plaques beurrées et farinées des petits rochers ayant à leur base sept centimètres de diamètre sur trois de hauteur et finissant en pointe; écartez-les uns des autres pour qu'ils puissent sécher à leur aise; parsemez légèrement le dessus de sucre colorié rose et vert; mettez-les ensuite à four doux; aussitôt que la superficie fait croûte, retirez du four; détachez-les des plaques et collez-les deux par deux en mettant au milieu un peu d'appareil à meringue; puis relevez-les sur des clayons.

Bigarrés.

Prenez une poche garnie de sa douille, la même qui sert pour les biscuits à la cuillère; remplissez cette poche d'appareil à meringue italienne; puis, couchez sur des plaques beurrées et farinées des petites meringues ayant la forme d'une coquille de noix; saupoudrez-les d'un côté rose et de l'autre côté vert; mettez-les ensuite à four doux; laissez-les pendant deux minutes environ; retirez aussitôt du four, et relevez-les sur des clayons.

Papillottes assorties.

Procurez-vous des petites caisses en papier plissé et de couleurs dif-

Dessin de Poitiers.

férentes (on les trouve toutes faites chez les papetiers en gros); rangez-les ensuite sur des plaques et garnissez-les de meringue italienne, toujours au moyen d'une poche; autant que possible, remplissez-les d'appareil de couleur opposée, c'est-à-dire que les caisses roses se garnissent de meringue blanche vanillée, les caisses vertes d'appareil rose, et ainsi de suite; passez sur chaque papillote un candi léger de goût et de couleur en rapport avec votre appareil; ceci bien fait, mettez vos plaques à four doux pendant quelques secondes seulement pour sécher la superficie de votre meringue; sortez-les du four, et relevez-les sur des clayons.

Rochers.

Aussitôt que votre appareil de meringue est sorti de dessus le feu, joignez-y par égale quantité des amandes effilées; lorsque le tout est bien amalgamé, prenez avec une cuillère à bouche environ vingt grammes de cet appareil que vous posez sur une plaque beurrée et farinée; mettez-les ensuite à four doux; lorsque la superficie est sèche, retirez du four, et relevez aussitôt sur des clayons.

On peut, suivant le goût, varier les couleurs en y mélangeant odeur et carmin.

Cerneaux.

Prenez des plaques bien droites; beurrez et farinez-les avec soin; puis couchez dessus des demi-coques de noix, toujours au moyen d'une poche garnie d'appareil à meringue italienne à la vanille; mettez ensuite à four doux; retirez aussitôt ces coques sèches; garnissez ensuite un cornet de papier d'un peu d'appareil dit glace royale auquel vous mêlez du carmin végétal de couleur jaune; faites alors sur le côté plat de votre petite coque le simulacre d'une noix à moitié épluchées; vos coques garnies, relevez-les sur un clayon.

Chenilles.

Lorsque vous avez préparé des plaques comme pour les petits-fours ci-dessus; couchez dessus, au moyen d'une poche garnie d'appareil à meringue italienne, des parties en zig zag imitant la chenille; coloriez un bout rose et l'autre vert; mettez-les à four doux; aussitôt ces petits-fours secs, retirez-les du four et relevez-les sur des clayons.

Soufflé au chocolat.

Prenez un appareil de meringue italienne à huit œufs; ajoutez-y, après être dissous, du chocolat pur cacao sans sucre; mélangez bien cet appareil; garnissez-en une poche; puis, couchez sur des tourtières beurrées et farinées des petites parties de la grosseur d'une boule de loto; mettez-les ensuite à four doux; lorsque leur gonflement est réalisé et que la superficie forme croûte, sortez-les du four, et relevez-les sur des clayons.

TROISIÈME PARTIE.

PETITS-FOURS EN PATE D'AMANDES.

Marrons brillants.

Prenez de la pàte d'amandes aux jaunes d'œufs (*voyez* Pàte); coupez-la par morceaux de la grosseur d'un marron ordinaire; donnez-leur la forme d'une boule en les roulant dans le creux de votre main; puis, avec le dos d'un couteau d'office, appuyez dessus pour simuler les côtes d'un marron; posez-les ensuite sur des tourtières légèrement beurrées et farinées; dorez bien ces marrons en évitant d'humecter la tourtière, ce qui ferait un très mauvais effet à la cuisson; mettez-les à l'étuve pendant douze heures environ; retirez-les, et redorez-les plusieurs fois, toujours avec précaution; doublez vos tourtières; mettez à four vif; tenez-les constamment sur la pelle; présentez-les à la flamme en les côtoyant jusqu'à ce que vous ayez obtenu le brillant d'un marron grillé; sortez-les aussitôt du four; passez dessus un pinceau imbibé de lait sucré, et relevez-les sur des clayons.

Epis de blé.

Roulez sur le tour une pàte d'amandes aux jaunes d'œufs; coupez-en des petites parties de la grosseur d'une aveline; roulez-les de nouveau en leur donnant la forme d'un épi de blé; puis, avec des ciseaux, incisez votre épi sur trois faces, en commençant vers la partie la plus forte et en diminuant à l'extrémité; relevez-les sur des plaques beurrées et farinées; dorez-les avec soin; mettez à chaque épi un fétu de paille; placez-les à l'étuve pendant douze heures environ; retirez-les; redorez ces petits-fours à plusieurs reprises; doublez vos tourtières; mettez à four vif en les présentant à la flamme pour leur donner une couleur bien dorée; sortez-les du four; passez dessus un pinceau imbibé de lait sucré, et relevez-les sur un clayon.

Pain pistache.

Faites avec de la pàte d'amandes desséchées des petites boules de la

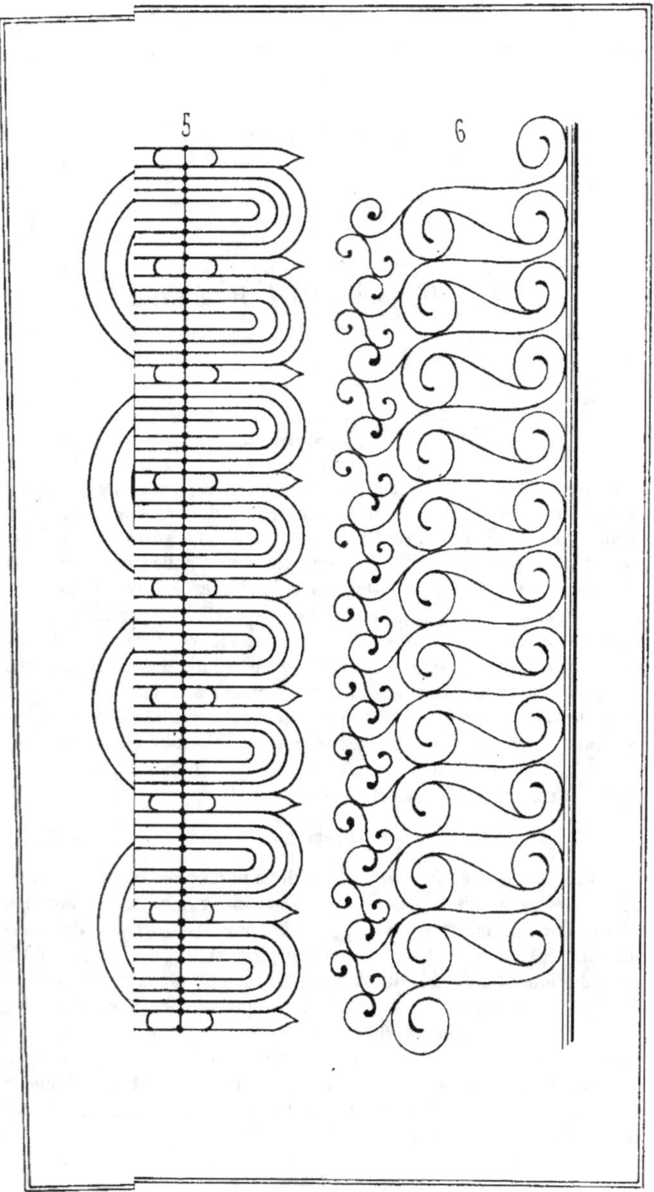
5
6
Pl. 24.

Style moderne.

1 2 3 4 5 6

dessin de Bailleux

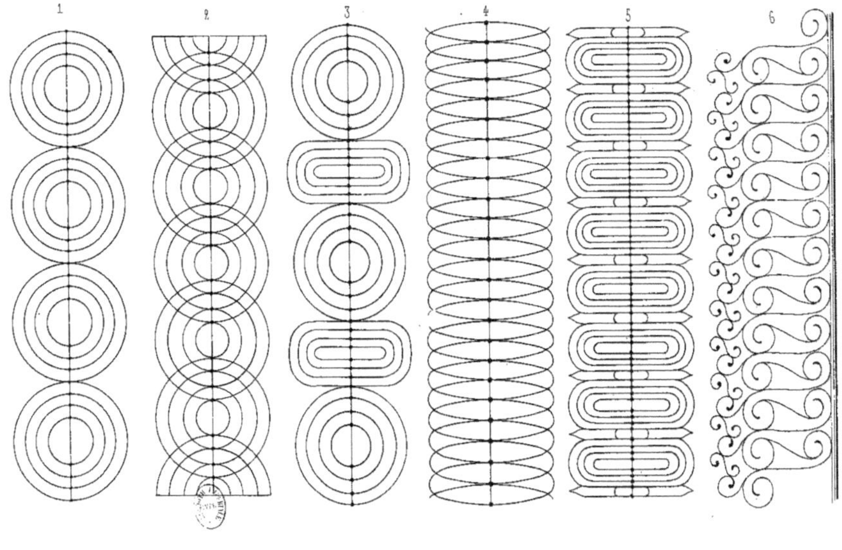

grosseur d'une cerise; posez-les une à une dans des blancs d'œufs battus; transportez-les ensuite dans une caisse garnie à moitié de sucre religieuse; lorsque toutes vos boules y sont placées, secouez fortement la caisse pour que vos petits-fours se trouvent bien imprégnés de sucre; relevez-les sur des tourtières beurrées et farinées; appuyez sur chaque boule avec le bout de l'index pour faire un petit vide; mettez-les douze heures à l'étuve; retirez-les pour leur faire subir pendant quelques minutes l'action du four, que ce dernier soit le plus doux possible, vos petits pains doivent conserver toute leur blancheur; sortez-les alors du four; garnissez la partie creuse d'un peu de marmelade d'abricots passée au tamis; recouvrez-les d'un glacé aux pistaches; reposez-les deux secondes au four pour leur donner le brillant, et relevez-les sur des clayons.

Saucissons de Lyon.

Après avoir fait dessécher un demi-kilog. de pâte d'amandes (à demi-kilog. d'amandes pour un demi-kilog. de sucre), renversez-la sur le tour que vous avez eu soin de saupoudrer de belle farine; ajoutez à cette pâte quatre tablettes de chocolat pur cacao sans sucre, qui doit être dissout à l'avance, soit en le posant sur une tourtière à la bouche du four, ou en le mettant dans une petite casserole sur de la cendre chaude; ajoutez-y encore une poignée de pistaches et autant d'amandes douces, toutes deux émondées; mélangez bien à la main toutes ces substances avec votre pâte d'amandes; roulez ensuite cette pâte en lui donnant la forme d'un saucisson de Lyon; dorez-le au blanc d'œuf sucré; roulez-le aussitôt dans une bande de papier de plomb que vous y faites adhérer le plus serré possible pendant que votre saucisson est encore chaud; découpez-le en tranches minces, comme les marchands de comestibles en ont l'habitude lorsqu'ils le vendent au détail, et tenez-les dans un endroit sec.

Gruyère en tranches.

Prenez de la pâte d'amandes que vous desséchez avec beaucoup de précaution; transvasez-la dans un autre poêlon d'office; continuez à remuer en l'humectant avec du lait jusqu'à ce que cette pâte ait acquis assez de corps pour que l'on puisse, étant froide, la couper sans la déformer; puis, beurrez un petit moule rond (dit à mancquer) ou une casserole dont le fond ait trente centimètres de diamètre; couchez-y votre pâte d'amandes en la tenant serrée le plus possible; démoulez-la aussitôt froide, et étendez sur toutes les parties une légère couche de carmin rose, ce qui doit imiter parfaitement le gruyère suisse; découpez-le alors par petites tranches minces, et relevez-les sur des clayons en évitant que les morceaux se touchent.

Feuille de chêne ornée de glands.

Après avoir desséché un demi-kilog. de pâte d'amandes (à kilog. pour kilog.), renversez-la dans un mortier où vous avez pilé d'avance soixante grammes de pistaches ; mêlez bien ces deux substances en y ajoutant un tant soit peu de carmin végétal vert ; lorsque ce mélange est bien fait, joignez-y quelques gouttes de lait pour donner du corps à la pâte et la rendre plus onctueuse ; puis, saupoudrez le tour à pâte d'une poignée de farine ; relevez dessus votre pâte d'amandes que vous abaissez le plus mince possible, et avec un emporte-pièce à feuilles découpez dessus des petites feuilles que vous relevez sur des plaques beurrées et farinées ; mettez-les douze heures à l'étuve pour ensuite les faire cuire à four extrêmement doux pendant dix minutes à peu près ; aussitôt sorties du four, passez dessus un pinceau imbibé de lait sucré.

Reste à garnir cette feuille d'un gland ; cette opération se fait au moyen de deux cornets, l'un garni de glace verte à décorer, l'autre de glace blanche, avec lesquelles on fait en relief et au centre de la feuille le gland de chêne ; ceci fait, relevez-les sur des clayons.

Navettes à l'angélique.

Prenez de la pâte d'amandes aux jaunes d'œufs ; découpez-la par petites parties de la grosseur d'une aveline ; roulez chacune de ces parties sur le tour en leur donnant la forme d'une petite navette ; passez-les dans le blanc d'œuf battu ; mettez-les dans une caisse garnie de sucre religieuse que vous secouez fortement ; puis, beurrez et farinez des tourtières ; relevez dessus vos petits-fours ; fendez-les sur le dessus dans toute leur longueur ; tenez le milieu de cette ouverture plus large que les bouts ; mettez-les à l'étuve pendant douze heures environ ; retirez-les ; doublez vos tourtières pour les mettre ensuite à four modéré ; aussitôt vos petits-fours de couleur blonde, retirez-les du four ; garnissez l'incision de glace royale, sur laquelle vous placez un petit bâton d'angélique verte, et relevez-les sur des clayons.

Petits nids.

Faites une pâte d'amandes aux jaunes d'œufs ; passez-la sur le tour dans un tamis de fil de laiton ; cette opération se fait en appuyant sur la pâte d'amandes avec le dos d'une cuillère en bois ; lorsque vous en avez une couche égale de deux centimètres d'épaisseur, enlevez dessus avec un emporte-pièce uni de sept centimètres de diamètre des petites parties que vous relevez sur des tourtières, sur lesquelles vous avez passé une couenne de lard, pour ensuite les fariner ; faites au centre de ces petites parties, avec l'index, un trou qui pénètre à peu près à moitié de votre petit-four ; mettez vos tourtières à l'étuve pendant douze heures ; retirez-les ; mettez-les à four ordinaire sans oublier de les doubler ; aussitôt ces petits nids d'une couleur blonde, retirez-les; passez dessus un pinceau imbibé de lait sucré; saupoudrez la partie humectée d'un peu de sucre vert; garnissez le vide qui se trouve au milieu de ces petits nids avec un peu de glace royale que vous recouvrez de petites dragées dites pinevinettes, et relevez-les sur un clayon.

Noisette franche.

Prenez de la pâte d'amandes ordinaires; desséchez-la; puis, renversez-la sur le tour; joignez-y un tant soit peu de farine de gruau; mélangez le tout parfaitement; faites ensuite, de cette pâte, une abaisse de quatre millimètres d'épaisseur; enlevez dessus, avec un coupe-pâte à noisettes, autant de ces dernières que vous jugerez nécessaires; enveloppez une grosse aveline dans chaque partie et joignez-les le mieux qu'il vous sera possible; faites un petit bouquet avec quatre de ces noisettes, que vous collez au jaune d'œuf; placez-les sur des tourtières, passées à la couenne et farinées; dorez-les de toute part; mettez-les à l'étuve pendant douze heures à peu près; retirez-les et dorez-les à plusieurs reprises; doublez vos tourtières; mettez-les à four vif; tenez-les constamment sur la pelle; cotoyez-les à la flamme jusqu'à ce que vous ayez obtenu un blond foncé; retirez alors du four; passez entre chaque noisette un pinceau imbibé de lait sucré; saupoudrez immédiatement avec un sucre colorié vert, et relevez ces noisettes sur des clayons.

Croquants légers.

Faites avec une pâte d'amandes légère une abaisse de quatre millimètres d'épaisseur; étendez sur toute la superficie une couche mince d'appareil dit glace royale. Pour cet emploi, cette glace ne doit être que mêlée seulement. Découpez au couteau ou à l'emporte-pièce toutes sortes de sujets imaginables; relevez-les ensuite sur des plaques beurrées et farinées; évitez que ces petits-fours se touchent; mettez à four doux; aussitôt de couleur blonde, retirez-les du four et relevez-les.

Cigares.

Saupoudrez de farine le tour à pâte; renversez dessus une pâte d'amandes sortant d'être desséchée; ajoutez-y du chocolat et de préférence du pur cacao sans sucre; lorsque votre mélange est bien fait, découpez cette pâte par petite partie, que vous roulez en forme de cigare; ajoutez à chacun et du côté le plus étroit un petit fétu de paille; relevez-les sur des tourtières beurrées et farinées; mettez à l'étuve pendant douze heures environ; relevez-les pour les remettre à four doux; aussitôt que le dessus forme croûte, sortez-les du four; relevez-les sur des clayons; trempez le bout de chaque cigare dans un carmin végétal rose, puis dans du sucre au grand cassé pour donner le brillant.

Chemin de fer.

Prenez de la pâte d'amandes aux jaunes d'œufs, parfaitement pilée; puis, sur des plaques beurrées et farinées et au moyen d'une seringue garnie d'une douille imitant un rail fer, couchez des bandes de pâte d'amandes de toute la longueur de vos plaques; dorez-les; mettez-les douze heures à l'étuve; retirez-les; redorez-les de nouveau à plusieurs reprises; doublez vos plaques; mettez-les à four vif; tenez-les en suspend sur la pelle; présentez-les à la flamme de votre éclat pour obtenir un brillant pour que les parties saillantes soient un peu plus foncées; retirez aussitôt du four; passez sur chaque bande un pinceau imbibé de lait sucré; détachez-les ensuite et placez-les sur le tour; coulez au centre et dans la partie creuse une glace au curaçao ou autre; coupez ces bandes en petites losanges et relevez-les sur des clayons.

Pommes d'apis amandes.

Après avoir desséché de la pâte d'amandes, découpez-la par petites parties de la grosseur d'une aveline; roulez-la dans le creux de vos mains pour en former de petites boules; posez-les sur des tourtières beurrées et farinées; mettez en dessous un grain de Corinthe, ce qui doit imiter l'œillet de la pomme, et posez sur le dessus une petite queue soit en angélique ou un petit brin de bouleau; coloriez ces petits-fours d'un côté rose et de l'autre vert; dorez-les ensuite légèrement; mettez à l'étuve douze heures à peu près; retirez alors et redorez-les de nouveau; puis, mettez à four doux pendant dix minutes; sortez-les; passez dessus un pinceau imbibé de lait sucré et relevez-les.

Écorces d'oranges.

Après avoir desséché de la pâte d'amandes, faites-en une abaisse de quatre à cinq millimètres d'épaisseur; enlevez dessus, avec un emporte-pièce ovale, des petits fonds de grandeur d'écorces d'oranges coupées en quatre; courbez-les sur des petits bâtons parfaitement beurrés et de dix centimètres de diamètre; dorez ces petits-fours avec soin; posez vos bâtons sur des tourtières; mettez à l'étuve pendant une douzaine d'heures; retirez-les ensuite; redorez-les de nouveau; mettez à four vif; aussitôt de belle couleur, retirez du four et relevez-les.

Petites tuiles.

Faites une abaisse en pâte d'amandes comme pour les écorces d'oranges; découpez dessus, avec le couteau, des petites parties de deux centimètres de largeur sur quatre de longueur; courbez-les ensuite sur des bâtons beurrés; dorez-les avec soin; étuvez-les pendant douze heures; retirez-les et redorez de nouveau; parsemez dessus des pistaches émondées et hachées menu; mettez-les à four vif; aussitôt de couleur blonde, sortez-les du four; passez dessus un pinceau imbibé de lait sucré et relevez-les sur des clayons.

Ruche.

Prenez à la sortie du poêlon une pâte d'amandes desséchée; coupez-la par petites parties, que vous roulez en forme de ruche; placez-les sur des tourtières beurrées; dorez-les à plusieurs reprises; mettez autour de ces petites ruches des moitiés d'amandes en sens inverse; appuyez-les fortement pour les y faire adhérer; placez-les à l'étuve pendant douze heures; retirez-les et redorez-les plusieurs fois; doublez vos tourtières; mettez le bout de l'index dans un peu de jaune d'œuf pour le poser sur le haut de votre ruche; placez-les à four vif; tenez vos petits-fours en suspend sur la pelle; présentez-les à la flamme de votre éclat jusqu'à ce que vous ayez obtenu une couleur bien blonde; retirez aussitôt du four; passez dessus un pinceau imbibé de lait sucré et relevez-les de suite.

Manière de coucher et de cuire toutes espèces de macarons.

Prenez du papier collé, coupez-le de la largeur et de la longueur d'une plaque ordinaire; placez-le sur cette dernière; prenez ensuite avec la main des petites parties de votre pâte à macarons; couchez-les sur du papier en les tenant de la grosseur voulue; éloignez-les pour qu'ils ne se touchent pas à la cuisson; trempez ensuite votre main dans l'eau fraîche; mettez-la à plat sur vos macarons, ce qui leur donne le glacé qu'ils possèdent lorsqu'ils sortent du four.

Si vous désirez des macarons moelleux, doublez vos plaques; mettez-les à four ordinaire; laissez les bouchoirs du four fermés tant que dure la cuisson; aussitôt de couleur bien blonde, retirez du four; ôtez vos feuilles de dessus les plaques; posez-les à plat sur le tour à pâte jusqu'à ce que vos macarons soient froids; détachez-les ensuite et relevez-les sur des guéridons.

Si au contraire vous voulez des macarons secs, mettez vos plaques à four doux sans les doubler; laissez vos bouchoirs constamment ouverts; aussitôt vos macarons de couleur blonde, retirez-les du four et laissez-les refroidir sur des plaques pour ensuite les détacher du papier. Ceci se fait en retournant les feuilles sur le tour et en imbibant d'eau le revers du papier; votre macaron se détache sans aucune difficulté; placez-les alors sur des guéridons.

QUATRIÈME PARTIE.

PETITS-FOURS DIVERS.

Biscuits à la cuillère.

Mettez à une poche une douille ayant à son embouchure cinq centimètres de diamètre ; garnissez cette poche de pâte à biscuits à la cuillère (*voir* Pâte) ; puis préparez des feuilles de papier collé taillé en bandes de dix centimètres de largeur sur quarante de longueur ; couchez dessus des petits biscuits de huit centimètres de longueur sur deux de largeur et en dos d'âne ; saupoudrez-les de sucre glace ; retournez les feuilles pour faire tomber le trop du sucre ; relevez-les ensuite deux par deux sur des plaques ; mettez-les à four ordinaire ; aussitôt de couleur blonde et de bonne cuite, retirez-les du four ; laissez-les refroidir ; relevez ces feuilles l'une sur l'autre jusqu'au moment de faire emploi de vos biscuits ; il faut, à ce moment, les détacher avec un couteau dit tranche-lard.

Croquignoles et os de grenouilles.

Préparez des plaques ordinaires bien droites ; nettoyez-les bien quoi qu'elles puissent vous paraître très propres ; passez dessus une couenne de lard bien grasse, et mettez à mesure chaque plaque de côté ; prenez ensuite une poche de grandeur ordinaire ; adaptez-y une douille qui ait à son embouchure deux centimètres de diamètre ; garnissez cette poche de pâte à croquignoles (*voir* Pâte) ; puis couchez sur vos plaques des petits points de la grosseur d'un bouton de guêtre ; tenez-les assez éloignés les uns des autres. Ceci est pour les croquignoles. Maintenant, sur la seconde plaque, au lieu de points ronds, couchez des petits bâtons de quatre centimères de longueur sur huit millimètres de largeur ; lorsque vos plaques se trouvent garnies de ces petits-fours, placez-les pendant douze heures à l'étuve ; retirez-les ; mettez-les à four doux ; aussitôt que vos petits-fours ont atteint leur gonflement et qu'ils sont de couleur bien blonde, retirez-les du four ; passez dessus un pinceau imbibé de lait sucré ; détachez-les de dessus les plaques, et relevez-les dans une corbeille.

Copeaux et rubanettes.

Prenez l'une ou l'autre de ces pâtes; garnissez-en une poche munie d'une douille (la même que pour les croquignoles ci-dessus); puis, sur des plaques beurrées et farinées, couchez en travers des petits rubans de vingt centimètres de longueur sur huit millimètres de largeur; lorsque vos plaques en sont bien garnies, mettez-les à four ordinaire; aussitôt que vos rubans sont d'un blond tendre, attirez l'une après l'autre chaque plaque à la bouche du four; détachez un par un vos petits rubans; roulez-les à mesure avant qu'ils ne soient entièrement froids autour d'un osier; retirez-les de cette forme; posez-les sur des clayons; tenez-les au sec et hermétiquement fermés jusqu'au moment d'en faire usage.

Petites oublies ou cornets panachés.

Beurrez et farinez des tourtières bien droites; couchez dessus, avec une cuillère à bouche, des petites parties de pâte à cornet; étendez-les avec le doigt en les arrondissant de la grandeur d'une pièce de 5 francs; mettez votre tourtière à four ordinaire; lorsque vos petits-fours sont de couleur bien blonde, retirez-les à la bouche du four; détachez-les un à un et tournez-les sur votre doigt en leur donnant la forme d'un petit cornet; cette opération terminée, garnissez toutes ces petites oublies au moyen d'une poche remplie d'appareil à meringue fine; saupoudrez-les ensuite de sucre rose ou vert; mettez-les étuver pendant douze heures, et relevez sur des clayons.

Chapeau d'abbé.

Abaissez sur le tour une pâte à frol de quatre millimètres d'épaisseur; enlevez dessus, avec un emporte-pièce uni de quatorze centimètres de diamètre, des petits fonds; lorsque vous en avez une quantité suffisante, rangez-les sur le tour; placez au centre de chacun une amande d'aveline; relevez votre pâte en trois parties sur cette dernière pour imiter le petit chapeau; relevez-les ensuite sur des tourtières beurrées et farinées; cuisez-les à four doux; retirez-les aussitôt de couleur blonde; imbibez-les au moyen d'un pinceau trempé dans le lait sucré; décorez-les de filets en glace royale, et relevez-les sur un guéridon.

Palais de dame.

Lorsque vous avez fait une pâte de palais de dame (*voyez* Pâte), prenez-en avec une cuillère à bouche par petites quantités que vous couchez de la grandeur d'une pièce de un franc sur des tourtières beurrées et farinées; lorsque les tourtières sont garnies, mettez à four doux; aussitôt de couleur blonde, retirez-les; détachez-les, et sur le côté plat étendez une couche mince de marmelade d'abricots, que vous recouvrez

de glace de différentes nuances; représentez au four pendant quelques
secondes pour leur donner le brillant, et relevez-les.

Palais riche.

Prenez une moyenne poche; garnissez-la d'une douille ayant à son
embouchure trois centimètres de diamètre; remplissez cette poche de
pâte à palais riche; puis couchez à distance, sur des tourtières beurrées
et farinées, des petits points de la grosseur d'une boule de loto; lorsque
vos tourtières en sont garnies, mettez-les à four ordinaire; aussitôt que
ces petits-fours sont d'un brun blond, retirez-les; passez dessus un pinceau imbibé de lait sucré, et relevez-les sur un guéridon.

Massepains variés.

Mettez dans une seringue une pâte d'amandes desséchées ou une pâte
sèche dite à thé; puis, après avoir beurré et fariné des plaques bien
droites, couchez et taillez sur toute leur longueur différents dessins;
ceux-ci se reproduisent en changeant la douille de la seringue;
dorez-les ensuite à plusieurs reprises; mettez-les à l'étuve pendant
douze heures environ; redorez-les plusieurs fois; doublez alors vos plaques; placez-les à four vif; aussitôt vos massepains de couleur blonde
un peu foncée, sortez-les du four; passez dessus un pinceau imbibé de
lait sucré, et relevez-les.

Biscottes de Bruxelles.

Faites un rouleau de votre pâte, qu'il soit à peu près de la grosseur
d'un doigt; découpez-le par petits morceaux équivalents à une aveline;
roulez-les ensuite sur le tour en faisant une petite pointe à chaque
bout; relevez-les sur des plaques beurrées; éloignez ces petits morceaux
les uns des autres de deux centimètres environ; dorez-les à plusieurs
reprises; ceci fait, incisez le dessus sur toute la longueur avec la pointe
d'un petit couteau d'office; écartez cette ouverture; doublez vos plaques; mettez-les à four vif; aussitôt vos biscottes de couleur bien
blonde, retirez-les du four et passez dessus un pinceau imbibé de lait
sucré; puis relevez-les.

Croquantis.

Faites de votre pâte une plate-bande de six centimètres de largeur sur
un centimètre d'épaisseur; coupez cette bande en travers et par petites
tranches le plus mince possible; relevez-les sur des plaques; éloignez
ces petits-fours les uns des autres; dorez-les plusieurs fois de suite;
doublez vos plaques; mettez-les à four vif; retirez-les lorsqu'ils sont
bien blonds; imbibez le dessus avec un pinceau trempé dans le lait sucré, et relevez ces petits-fours sur un guéridon.

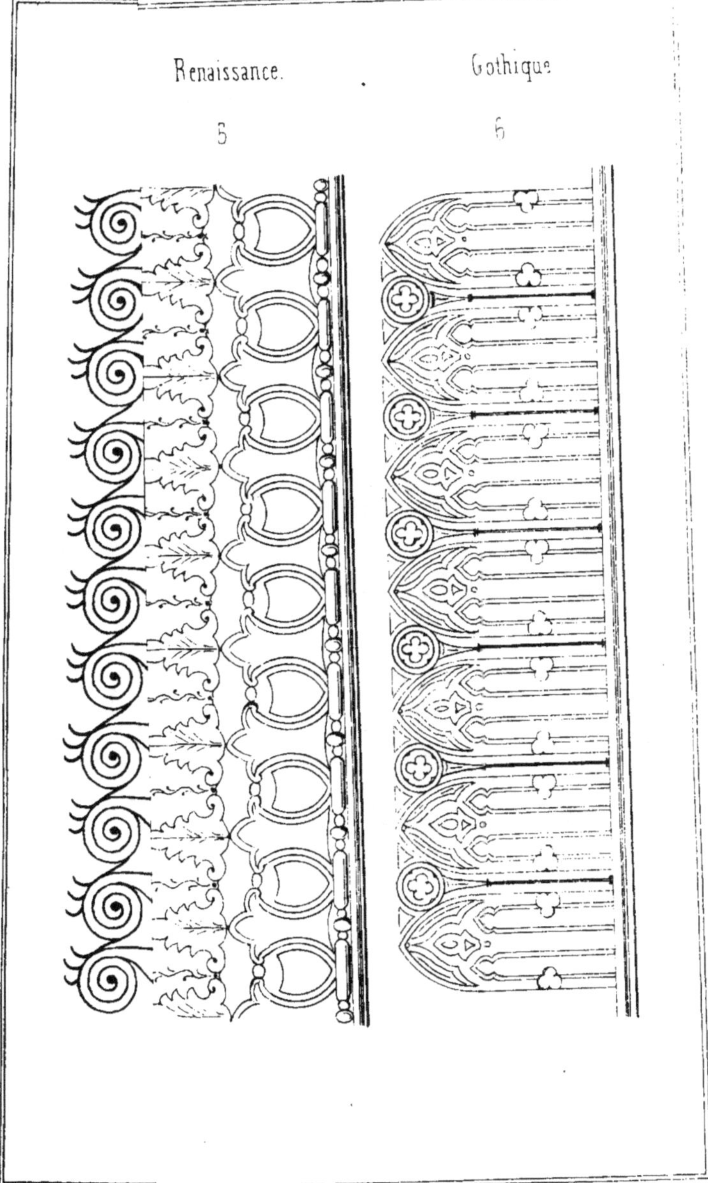

Renaissance.
5
Gothique
6

Idéal
1
Moderne
2
Composite.
3
Moresque.
4
Renaissance.
5
Gothique.
6

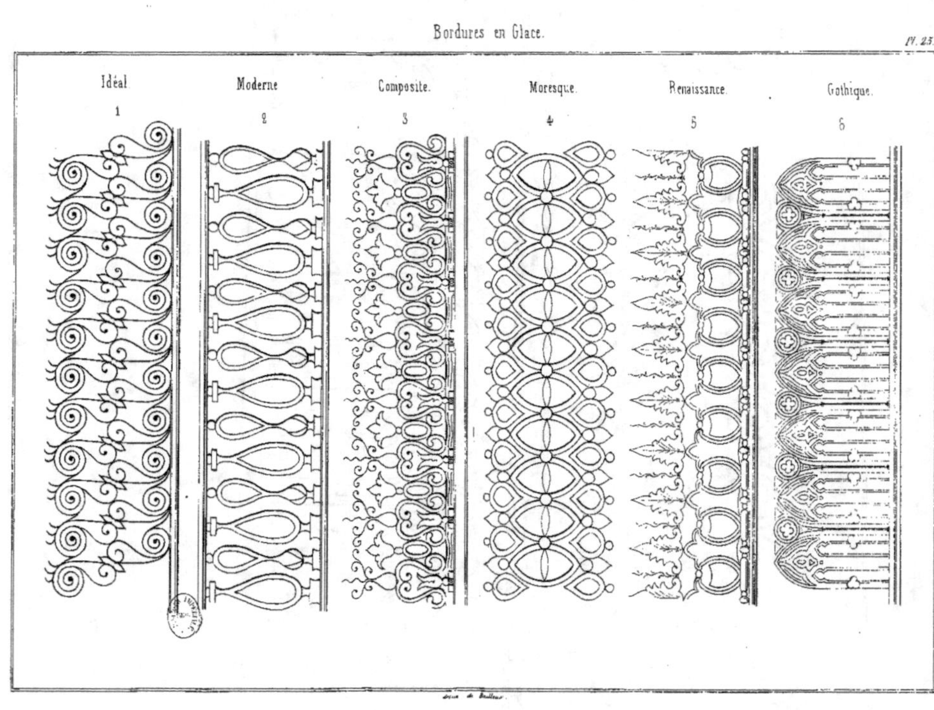

Pl. 23.

Langues de chat.

Emplissez une poche de votre pâte (*voir*); puis couchez sur des plaques beurrées et farinées des petits bâtons de quatre centimètres de longueur. très larges des deux bouts et étroits au centre; lorsque vos plaques en sont bien garnies, mettez-les à four ordinaire; retirez-les aussitôt de couleur blonde, et relevez-les.

Pains de Grésigny.

Roulez votre pâte de la grosseur d'un brin d'osier et de la longueur de vingt centimètres; relevez-les sur des plaques bien droites, beurrées et farinées; dorez ces petits pains plusieurs fois de suite; mettez-les à four ordinaire; aussitôt d'un blond un peu foncé, retirez-les du four; passez dessus un pinceau imbibé de lait sucré, et relevez-les.

Gaufres allemandes.

Prenez avec une cuillère à bouche assez de pâte à gaufres pour en faire, sur des tourtières beurrées et farinées, des couches rondes de quatre centimètres de largeur; parsemez chaque couche d'amandes effilées de gros sucre cassonné et de raisins de Corinthe; mettez-les à four ordinaire; aussitôt de couleur blonde, sortez-les du four; suspendez un manche à balai sur deux cloches; placez-y vos gaufres; courbez-les en les appuyant fortement avec la main pour leur faire prendre l'empreinte de ce bâton; lorsque vos gaufres sont froides, relevez-les sur un guéridon.

Craquelins ou petits-fours ordinaires.

Roulez sur le tour des petits cordons de pâte à biscotte de Bruxelles; coupez-les par petites parties; roulez de nouveau pour faire prendre à cette pâte toutes les formes imaginables, comme lunettes, cordons tors, nœud de cordes, petites chenilles, couronne modelée, etc., etc.; relevez-les ensuite sur des plaques beurrées et farinées; dorez-les plusieurs fois de suite; doublez vos plaques; mettez-les à four vif; aussitôt d'un blond légèrement foncé, sortez-les du four; passez dessus un pinceau imbibé de lait sucré, et relevez-les sur des clayons.

Météore panaché.

Garnissez une poche de pâte à biscuits à la cuillère; couchez sur des feuilles de papier collé des petits points de la grosseur d'une boule de loto; lorsque vous en avez un nombre suffisant, saupoudrez-les de sucre glace; relevez vos feuilles sur des plaques, et mettez-les à four ordinaire; retirez-les aussitôt de couleur blonde; détachez-les du papier; prenez une de ces petites boules; garnissez-la d'abricots, et rapportez dessus une seconde partie; enduisez toute la surface de ce petit four d'une légère couche d'abricots ; piquez-les ensuite dans une brochette en bois ou en fil de fer ; glacez ces petites boules de toutes nuances, noir chocolat, rose curaçao, jaune orange, vert pistache, etc., etc.; représentez-les quelques secondes à la bouche du four pour les brillanter, et relevez-les sur des clayons.

Bâtons de génoise panachés.

Faites une pâte de génoise mate (*voir* Pâte); couchez-la dans une caisse plate; n'en mettez que la quantité nécessaire pour que votre génoise n'ait après la cuisson que quinze millimètres d'épaisseur; découpez-la par bandes de quatre centimètres de largeur ; taillez-la en travers par petits bâtons de quinze millimètres carrés; étendez sur la superficie de chaque bâton une couche d'abricots passée au tamis, que vous parsemez ensuite d'un panaché très fin, et relevez-les sur des clayons.

Œil-de-bœuf.

Découpez sur une bande de génoise, et avec un emporte-pièce uni et rond de huit centimètres de diamètre, la quantité de petits-fours dont vous aurez besoin ; enlevez de dessus en faisant un fond à ces petites couronnes, ce qui reste doit avoir trois millimètres de largeur ; remplissez le vide de marmelade d'abricots que vous recouvrez d'une glace quelconque ; posez au centre un bonbon bijou de nuance différente, et relevez-les sur un clayon.

Ver luisant.

Emondez et pilez quelques pistaches ; joignez-y la pâte d'amandes aux jaunes d'œufs proportionnée au nombre de petits-fours que vous désirez; une fois ce tout bien mêlé, coupez votre pâte par petites parties; faites-leur prendre, en les roulant dans vos mains, la forme d'une amande de Provence en coque; placez-les ensuite sur des tourtières légèrement beurrées ; dorez-les avec soin ; doublez les tourtières, et mettez à four doux; aussitôt que le dessus de vos petits fours forme croûte, retirez-les ; détachez-les de dessus les plaques; glacez-les avec une glace aux pistaches faite à froid; représentez-les une seconde au four, et relevez-les sur des clayons.

Lovelace.

Garnissez une seringue d'une douille ronde; emplissez-la de pâte à macarons moelleux ; puis couchez sur des plaques beurrées et farinées trois petits points posés en triangle et se touchant presque; parsemez ensuite ce petit-four de sucre cassonné ; mettez-le ensuite à four ordinaire; tenez-le de couleur bien blonde ; retirez-le alors du four ; détachez-le de dessus les tourtières; étendez sur la partie plate une légère couche de marmelade d'abricots que vous glacez de différentes nuances; représentez une seconde au four et relevez sur des clayons.

Angélique en serge.

Découpez des petites bandes d'angélique; masquez-les d'une forte couche d'abricots passée au tamis que vous recouvrez d'une glace quelconque; présentez-les quelques secondes à la bouche du four pour bien sécher la superficie; lorsque votre glacé est froid, nouez chaque petit bâton avec des faveurs de couleurs différentes, et relevez-les sur un guéridon.

CHAPITRE XI.

DES CONSERVES ET SIROPS.

PREMIÈRE PARTIE.

Des Terrines et de la manière de les couvrir.

Lorsque vos conserves sont froides, à peu près vingt-quatre heures après leur cuisson, et qu'elles sont transvasées dans des terrines ou calottes, vous nettoyez avec soin le tour de ces dernières ; puis, découpez un papier écolier pour qu'il prenne juste l'empreinte de ces calottes, de manière qu'étant posé sur les fruits, il ne fasse aucun pli ; trempez ce papier dans du Cognac ; laissez-le bien égoutter et placez-le comme il est dit ci-dessus ; prenez un second papier, n'importe sa qualité, qu'il puisse cependant résister à son emploi ; découpez-le sur la calotte ; faites-lui dépasser les bords de quatre centimètres au moins ; étendez-le bien, qu'il ne fasse aucun pli. Il est nécessaire, pour bien réussir ce travail, de se mettre à deux, surtout lorsque l'on veut maintenir le papier au moyen de ficelle, autrement on est obligé de faire usage de colle de pâte ; toutes vos calottes ainsi couvertes, placez-les dans un endroit bien sec et aéré autant que possible, de cette manière vos conserves peuvent se garder plusieurs années sans s'altérer.

Pour toutes conserves, on ne doit faire usage que de terrines ou calottes non vernies ; car l'acide que renferme les conserves détacherait le vernis et serait d'un effet fâcheux.

Les ustensiles qui servent pour le travail de conserves, doivent être de cuivre non étamé, et toujours d'une grande propreté. Chaque fois que l'on s'en sert, on doit les passer dans l'eau bien fraîche et bien les essuyer.

Confitures de groseilles framboisées.

Placez dans une bassine de cuivre non étamée dix kilog. de groseilles rouges en grappes, plus cinq kilog. de groseilles blanches et un kilog. de framboises ; choisissez ces groseilles bien mûres ; prenez-les avec les mains dans votre bassine ; mettez-la quelques minutes sur un fourneau doux pour attendrir vos fruits, afin d'en extraire le jus avec plus de facilité ; placez alors un tamis sur une terrine de grès non vernis ; versez-y le contenu de votre bassine ; pressez vos fruits de nouveau avec les mains jusqu'à ce qu'il ne reste plus de jus ; pesez ensuite ce dernier ; remettez-le dans la bassine, qui aura dû être nettoyée, et ajoutez à votre jus un poids égal de sucre de canne, cassé par petits morceaux, pour qu'il fonde promptement (je ne saurais trop recommander de ne remplir la bassine qu'à moitié, afin d'éviter que le contenu ne s'en échappe, lorsqu'il est en ébullition); préparez un fourneau de charbons de bois; posez dessus une chevrette, et placez sur cette dernière votre bassine, que vous ne quitterez pas d'un seul instant, afin de pouvoir remuer le contenu et bien l'écumer, lorsque l'ébullition commence ; allégez votre sirop, avec une écumoire en cuivre, en enlevant une petite quantité, que vous laissez retomber sur la partie bouillante, ce qui empêchera votre liquide de trop s'élever. Il faut, pour que votre groseille soit cuite à point, qu'elle bouille toujours au même degré pendant un quart-d'heure ; il est bien entendu qu'il faut constamment écumer ; retirez-la aussitôt le temps voulu et transvasez-la dans des calottes, en conservant à celles-ci deux centimètres de bord ; placez-les dans un endroit frais ; lorsque votre confiture est froide, terminez-la comme il est écrit à l'article ci-dessus.

Marmelade d'abricots (ordinaire).

Procurez-vous de beaux abricots dits de plein champ ou autres ; ouvrez-les en deux parties ; mettez le noyau à part ; pesez vos fruits ; pour vingt kilog. de ces derniers, préparez quinze kilog. de beau sucre que vous cassez par petits morceaux ; réunissez sucre et fruits dans une bassine ; mélangez-les bien avec une cuillère de bois pour en obtenir un sirop ; chargez un fourneau aux charbons de bois; lorsqu'il est bien enflammé, mettez dessus votre bassine, qui doit toujours poser sur une chevrette ; remuez constamment avec une cuillère de bois ou palette faite à cet usage et qui prenne bien l'empreinte du fond de la bassine ; lorsque votre marmelade est à son degré d'ébullition, modérez l'ardeur du feu ; vous pouvez, sans aucun danger, la laisser bouillir pendant vingt minutes ; ce temps révolu, mettez sur une assiette quelques gouttes de votre marmelade ; laissez-la refroidir ; puis, si en les touchant avec l'index et le rapprochant du pouce, vous obtenez un fil cuit au petit lissé, votre marmelade est cuite à son degré; retirez-la du feu et transvasez-la dans des calottes (*voir* art. 1er).

Lorsque vous désirez joindre à cette marmelade les amandes de vos abricots, cassez les noyaux; prenez-en les amandes; émondez, lavez et ressuyez-les; puis, jetez-les dans votre marmelade deux minutes avant sa sortie du feu.

Marmelade d'abricots (au tamis).

Choisissez de préférence des abricots d'Auvergne, à cause de leur chair bien jaune; sortez-en les noyaux; mettez la même quantité de sucre que pour la marmelade ci-dessus; la cuisson est absolument la même; lorsque votre marmelade est cuite, versez-la par petites parties dans une passoire fine ou tamis n° 2, et faites-la passer au travers en la remuant avec une cuillère d'argent ou de bois; remettez cette marmelade dans la bassine et faites-lui faire un nouveau bouillon; transvasez-la ensuite dans des calottes que vous couvrez aussitôt votre marmelade froide (*voir* art. 1er); le résidu, c'est-à-dire ce qui reste dans la passoire, se met à part dans des calottes et s'emploie en temps utile.

Marmelade de Mirabelles.

Servez-vous de belles mirabelles dites de Metz, après en avoir ôté les noyaux; pesez vingt kilog. de ces fruits; versez-les dans une bassine; ajoutez-y quinze kilog. de beau sucre de canne, cassé par petits morceaux; remuez ce tout avec une cuillère de bois pour en faire un sirop; lorsque votre sucre est entièrement fondu, mettez votre bassine sur un feu ardent; remuez cette marmelade sans arrêter un seul instant, afin d'éviter qu'elle ne s'attache.

La cuisson est la même que pour la marmelade ci-dessus. Pour les conserver, voir l'article premier.

Marmelade de pommes.

Pelez des pommes de reinettes ou autres, surtout de bonne qualité; ôtez-en le cœur; coupez-les bien minces et mettez-les dans une bassine; mettez assez d'eau pour qu'elles puissent cuire sans s'attacher au fond de la bassine; posez-la sur un feu doux et tenez-la couverte; lorsque vos quartiers de pommes sont fondus et cuits, renversez-les dans un tamis; si vous supposez qu'il y a trop d'eau, laissez bien égoutter; puis, remettez votre pomme dans la bassine; joignez-y le sucre nécessaire; placez de nouveau votre bassine sur le feu; faites réduire le contenu en remuant sans discontinuer pendant dix minutes; transvasez ensuite cette marmelade dans un vase quelconque. Elle ne se conserve fraîche que pendant quelques jours, à moins d'être réduite en conséquence.

Marmelade de Reines-Claudes.

Prenez de ces prunes bien mûres; retirez les noyaux; pour vingt kilog. de fruits, pesez quinze kilog. de beau sucre de canne, cassé par petits morceaux; mettez fruits et sucre dans la bassine; remuez ces ingrédients pour en faire un sirop; puis, placez cette bassine sur un fourneau ardent; continuez à remuer; vingt minutes d'ébullition suffi · sent à sa cuisson; touchez du doigt cette marmelade; si vous en obtenez un ou plusieurs fils (petit lissé), la cuisson est réalisée; versez-la dans des calottes et terminez comme il est dit à l'article premier.

Marmelade de pêches.

Il est nécessaire pour cette conserve de choisir des pêches extrêmement fermes et de chair bien blanche; pelez-les après avoir ôté le noyau; pesez ensuite votre fruit; jetez-le dans le bassin, et joignez-y la même quantité de sucre cassé en petits morceaux; mélangez avec la cuillère en bois ces ingrédients pour en faire un sirop; puis, mettez votre bassine sur un feu doux; lorsque le contenu est en ébullition, remarquez l'heure et laissez bouillir pendant vingt minutes, sans pour cela cesser de la remuer; transvasez-la ensuite dans des calottes et terminez comme il est dit à l'article premier.

Marmelade de framboises.

Epluchez vos framboises; pesez-en vingt kilog.; versez-les dans une bassine; ajoutez-y quinze kilog. de sucre cassé par petits morceaux; remuez ce tout pour en obtenir un sirop; placez ensuite cette bassine sur un fourneau ardent; remuez votre framboise pour éviter qu'elle ne s'attache; lorsque le contenu est en ébullition, regardez l'heure et laissez bouillir pendant vingt minutes; retirez alors votre bassine; mettez votre marmelade dans des calottes, et vingt-quatre heures après couvrez-les d'un double papier (*voir* art. 1er).

Marmelade de poires.

Ces fruits diffèrent tellement de qualité et de fermeté, que l'on doit, selon leur nature, marquer leur mode de cuisson et la manière de les sucrer. J'en distingue deux catégories, et je laisse au praticien le choix pour les diverses préparations.

Pour les poires de table, coupez-les en quatre; pelez-les; enlevez le trognon (le cœur); puis émincez-les et mettez-les dans une bassine en y ajoutant un peu de sucre; placez ensuite cette bassine sur un fourneau de chaleur ordinaire; laissez bouillir seulement pendant dix minutes sans discontinuer de remuer avec la palette de bois, et transvasez-les dans des calottes.

Pour toutes les autres poires qui sont de chair ferme, lorsqu'elles sont pelées et émincées comme celles ci-dessus, mettez-les dans une bassine ; couvrez-les d'eau ; placez-les sur le feu et maintenez l'ébullition jusqu'à ce qu'elles soient entièrement cuites ; égouttez-les dans un tamis ; replacez-les dans la bassine ; sucrez-les légèrement, et remettez-les en ébullition pendant dix minutes pour ensuite les transvaser dans des calottes.

L'une ou l'autre de ces marmelades ne se conserve que très peu de temps ou il est nécessaire de les réduire davantage.

DEUXIÈME PARTIE.

DES GELÉES.

Gelée de groseilles framboisée.

Procurez-vous, sans qu'elles soient très mûres, des groseilles à grappes moitié blanches et moitié rouges ; pressez-les dans vos mains pour en extraire le jus ; pesez de ce jus dix kilog. que vous mettez dans une bassine ; joignez-y deux kilog. de jus de framboises et douze kilog. de beau sucre de canne cassé en petits morceaux ; remuez ce tout pour en obtenir un sirop ; ceci fait, posez votre bassine sur un fourneau de charbon de bois bien allumé ; écumez le contenu avec soin ; lorsque l'ébullition commence, modérez l'ardeur du feu, et laissez bouillir pendant sept minutes ; ayez toujours le soin d'écumer ; votre gelée alors doit former nappe ; vous la retirez du feu, et vous la transvasez dans des calottes, comme à l'article premier.

Gelée de pommes.

Toutes les pommes sans exception, lorsqu'elles sont prises en bonne saison, sont aptes à faire des gelées ; seulement chaque nature de ces fruits diffère de nuance après la cuisson. Pelez vos pommes et jetez-les dans de l'eau où vous avez versé quelques gouttes de jus de citron pour les empêcher de noircir ; puis, coupez-les par quartiers ; ôtez les trognons ; émincez ces pommes dans une bassine, et couvrez-les d'eau fraîche ; placez alors votre bassine sur un fourneau de charbon de bois ; laissez-la jusqu'à ce que vos fruits soient bien cuits; mettez ensuite un tamis sur une terrine; versez-y le contenu de votre bassine; laissez bien égoutter; filtrez de jus à la chausse; ceci fait, nettoyez votre bassine; pesez le jus extrait de vos pommes; remettez-le dans la bassine; ajoutez un poids égal à votre jus de beau sucre de canne cassé par petits morceaux; remuez bien ce jus pour faire fondre le sucre et obtenir un sirop; replacez alors cette bassine sur le feu; écumez le contenu avec beaucoup de soin; lorsque votre gelée est en ébullition, consultez l'heure, et sept minutes après, et lorsque votre sirop forme nappe, retirez votre bassine, et transvasez cette gelée dans des calottes. (*Voir* pour le reste de l'opération l'article premier.)

Gelée de coings.

Même opération que la gelée de pommes, avec la différence que les coings étant plus filandreux et d'une chair plus sèche, il faut les forcer un peu en eau pour la cuisson; le reste de l'opération est exactement le même que pour la gelée de pommes.

Gelée d'orange ou de citron.

Lorsque votre gelée de pommes est en ébullition, jetez-y le zeste d'une orange ou d'un citron, selon la gelée; puis, ajoutez quelques feuilles de safran pour donner une belle teinte; ceci fait, terminez cette gelée comme celles ci-dessus.

TROISIÈME PARTIE.

CONSERVES DE FRUITS AU SIROP.

Groseilles de Bar.

Servez-vous de belles groseilles à grappes rouges et blanches; effilez-les (c'est-à-dire ôtez les grains); pesez quinze kilog. de ces fruits; mettez-les de côté dans une terrine; cassez quinze kilog. de beau sucre de canne; jetez-le dans une bassine; couvrez-le d'eau et remuez-le jusqu'à ce qu'il soit en sirop; chargez un fourneau de charbon de bois bien ardent; placez-y votre bassine, et faites cuire ce sirop au grand cassé; ajoutez alors vos groseilles; retirez la bassine au coin du fourneau pour laisser au sucre le temps de se détendre avec les fruits; ce résultat obtenu, mettez le tout en ébullition et laissez-le cuire à trente-cinq degrés (ce que vous saurez au moyen du pèse-sirop); retirez aussitôt, et versez vos groseilles dans des calottes, comme à l'article premier.

Cerises au sirop, premier choix.

Procurez-vous de belles cerises aigres dites de Montmorency; ôtez les queues et les noyaux en évitant de trop détériorer ces fruits; pesez-en quatre kilog. que vous placez dans une terrine; cassez ensuite quatre kilog. de beau sucre de canne; jetez-le dans une bassine; versez-y assez d'eau pour que votre sucre en soit couvert; placez alors votre bassine sur un bon feu et laissez-la jusqu'à ce que votre sucre soit cuit au grand cassé; versez aussitôt vos fruits sur ce sucre, et retirez la bassine au coin du fourneau pour donner le temps aux fruits de dilater le sucre; remettez votre bassine en plein feu, et faites cuire à petits bouillons jusqu'à trente-cinq degrés; retirez aussitôt votre bassine et transvasez vos cerises dans des calottes, en conservant à cette dernière trois centimètres de bord; mettez vos conserves dans un endroit frais sans les couvrir; vingt-quatre heures après, versez dessus avant de les couvrir une couche de confitures de groseilles d'un centimètre d'épaisseur; laissez-les également refroidir, et pour les couvrir voyez l'article premier.

Cerises au sirop, second choix.

Prenez les mêmes cerises que ci-dessus; épluchez-les de la même manière; pesez vingt kilog. de ces fruits; versez-les dans une bassine; ajoutez-y deux litres de jus de groseilles; placez votre bassine sur un fourneau bien pris, c'est-à-dire bien allumé, et laissez-la jusqu'à ce que vos cerises jettent un premier bouillon; retirez-les aussitôt, et égouttez-les dans un tamis en fil de fer; remettez ce jus dans la bassine; ajoutez-y cinq kilog. de beau sucre de canne cassé par petits morceaux; placez ce sirop sur un fourneau ardent; laissez cuire à quinze degrés; jetez-y vos cerises; laissez-leur faire un bouillon; transvasez-les ensuite dans une terrine; laissez-les reposer vingt-quatre heures; égouttez-les de nouveau sur un tamis; remettez le jus dans une bassine en y joignant comme la première fois cinq kilog. de sucre; placez votre bassine sur le fourneau, et faites cuire cette fois à vingt-cinq degrés; versez-y de nouveau vos fruits; aussitôt qu'ils commencent à bouillir, versez-les dans une terrine; vingt-quatre heures après, égouttez-les dans un tamis; ajoutez de nouveau cinq kilog. de sucre; remettez ce sirop en ébullition jusqu'à ce qu'il atteigne trente degrés; mêlez vos cerises à votre sirop; aussitôt le premier bouillon, remettez-les dans une terrine et le lendemain pour la quatrième et dernière fois, égouttez-les dans un tamis; mettez le sirop dans la bassine

avec cinq kilog. de sucre, ce qui fait en tout vingt kilog.; placez la
bassine sur un feu vif; après une courte ébullition, votre sirop aura
atteint trente-six degrés couvert; versez-y vos cerises; laissez bouillir
pendant dix minutes; puis transvasez-les dans des calottes en laissant
au moins trois centimètres de bord; lorsque ces conserves seront froides, vingt-quatre heures après, recouvrez-les d'une légère couche de
gelée de groseilles chaude; laissez-la de même refroidir pour couvrir
vos calottes comme à l'article premier.

Quartiers d'abricots au sirop.

Choisissez des abricots bien fermes (dits de plein champ); séparez-
les en deux; retirez le noyau et jetez vos quartiers dans une terrine;
mettez dans une bassine autant de litres d'eau que vous avez de trois
kilog. d'abricots, c'est-à-dire que si vous avez dix-huit kilog. d'abri-
·cots vous y mettez trois litres d'eau; joignez-y un kilog. de sucre par
litre d'eau; remuez ces deux substances pour en faire un sirop; placez
votre bassine sur un feu ordinaire; lorsque le contenu est en ébullition,
jetez vos fruits dans la bassine; ramenez cette dernière au coin du fourneau, et laissez-la jusqu'à ce que vos quartiers d'abricots soient bien
imprégnés de sirop; transvasez-les alors dans une terrine; cassez
dedans, par petits morceaux, autant de sucre qu'il en a fallu pour faire
le sirop; mettez ce dernier en ébullition pour obtenir un sirop à trente
degrés; joignez-y vos fruits; faites-leur faire un bouillon; transvasez-les
dans une terrine et laissez reposer ces quartiers d'abricots, recouverts de
leur sirop, pendant vingt-quatre heures; égouttez-les ensuite dans un
tamis en fil de fer, que vous posez sur une bassine; ajoutez de nouveau
à votre sirop la même quantité de sucre que la dernière fois; faites réduire à trente-six degrés; lorsque vos abricots sont bien égouttés, versez-les dans la bassine; continuez l'ébullition jusqu'à réduction de
trente-cinq degrés couverts; transvasez ensuite vos abricots dans des
calottes en partageant par égale quantité abricots et sirop; vingt-quatre
heures après, couvrez-les par le même procédé que ci-dessus.

Conserve de fraises, mûres et framboises.

Épluchez vos fruits; pesez-les et versez-les dans une terrine; mettez
ensuite dans une bassine le poids égal en sucre que vous avez de fruits;
le sucre doit être cassé par petits morceaux; couvrez-le d'eau et remuez-
le pour en faire un sirop; mettez alors la bassine sur un fourneau
ardent et faites cuire ce sucre au grand cassé; lorsque votre cuite est
réalisée, jetez-y vos fruits; retirez la bassine au coin du fourneau; laissez fruits et sucre former un même sirop; remettez ensuite le tout en
ébullition jusqu'à ce que vous ayez obtenu trente-cinq degrés; transvasez aussitôt vos conserves dans des calottes; laissez-les refroidir pour
ensuite les couvrir selon coutume.

Cerneaux au sirop.

Choisissez de beaux cerneaux d'égale grosseur ; pelez-les et jetez-les aussitôt dans l'eau fraîche, où vous avez versé quelques gouttes de vinaigre ou jus de citron ; lorsque cette opération est terminée, égouttez vos fruits ; placez-les dans une bassine ; jetez-y une poignée de sel gris et couvrez-les d'eau ; posez votre bassine sur un feu doux ; aussitôt le contenu en ébullition, retirez vos cerneaux et plongez-les dans l'eau fraîche ; préparez ensuite un sirop à quinze degrés ; lorsqu'il est sur le point de bouillir, égouttez vos fruits et joignez-les à votre sirop ; laissez dans cet état pendant dix minutes au coin du fourneau ; puis transvasez-les dans une terrine ; lorsqu'ils sont froids, égouttez-les ; remettez le sirop dans une bassine ; ajoutez-y le sucre nécessaire pour qu'une fois en ébullition votre sirop porte trente degrés ; joignez-y alors vos cerneaux ; laissez-leur faire un seul bouillon et replacez-les dans la terrine pour une troisième fois ; recommencez la même opération. Cette fois, le sirop, avant de recevoir les fruits, doit avoir trente-six degrés, et vous les laisserez bouillir pendant cinq minutes avant de les verser dans les calottes.

Quartiers de pêches au sirop.

Autant de kilog. de sucre que de kilog. de fruits. Choisissez de belles pêches bien fermes (dites de plein champ), n'étant pas pour cela en pleine maturité ; coupez-les par quartiers ; ôtez le noyau et pelez vos fruits ; préparez un sirop avec le tiers de votre sucre ; réduisez-le à vingt degrés ; jetez-y vos quartiers de pêches ; ne leur faites faire qu'un léger bouillon ; versez-les ensuite dans une terrine ; lorsqu'elles sont froides, égouttez-les dans un tamis ; remettez le sirop dans la bassine ; ajoutez le second tiers de votre sucre ; faites-le réduire à trente degrés ; mettez dedans vos pêches, et au premier bouillon versez-les de nouveau dans la terrine ; après entier refroidissement, égouttez-les pour la troisième et dernière fois ; joignez à votre sirop le reste de votre sucre ; faites-le réduire à trente-six degrés ; mettez aussitôt vos fruits ; laissez-leur faire un bon bouillon selon leur fermeté, et transvasez-les dans des calottes pour les couvrir vingt-quatre heures après.

Nota.—Ces fruits, par leur délicatesse, demandent un soin extrême.

Reines-Claudes au sirop.

Procurez-vous de ces fruits les plus verts et les plus fermes possible ; rafraîchissez la queue et piquez vos prunes avec une épingle ; jetez-les aussitôt dans un baquet rempli d'eau fraîche ; mettez ensuite sur le feu une petite bassine pleine d'eau dans laquelle vous jetez une poignée de sel gris, où un acide quelconque ; avant que l'eau ne soit bouillante, placez-y vos prunes jusqu'à concurrence de cent vingt ; laissez-les ainsi jusqu'au moment où votre eau est arrivée à son degré d'ébullition ; versez-y alors quelques gouttes d'eau froide, et retirez votre bassine au coin du fourneau; remuez de temps en temps vos prunes avec une écumoire en cuivre; aussitôt blanchies, ce que vous apercevrez en les prenant entre deux doigts vous sentirez le noyau se détacher du fruit, et lorsque les prunes sont de couleur violette et que la superficie se trouve veinée, et qu'elle monte à la surface de l'eau, ce qui s'appelle pocher, terme technique (de ce soin dépend presque toujours la réussite de vos conserves); lorsqu'elles sont à point, retirez-les une par une et jetez-les promptement dans un grand bassin d'eau fraîche; renouvelez cette eau très souvent, car plus l'eau sera renouvelée plus vos prunes se conserveront vertes; cette opération terminée, cassez par petits morceaux un demi-kilog. de sucre; mettez-le dans une bassine et couvrez-le d'eau pour en faire un sirop; lorsqu'il est en ébullition à vingt degrés, tenez-le sur le feu et laissez-le réduire à vingt-deux degrés; pendant ce temps, égouttez vos prunes; lorsqu'il n'en sort plus une seule goutte d'eau, mettez-les dans votre sirop et faites-leur faire un léger bouillon; versez-les dans des calottes; le lendemain, égouttez-les; remettez le sirop dans la bassine en y ajoutant de nouveau un demi-kilog. de sucre; faites réduire ce sirop à vingt-cinq degrés; joignez-y vos fruits; faites-leur faire un bouillon; retirez aussitôt et transvasez-les une seconde fois dans votre terrine; lorsqu'elles sont froides, c'est-à-dire vingt-quatre heures après, égouttez-les de nouveau et rechargez votre sirop d'un demi-kilog. de sucre, toujours cassé en petits morceaux; cette fois, faites réduire votre sirop à trente degrés; placez dedans vos prunes, que vous faites bouillir deux ou trois bouillons; votre sirop doit avoir alors trente degrés couverts; recommencez cette opération une quatrième et dernière fois; cette fois votre sirop doit avoir trente-six degrés avant d'y jeter vos prunes, auxquelles vous faites faire un bouillon bien couvert; ce résultat obtenu, vous pouvez être persuadé que vos conserves sont parfaitement faites et qu'elles peuvent rester intactes pendant plusieurs années.

Pour les couvrir, voyez l'article premier.

Mirabelles au sirop.

Prenez de préférence et à leur maturité des mirabelles de Metz; elles ont une grande supériorité sur toutes les autres; rafraîchissez légèrement les queues; puis préparez un sirop léger de dix à quinze degrés au plus; versez-le dans une bassine en y ajoutant autant de mirabelles que le sirop peut en couvrir; mettez cette bassine sur un feu doux; aussitôt en ébullition, retirez-la au coin du fourneau et laissez-la jusqu'à ce que vos prunes soient bien molles; vingt-quatre heures après, égouttez-les dans un tamis; remettez le jus dans votre bassine avec la quantité de sucre nécessaire pour obtenir, après une courte ébullition, vingt degrés; votre sirop à ce point, versez-le dans la terrine où vous avez mis vos mirabelles; vingt-quatre heures après, égouttez-les dans un tamis que vous placez au-dessus de la bassine; ajoutez à votre sirop du sucre en quantité suffisante pour obtenir trente degrés après cinq minutes d'ébullition; jetez-y vos mirabelles; faites leur faire un bouillon; transvasez-les dans la terrine; le lendemain, égouttez-les de nouveau et joignez à votre sirop autant de sucre qu'il en faut pour obtenir, après une courte ébullition, trente-six degrés; mettez ensuite vos fruits dans la bassine; laissez-les bouillir pendant quelques minutes pour que votre sirop se réduise à trente-cinq degrés; versez alors par parties égales fruits et sirop dans des calottes pour les couvrir aussitôt froids.

Ananas confits au sirop.

Procurez-vous un bel ananas, bien ferme et bien jaune; coupez-le par dalle d'un centimètre d'épaisseur; puis préparez dans une bassine un sirop à quinze degrés; jetez dedans vos morceaux d'ananas et laissez-les se confire en maintenant la bassine auprès du feu; aussitôt vos fruits imbibés, versez-les dans une terrine; égouttez-les vingt-quatre heures après; ajoutez du sucre à votre sirop pour le mettre à vingt-cinq degrés; ce résultat obtenu, joignez-y vos ananas et laissez-les faire un bouillon pour ensuite les reverser dans cette terrine; laissez-les jusqu'au lendemain; recommencez la même opération; votre sirop portera alors trente-six degrés; jetez vos fruits; laissez-les bouillir pendant cinq minutes et terminez-les comme il est dit à l'article mirabelles.

Abricots verts au sirop.

Servez-vous de petits abricots verts; brossez-les légèrement pour en ôter le duvet; puis, placez-les dans une bassine; recouvrez-les d'eau froide; ajoutez-y une poignée de sel gris; mettez votre eau à l'état d'ébullition; retirez alors votre bassine au coin du fourneau et laissez-la jusqu'à ce que vos fruits se soient blanchis; ceci fait, rafraîchissez-les à grande eau; préparez alors dans une bassine un sirop à quinze degrés; égouttez vos fruits et jetez-les dans cette bassine; faites-leur faire un bouillon; versez-les ensuite dans une terrine; recommencez cette opération trois fois, en ajoutant chaque fois le sucre nécessaire pour élever votre sirop de cinq en cinq degrés; ne mettez vos fruits, à la dernière cuite, que lorsque le sirop porte trente-six degrés. Il faut ici le laisser bouillir pendant cinq minutes au moins pour que le sirop, une fois détendu par les fruits, remonte à son degré primitif, qui est pour tous les fruits de trente-cinq à trente-six degrés; transvasez par égale partie fruits et sirop dans des calottes; conservez-les comme tous les autres fruits.

Cosses d'oranges et de citrons au sirop.

Prenez l'un ou l'autre de ces fruits; coupez-le par moitié; videz et nettoyez-le parfaitement bien; puis, mettez-le dans une bassine; couvrez-le d'eau froide; jetez-y une poignée de sel gris; placez votre bassine sur un fourneau doux ; aussitôt le contenu en ébullition, retirez la bassine au coin du fourneau ; laissez-la le temps nécessaire pour que votre fruit blanchisse, c'est-à-dire soit tendre au toucher ; retirez-les de l'eau une par une ; nettoyez de nouveau l'intérieur qu'il ne reste absolument que l'écorce ; jetez-les dans un baquet d'eau fraîche pour les rafraîchir ; préparez alors dans une bassine un sirop à vingt degrés ; égouttez vos fruits ; joignez-les à votre sirop ; à la première ébullition, versez-les dans une terrine ; lorsqu'ils sont froids, égouttez-les ; remettez le sirop dans la bassine ; ajoutez-y le sucre nécessaire pour en faire un sirop à trente degrés ; mettez de nouveau vos fruits dans la bassine et retirez-la au premier bouillon ; remettez-les dans une terrine et faites une troisième fois le même travail que ci-dessus ; cette fois, après avoir joint un peu de sucre dans votre sirop, réduisez-le à trente-six degrés, pour ensuite y mêler vos fruits, que vous laissez bouillir pendant cinq minutes ; transvasez-les alors dans des calottes, que vous couvrez lorsqu'elles sont froides, comme il est indiqué article premier.

Verjus au sirop.

Le verjus n'est autre chose qu'une grappe de raisin cueillie sur le vert ; il faudra donc se le procurer de bonne nature et le grain bien blanc ; détachez chaque grain de sa grappe, en conservant à chacun une toute petite queue ; lavez-les à l'eau froide ; puis, préparez un sirop à quinze degrés ; jetez dedans vos grains de raisins ; aussitôt l'ébullition, placez votre bassine au coin du fourneau ; laissez-la le temps nécessaire pour faire fondre légèrement vos grains de raisin (ceci s'appelle faire crever) ; versez ces grains dans une terrine ; vingt-quatre heures après, égouttez-les ; ajoutez à votre sirop assez de sucre pour lui faire atteindre pendant l'ébullition vingt-cinq degrés ; cette cuite réalisée, joignez-y votre verjus ; retirez votre bassine au premier bouillon ; versez son contenu dans une terrine, recommencez encore cette opération en mettant cette fois votre sirop à trente-cinq degrés ; lorsque vos grains s'y trouvent placés, laissez-les bouillir pendant cinq minutes et mettez-les dans des calottes pour les couvrir.

QUATRIÈME PARTIE.

CONSERVES DE FRUITS EN BOUTEILLES.

Observation essentielle sur les conserves de fruits en bouteilles.

Pour toutes les conserves de fruits en bouteilles, le sirop est le même. La différence n'existe que de la préparation des fruits, qui, par leur nature et leur fermeté, demande plus ou moins de travail et d'attention. Les fruits, quels qu'ils soient, doivent être de premier choix et de bonne maturité.

PRÉPARATION DU SIROP. — Mettez dans une terrine un kilog. de beau sucre de canne, cassé par petits morceaux; versez dessus quatre litres d'eau de rivière bien filtrée; remuez avec une cuillère d'argent ces deux ingrédients pour en faire un sirop; couvrez-les aussitôt, afin d'éviter la poussière; les bouteilles (dites de conserves) doivent être de premier choix, nouvellement rincées et bien égouttées; les bouchons en liége découpés à cet usage. Examinez-les bien afin de vous assurer s'il n'existe aucun vice susceptible de nuire au sirop lorsque vous les bouchez. Comme la réussite des conserves de fruits dépend de l'ébullition et de la manière de boucher les bouteilles, je vais expliquer ces opérations dans leurs moindres détails.

Lorsque vos bouteilles sont préparées comme il est dit ci-dessus, emplissez-les de vos fruits; couvrez-les de sirop, et laissez assez d'intervalle entre le sirop et le goulot pour qu'une fois les bouteilles bouchées il reste deux ou trois centimètres de vide. Pour boucher ces bouteilles, choisissez le bouchon le plus convenable; trempez-le dans l'eau bouillante et présentez sur votre bouteille le côté le plus étroit au goulot; puis, avec la main, tournez-le en l'enfonçant le plus fortement possible; lorsqu'il est à moitié entré, frappez-le fortement avec une batte jusqu'à ce que vous sentiez qu'il résiste sous le coup; faites ensuite sur le bouchon deux entailles en croix; ficelez-le en l'attachant au-dessous de la baguette de la bouteille et serrez très fortement; vos bouteilles ainsi préparées, enveloppez-les d'un cordon de foin, que vous roulez autour du verre en le serrant fortement; on ne doit apercevoir de votre bouteille que la forme que dessine votre foin; placez une couche de ce dernier au fond de votre bassine; mettez-y vos bouteilles toutes droites et rapprochez-les l'une contre l'autre; remplissez votre bassine d'eau froide, que vos bouteilles en soient bien couvertes; placez dessus un linge plié en quatre; mouillez-le parfaitement, pour qu'une fois le contenu de votre bassine en ébullition la vapeur se concentre intérieurement; placez alors votre bassine sur un bon fourneau; tenez-la bien droite; surveillez constamment; lorsque l'ébullition s'en empare, regardez l'heure et laissez bouillir pendant cinq minutes; retirez aussitôt; mettez votre bassine dans un endroit frais et laissez-la vingt-quatre heures sans y toucher; après ce temps, sortez vos bouteilles; lorsqu'elles sont bien égouttées, essuyez-les, et laissez les bouchons bien ressuyer; préparez alors dans des vases séparés une cire fine, de plusieurs couleurs; puis, cachetez vos conserves en variant les nuances de la cire d'avec la couleur de vos fruits, et mettez-les au frais en les tenant couchés pendant un mois ou deux.

Conserves de cerises.

Deux sortes de cerises seulement sont convenables et se conservent avec succès, ce sont les anglaises et la cerise courte-queue; il faut les choisir toujours dans leur primeur, ni trop avancées, ni trop blanches; coupez les queues à un centimètre du fruit; placez-les dans les bouteilles en tenant autant que posssible toutes les queues en dessus; tassez les bouteilles sur le genou en les frappant légèrement, et remettez autant de cerises qu'il est nécessaire pour que vos bouteilles en soient pleines, à quatre centimètres près; versez dedans du sirop, en laissant les cerises surnager de deux ou trois centimètres, et bouchez-les aussitôt, comme il est dit à l'article ci-dessus.

Conserve de mirabelles.

Choisissez des prunes dites mirabelles de Metz; coupez la queue à un centimètre du fruit; puis, avec la lame d'un canif, faites une légère incision le long de chaque prune; emplissez-en vos bouteilles en plaçant vos prunes la queue en dessus; serrez-les bien et tassez chaque bouteille sur le genou; laissez un vide de quatre centimètres entre la bague ou goulot de la bouteille et les fruits; couvrez ces derniers d'une légère couche de sirop et bouchez les bouteilles comme ci-dessus.

Si vos prunes sont de chair un peu ferme, préparez dans une bassine un sirop à quinze degrés; jetez-y vos fruits et mettez le tout sur un fourneau bien doux, jusqu'à ce que vos prunes soient molles et blanches, ce que vous apercevrez lorsqu'il paraîtra des petites veines sur ces prunes; transvasez fruits et sirop; laissez refroidir; égouttez-les, et le reste de l'opération comme ci-dessus.

Conserve de framboises.

Servez-vous de framboises bien saines et très fermes; ôtez la queue et la couronne; placez les framboises avec soin dans vos bouteilles; il faut que la partie entamée soit toujours en dessus; tassez-les aussi légèrement que possible; puis, joignez-y du sirop en laissant surnager les fruits de quatre centimètres au moins; bouchez-les aussitôt et mettez en ébullition comme il est dit ci-dessus.

Conserve d'abricots en quartiers.

Prenez de moyens abricots dits de plein champs; choisissez-les de belle chair et pas trop avancés; fendez-les en deux parties égales; ôtez le noyau; garnissez vos bouteilles de ces fruits en les posant l'un sur l'autre, la partie ouverte en dessous; tassez-les bien; couvrez-les à peine de sirop; que ce dernier n'approche la bague de votre bouteille qu'à quatre ou cinq centimètres, pour pouvoir les boucher sans crainte de trop les presser. Le reste de l'opération comme ci-dessus.

Conserve de pêches.

Généralement on ne fait usage, pour ce genre de conserve, que d'une seule sorte de pêche dite Sainte-Catherine; on la choisit bien ferme et de belle chair; coupez-les en deux parties égales; retirez le noyau; puis, pelez chaque quartier, que vous placez aussitôt dans de l'eau fraîche, où vous avez eu le soin de verser quelques gouttes de vinaigre; lorsque tous vos fruits y sont réunis, garnissez-en vos bouteilles, en tenant la partie coupée en dessous et en superposant les quartiers de manière à ce qu'ils se trouvent croisés dans la bouteille; tassez-les avec précaution, en évitant de les déformer; versez alors votre sirop, en laissant les fruits surnager de deux ou trois centimètres, pour que, lorsque l'ébullition a eu lieu, les quartiers des pêches soient au niveau du sirop.

Conserve de poires.

La poire dite d'Angleterre, par sa forme et sa qualité, est très recherchée et d'un bon emploi; choisissez-les de chair bien ferme, même un peu verte; puis, pelez-les en les tournant avec précaution (cette opération se fait avec un petit couteau, frais repassé, que l'on tient de la main droite, et de la main gauche on fait tourner le fruit sous la lame du couteau; ceci bien fait ne laisse aucune trace); passez sur chaque poire un jus de citron et jetez-les aussitôt dans l'eau fraîche, où vous avez mis quelques gouttes de vinaigre; lorsque toutes vos poires y sont placées, préparez vos bouteilles; égouttez vos poires une à une et mettez-les à mesure dans vos bouteilles, en les rangeant par ordre, de manière à ce qu'elles se trouvent superposées les unes entre les autres; tassez-les bien et couvrez-les ensuite de sirop; que les dernières poires surnagent

de quelques centimètres; bouchez alors vos bouteilles comme ci-
dessus, et donnez-leur dix minutes d'ébullition au lieu de cinq.   .

Conserve de pommes en quartiers.

Coupez par quartiers de belles pommes dites calville; enlevez avec soin
le cœur; puis, pelez-les, en faisant disparaître autant que possible les
traces du couteau; passez sur chaque quartier un jus de citron et jetez-
les aussitôt dans l'eau fraîche, où vous aurez versé quelques gouttes de
vinaigre. Lorsque cette opération est terminée, préparez dans une bassine un sirop à quinze degrés; mettez-y vos quartiers de pommes et
placez votre bassine sur un feu doux; laissez-la jusqu'à ce que vos
pommes soient blanchies; vous aurez dû, pendant cet intervalle, retourner chaque quartier pour les blanchir régulièrement; transvasez alors
fruits et sirop dans une terrine; laissez-les refroidir; lorsque vous voulez
les mettre en bouteille, il est urgent de les bien égoutter, pour les placer ensuite comme les fruits ci-dessus; couvrez-les ensuite de sirop et
bouchez-les comme les autres fruits et même ébullition.

Conserve de mûres.

On doit prendre beaucoup de précautions pour cette conserve; il
faut cueillir les mûres à peine en maturité et enlever la queue en évitant de détériorer le fruit; placez-les aussitôt dans les bouteilles; tassez-
les légèrement; couvrez-les de jus, en les faisant surnager de quatre à
cinq centimètres; bouchez-les, et terminez l'opération comme il est dit
à l'article premier de ce chapitre.

Conserve de fraises.

Choisissez de belles fraises dites anglaises; arrachez la queue et la
couronne; placez vos fruits avec beaucoup de légèreté sur des clayons
de manière à ce qu'elles ne se touchent pas; préparez alors un sirop à
quinze degrés; mettez-le en ébullition; jetez-y aussitôt vos fraises; retirez votre bassine du feu; transvasez le conteuu dans une terrine;
laissez refroidir; égouttez ensuite vos fraises; mettez-les en bouteille,
en les plaçant de suite de manière à ce qu'il ne soit pas nécessaire de
les retourner; couvrez-les alors de sirop, et terminez l'opération comme
pour les autres fruits. On peut également les mettre en bouteille sans
les passer au sirop, dans ce cas l'ébullition au bain-marie se continue
quelques minutes de plus.

Conserve de reines-claude.

Procurez-vous de ces belles prunes, bien vertes et très fermes;
piquez-les de toutes parts; coupez les queues à un centimètre du fruit;
jetez-les aussitôt dans un baquet plein d'eau fraîche; remplissez d'eau
à moitié une petite bassine; ajoutez-y un peu d'alun que vous avez mis

dissoudre à l'avance dans un verre d'eau ; égouttez vos prunes et remettez-les dans votre bassine ; placez cette dernière sur un fourneau **doux** ; laissez-la ainsi jusqu'au moment où l'eau qu'elle contient sera prête à bouillir ; retirez-la aussitôt du feu et laissez-la au coin du fourneau ; jetez dedans quelques gouttes d'eau froide ; prenez de temps en temps, avec l'écumoire, quelques-unes de vos prunes ; si au toucher elles fléchissent sous les doigts, qu'elles soient couvertes de petites taches veinées et qu'elles montent à la surface de l'eau, égouttez-les, et plongez-les à mesure dans un baquet d'eau fraîche ; lorsque toutes vos prunes y sont placées, renouvelez l'eau et laissez-les pendant plusieurs heures sans y toucher ; égouttez-les ensuite, et lorsqu'il n'y reste plus la moindre parcelle d'eau, garnissez-en vos bouteilles ; couvrez vos prunes de sirop ; bouchez-les et terminez l'opération comme aux articles ci-dessus.

Conserve de cerneaux.

Épluchez et pelez de beaux cerneaux ; jetez-les à mesure dans un vase rempli d'eau à laquelle on adjoint quelques gouttes de vinaigre ; lorsque tous vos cerneaux y sont placés, retirez-les aussitôt ; égouttez-les et mettez-les dans une bassine ; couvrez-les d'eau ; jetez-y une poignée de sel gris ; faites chauffer votre eau par degrés ; aussitôt qu'elle est en ébullition, retirez vos cerneaux et rafraîchissez à grande eau ; préparez dans une bassine un sirop à quinze degrés ; mettez-le en ébullition ; égouttez ensuite vos cerneaux ; placez-les dans votre sirop ; laissez-leur faire un bouillon, et versez-les dans une terrine où vous les laisserez pendant vingt-quatre heures ; puis égouttez-les ; rangez-les dans vos bouteilles, et couvrez-les de sirop. Le reste de l'opération comme ci-dessus.

Conserve de verjus.

Choisissez, lorsqu'ils sont à l'état de verjus, de beaux raisins dits chasselas ; avec de petits ciseaux, détachez chaque grain de la grappe ; puis, avec une épingle, piquez-les de toutes parts, et jetez-les à mesure dans une terrine remplie à moitié d'eau où vous aurez adjoint quelques gouttes de vinaigre ; lorsque cette opération est terminée, égouttez vos fruits ; versez-les aussitôt dans une terrine, et couvrez-les d'eau froide ; ajoutez-y une poignée de sel gris ; placez votre terrine sur un feu doux ; faites sauter de temps en temps le contenu de votre bassine afin que vos grains se blanchissent régulièrement ; lorsqu'au toucher ils s'affaissent sous les doigts, enlevez-les avec l'écumoire et jetez-les dans un baquet rempli d'eau fraîche ; quelques heures après, égouttez-les parfaitement et remplissez vos bouteilles de ces mêmes fruits, que vous couvrez de sirop (rapport à la délicatesse des fruits, ce travail demande beaucoup de soin) ; on peut également les mettre en bouteille sans les faire blanchir, dans ce cas on les laisse quelques minutes de plus en ébullition ; le reste de l'opération comme il est dit à l'article premier.

Conserve d'abricots verts.

Faites une préparation comme il est dit pour les abricots verts au sirop jusqu'au moment où, après les avoir confits dans un sirop à quinze degrés, ils se trouvent placés dans la terrine; ici, vous les égouttez; remplissez-en vos bouteilles; couvrez vos fruits de sirop, et bouchez-les comme il est dit ci-dessus.

Conserve d'ananas.

Prenez un ananas; coupez-le en tranches d'un centimètre d'épaisseur; puis préparez dans une bassine un sirop à dix degrés; ajoutez-y vos tranches de fruits; tenez la bassine au coin du fourneau le temps nécessaire à la cuisson de vos ananas, ce que vous apercevrez lorsqu'ils sont tendres au toucher; prenez alors chaque tranche avec l'écumoire; placez-la à plat dans un vase quelconque; lorsque toutes vos tranches sont réunies, couvrez-les de sirop; laissez refroidir; égouttez-les ensuite et coupez-les par parties de manière à pouvoir les faire entrer dans les bouteilles; lorsque ces dernières en sont pleines, couvrez vos fruits de sirop et terminez-les comme les autres conserves.

Conserve de figues.

Choisissez de petites figues aussi fermes que possible et d'égale grosseur; placez les queues en dessus dans vos bouteilles; ne les tassez pas trop afin d'éviter de les froisser; couvrez-les ensuite de sirop, et terminez-les comme ci-dessus.

Conserve de groseilles franches.

Procurez-vous de belles grappes de ces groseilles; tenez-les suspendues au-dessus de votre bouteille, et avec des petits ciseaux détachez-en les grains; lorsque votre bouteille en est pleine, après en avoir tassé vos fruits, couvrez ces derniers de sirop, et bouchez-les comme à l'article premier.

Conserve de jus de toutes espèces de fruits propres à la préparation des appareils pour frapper.

Tous les jus de fruits, sans exception, préparés à l'état de sirop de seize à dix-huit degrés, peuvent se frapper et devenir aussi fermes que la glace elle-même. Comme l'on ne peut se procurer le jus de ces fruits que dans leur primeur, il est nécessaire d'en conserver à ce moment pour l'hiver et autres saisons où ils vous font défaut; il suffit pour cela de presser vos fruits sur un tamis de crin du numéro deux en observant la plus grande propreté; lorsque vous avez de ce jus une quantité suffisante, vous en remplissez vos bouteilles, vous les bouchez et mettez en ébullition comme les autres conserves.

CINQUIÈME PARTIE.

DES COMPOTES DE FRUITS
PRIMEURS ET CONSERVES.

Compote de pommes.

Coupez par moitié de belles pommes de calville ou canada; enlevez le cœur ou trognon; pelez votre morceau de pomme; passez dessus un jus de citron; placez-les aussitôt dans un vase rempli d'eau fraîche; lorsque cette opération est terminée, préparez dans un poêlon d'office ou dans une bassine un sirop de dix à quinze degrés; égouttez vos fruits et placez-les dans votre sirop; mettez ce dernier en ébullition en ayant soin de retourner vos pommes lorsqu'elles sont cuites d'un côté, laissez-les sur l'autre le temps nécessaire à leur cuisson; prenez-les alors morceau par morceau, et faites-les égoutter sur un tamis; placez le dos de la pomme en dessous, ce qui contribue beaucoup à les conserver blancs; lorsque tous vos morceaux de pommes sont retirés, ajoutez à votre sirop du sucre pour qu'une fois bien écumé et en ébullition il porte de vingt à vingt-cinq degrés; ce résultat obtenu, retirez le sirop du feu; écumez de nouveau; placez ensuite avec goût vos quartiers de pommes dans un compotier; recouvrez-les de leur sirop, et servez froid.

Compote de poires.

Pelez avec précision (c'est-à-dire ne laisser aucune trace du couteau) de belles poires de table; passez dessus un jus de citron; coupez-les par quartiers; enlevez le cœur ou trognon; jetez vos quartiers de poires à mesure dans un vase rempli d'eau fraîche auquel vous joindrez un jus de citron; lorsque tous vos fruits y seront réunis, préparez dans une bassine un sirop léger; joignez-y vos quartiers de poires, et mettez le tout sur un feu bien doux; surveillez-les avec attention, car ce fruit étant de chair bien tendre, il ne faut pas plus de cinq minutes d'ébullition pour que les poires soient cuites à point, ce que vous jugerez au toucher; égouttez alors vos fruits, soit dans une passoire fine ou dans un tamis; puis forcez votre sirop en y ajoutant du sucre; remettez-le sur le feu; faites-le réduire de vingt à vingt-cinq degrés; écumez; prenez ensuite vos quartiers de poires un à un; rangez-les dans un compotier; couvrez-les avec le sirop, et laissez refroidir avant de les mettre sur la table.

Compote de pêches.

Ce fruit étant naturellement de chair très tendre, il est inutile de le mettre confire dans le sirop; il faut tout simplement le couper par moitié; ôtez le noyau; pelez vos pêches, et rangez-les dans un compotier; puis préparez un sirop; faites-le réduire à vingt degrés; écumez avec soin, et versez le tout bouillant sur vos fruits; tenez, pendant une heure à peu près, votre compotier hermétiquement couvert, pour que vos fruits s'imprègnent de ce sirop; servez cette compote froide.

Compote de coings.

Procurez-vous de beaux coings bien verts; coupez-les en quatre parties sur leur longueur; pelez-les, et enlevez-en le trognon; placez vos quartiers à mesure dans un vase d'eau fraîche; préparez alors dans une bassine un sirop à dix degrés; joignez-y vos fruits; puis, placez votre bassine sur un feu doux; aussitôt son contenu en ébullition, reculez votre bassine au coin du fourneau, et laissez-la ainsi jusqu'à ce que vos fruits soient cuits en conservant leur forme primitive; enlevez-les ensuite avec l'écumoire, et placez-les dans un tamis; ajoutez à votre sirop un peu de sucre et de vin de Bordeaux; faites-le réduire à vingt-cinq degrés; écumez-le; rangez vos fruits dans le compotier; recouvrez-les de ce sirop, et servez froid.

Compote d'abricots.

Choisissez de beaux abricots dits espalier; pelez-les; partagez-les en deux; ôtez le noyau; faites ensuite dans une bassine un sirop léger; ajoutez-y vos fruits; faites-leur faire un bouillon; égouttez-les aussitôt dans un tamis; sucrez de nouveau votre sirop, et faites-le réduire à vingt-cinq degrés; écumez-le; rangez vos moitiés d'abricots dans un compotier; couvrez-les de sirop, et servez froid.

Tous fruits coupés doivent être placés dans le compotier de manière à ce que la coupe du fruit se trouve toujours en dessous.

Compote de cerises.

Prenez de préférence des cerises anglaises; coupez les queues à un centimètre du fruit; préparez un sirop léger; versez-y vos cerises; mettez la bassine sur un feu doux; aussitôt que vos fruits se fendent, égouttez-les; remettez de nouveau du sucre dans votre bassine et quelques grains de cochenille; faites réduire ce sirop à vingt-cinq degrés;

écumez-le; laissez un peu refroidir; rangez alors vos fruits dans le compotier en les posant la queue droite; lorsqu'ils sont en ordre, versez dessus votre sirop, en évitant de laisser échapper la cochenille; servez aussitôt froide.

Bien des personnes passent ce sirop dans une passoire ou dans un tamis; c'est un tort, car cette opération ternit toujours le sirop.

Compote de prunes vertes.

Choisissez de belles reines-claude; coupez les queues à un centimètre du fruit; piquez ces derniers de toutes parts; plongez-les aussitôt dans un baquet d'eau froide; lorsque toutes vos prunes y sont, égouttez-les; versez-les dans une bassine; couvrez-les d'eau; jetez dedans une poignée de sel gris; puis mettez votre bassine sur un feu doux; lorsque le contenu est arrivé à son degré d'ébullition, versez dessus un verre d'eau froide; retirez la bassine au coin du fourneau; laissez-la le temps nécessaire à ce que vos fruits deviennent mollets et qu'en les prenant entre vos doigts le noyau s'en détache et que le fruit surnage; sortez alors vos prunes; plongez-les dans un baquet d'eau froide; préparez ensuite dans la même bassine un sirop léger; avant de le mettre au feu, égouttez vos fruits dans un tamis; ceci fait, placez votre bassine en plein fourneau; écumez votre sirop; lorsqu'il est réduit à vingt degrés, jetez-y vos prunes; laissez-leur faire un bouillon; égouttez-les de nouveau, et continuez à faire bouillir ce sirop jusqu'à ce qu'il soit réduit·à trente-cinq degrés; retirez-le du feu; pendant qu'il refroidit, rangez vos prunes dans le compotier en les dressant la queue droite; lorsqu'elles y sont placées avec ordre, couvrez-les du sirop, et servez-les froides.

Compote d'ananas.

Servez-vous d'un petit ananas; brossez-le; coupez-le en dalles ou tranches d'un centimètre d'épaisseur; préparez dans une bassine un sirop léger; jetez-y vos fruits, et placez votre bassine sur un fourneau doux; laissez le temps nécessaire pour que vos ananas soient bien impregnés de sirop; égouttez-les et rangez-les en turban dans le compotier; faites ensuite réduire votre sirop à vingt-cinq degrés; écumez-le avec soin; versez le tout bouillant sur vos fruits; laissez-les ainsi jusqu'à ce qu'ils soient froids, et dressez-les sur la table.

Compote de mirabelles.

Procurez-vous de belles prunes de mirabelle dites de Metz; choisissez-les bien mûres; coupez les queues à cinq millimètres du fruit; puis préparez dans une bassine un sirop à dix degrés; jetez dedans vos prunes; faites-leur faire un seul bouillon; retirez-les aussitôt; égouttez-les dans un tamis; remettez dans votre sirop le sucre nécessaire; faites-le bouillir de nouveau jusqu'à ce qu'il porte vingt-cinq degrés; écumez-le bien, et laissez-le reposer un moment; pendant ce temps, rangez vos prunes dans un compotier; versez dessus votre sirop et couvrez votre compotier jusqu'au moment de le dresser sur la table.

Compote de fraises.

Pour compote l'on choisit ordinairement des fraises dites des quatre saisons; épluchez-les avec soin (cette opération se fait en retirant les queues et les couronnes); lavez-les à grande eau; préparez dans une bassine un sirop à vingt degrés; ajoutez-y deux grains de cochenille; lorsque votre sirop est bouillant, mettez-y vos fruits; écumez bien; retirez aussitôt votre bassine du feu; couvrez-la hermétiquement; laissez-la ainsi pendant une demi-heure; retirez ensuite vos fraises avec une écumoire; placez-les dans le compotier; couvrez-les de sirop, et servez-les froides.

Compote de framboises.

Ces fruits sont très vétilleux pour mettre en compote, il faut y apporter beaucoup d'attention et choisir les framboises aussi fermes que possible: épluchez-les comme il est dit pour les fraises ci-dessus; le reste de l'opération est exactement le même.

Compote de pruneaux.

Prenez de préférence des prunes d'Agen ou de Tours; lavez-les avec soin; mettez-les dans un vase profond rempli d'eau bouillante; couvrez-le hermétiquement; laissez-le ainsi pendant quatre heures environ; puis, égouttez vos fruits, et versez-les dans une casserole assez grande pour que vos pruneaux y étant elle ne soit qu'à moitié pleine; remplissez-la alors aux deux tiers de bon vin; sucrez légèrement, et joignez-y le zeste d'un citron pelé, roulé en petit paquet et ficelé; couvrez votre casserole de son couvercle; faites bouillir le contenu; lorsque vous avez obtenu ce résultat, couvrez votre fourneau de cendre et replacez-y votre casserole; laissez-la pendant deux heures; découvrez alors vos fruits; retirez le zeste de citron; versez vos pruneaux dans leur compotier, et servez froid.

Compote de toutes espèces de fruits pris à leur état de conserve.

Tous les fruits pris à leur état de conserve sont bons à faire des compotes; il suffit pour cela de vider les bouteilles dans un tamis; de placer le sirop dans une bassine; joindre à ce dernier le sucre nécessaire pour qu'une fois en ébullition et bien écumé il supporte vingt-cinq degrés de réduction; retirez votre bassine du feu; versez vos fruits dedans; laissez-les pendant quelques minutes pour qu'ils s'imprègnent de leur sirop; mettez-les ensuite dans le compotier, et ne servez que lorsque la compote sera froide.

Préparation des quartiers de pommes pour flans nappés.

Procurez-vous de belles pommes de Canada; coupez-les en deux parties égales sur leur longueur; pelez-les et enlevez le trognon; passez sur chaque quartier de pomme un jus de citron, et jetez-les à mesure dans un vase d'eau froide; lorsque cette opération est terminée, préparez dans un poêlon d'office un sirop léger; placez-y vos moitiés de pommes en mettant la partie voûtée en dessous; mettez aussitôt votre poêlon sur le feu; ne quittez pas vos fruits; lorsque·le côté bombé est cuit à point, retournez vos pommes et laissez cuire également la partie plate; ce résultat obtenu, prenez chaque quartier avec une fourchette, et placez-les (la partie plate en dessous) dans un vase profond; superposez-les en forme de turban; lorsque tous vos fruits y sont réunis, couvrez-les de sirop, et laissez ainsi jusqu'au moment de vous en servir.

SIXIÈME PARTIE.

DES SIROPS RAFRAICHISSANTS

POUR BALS ET SOIRÉES.

Sirop de cerises rafraîchissant.

Mettez dans une bassine dix kilog. de cerises bien mûres, cinq kilog. de groseilles, un kilog. de framboises, un kilog. de merises noires; pressez le tout pour en extraire le jus; passez-le dans un tamis; versez-le ensuite dans une terrine, et laissez-le fermenter pendant quarante-huit heures; lorsqu'il est tranché (ceci s'aperçoit à la mousse qui se trouve à la surface du jus), tirez-le à clair; versez-le dans une bassine; ajoutez-y une partie des amandes de cerises; jetez dans votre sirop autant de deux kilog. de sucre que vous avez de litres de jus; mettez le tout en ébullition; écumez avec soin, et cuisez à la nappe; pour obtenir cette cuite, quelques bouillons suffisent; passez ce sirop dans un tamis que vous placez sur une terrine; aussitôt froid, mettez-le en bouteille, et bouchez avec soin; ficelez fortement et cachetez de cire fine.

Sirop de guimauve.

Procurez-vous des racines de guimauve vertes; épluchez-les et coupez-les en dé dans une casserole; couvrez ces racines d'eau; mettez-les en ébullition jusqu'à réduction des deux tiers; faites ensuite dans une bassine un sirop à trente-six degrés; joignez-y votre réduction de guimauve; retirez la bassine au coin du fourneau; lorsque le mélange est bien fait, remettez la bassine sur le feu; faites cuire le contenu à la nappe; écumez avec soin; versez-le dans une terrine; aussitôt froid, mettez en bouteille; bouchez avec soin; ficelez fortement, et cachetez de cire fine.

Sirop de groseilles.

Mettez dans un baquet dix kilog. de belles groseilles à grappes, deux kilog. de framboises, un demi-kilog. de merises noires et un kilog. de cerises un peu mûres; écrasez le tout avec les mains; versez-le ensuite dans un tamis; continuez à presser vos fruits pour en extraire tout le jus; versez ce dernier dans une terrine; placez-la au frais; laissez ainsi pendant quarante-huit heures pour la fermentation; lorsqu'il est tranché, tirez-le à clair; mesurez-le dans une bassine; ajoutez-y deux kilog. de sucre par litre de jus; mettez le tout en ébullition; cuisez à la nappe; écumez bien et versez ce sirop dans une terrine; aussitôt froid, mettez-le en bouteilles; bouchez comme ci-dessus.

Sirop de limon.

Placez un tamis de soie sur un saladier; pressez dans ce tamis huit beaux citrons; laissez ce jus fermenter pendant quarante-huit heures; puis, cassez dans un poêlon d'office un kilog. de beau sucre de canne; couvrez-le d'eau filtrée; mettez ce poêlon sur un feu ardent; faites réduire ce sirop à trente-cinq degrés; écumez constamment; ce résultat obtenu, joignez-y le jus de vos citrons, et laissez votre sirop encore quatre minutes en ébullition; passez-le dans un tamis de soie, et transvasez-le aussitôt dans une terrine; lorsqu'il est bien froid, mettez-le en bouteille, et bouchez-le comme ci-dessus.

Sirop de framboises.

Mettez, après fermentation, un kilog. de jus de framboises dans une bassine; ajoutez-y quatre kilog. de sucre de canne cassé; remuez le tout pour en faire un sirop; placez ensuite votre bassine sur un feu ordinaire; lorsque le contenu est en ébullition, écumez avec soin; laissez bouillir pendant cinq minutes pour cuire à la nappe; repassez-le de nouveau dans un tamis de soie placé sur une terrine ; lorsqu'il est froid, mettez-le en bouteille, et bouchez-le comme ci-dessus.

Sirop de capillaire.

Versez dans un poêlon d'office un demi-verre d'eau ; faites-le bouillir ; ajoutez-y aussitôt trente grammes de capillaire ; retirez du feu votre poêlon, et couvrez-le hermétiquement ; pendant que cette infusion se fait, concassez dans un grand poêlon d'office deux kilog. de beau sucre ; mouillez-le ensuite avec votre infusion, plus l'eau nécessaire pour que votre sucre en soit couvert ; mettez aussitôt votre poêlon sur le feu ; lorsque le contenu est réduit à trente-cinq degrés, écumez-le ; passez-le dans un tamis de soie que vous posez sur une terrine ; vingt-quatre heures après, mettez votre sirop en bouteille, et bouchez-comme ci-dessus.

Sirop d'oranges.

Pressez quatre belles oranges de Provence dans un tamis de soie que vous avez placé sur un saladier ; joignez le jus de deux citrons ; laissez fermenter ce jus ; concassez dans un poêlon d'office un kilog. de beau sucre de canne ; couvrez-le d'eau filtrée ; mettez-le sur un bon fourneau ; lorsque votre sirop est cuit à trente-cinq degrés, joignez-y le jus qui se trouve dans le saladier ; continuez l'ébullition pendant deux minutes pour obtenir une cuite à la nappe ; écumez avec soin ; passez ensuite le tout dans un tamis de soie posé sur une terrine ; lorsqu'il est froid, mettez-le en bouteille, et bouchez-le comme ci-dessus.

Sirop de punch pour conserve.

Versez un litre de bon rhum dans un poêlon d'office ; ajoutez-y un demi-kilog. de sucre de canne cassé par petits morceaux, plus le zeste de deux citrons ; mettez ensuite votre poêlon sur un feu doux ; lorsque le contenu commence à chauffer, présentez au-dessus une allumette, enflammée, le feu prend aussitôt à votre liquide ; laissez-le réduire à la nappe ; puis, passez ce punch dans un tamis que vous posez sur une terrine ; cassez de nouveau dans votre poêlon un kilog. de beau sucre ; couvrez-le d'eau filtrée ; faites-le cuire au grand cassé ; ce résultat obtenu, joignez-y votre rhum, plus le jus de quatre citrons ; tenez votre poêlon au coin du fourneau pour donner le temps à votre sucre de se détendre et qu'il forme un sirop bien nappé ; écumez-le bien ; remettez le poêlon sur le feu, et faites réduire ce sirop jusqu'à ce qu'il porte trente-cinq degrés ; passez-le dans un tamis de soie que vous placez sur une terrine ; lorsque votre sirop est bien froid, mettez-le dans des bouteilles, et bouchez-le comme ci-dessus.

Sirop de gomme.

Pilez dans un mortier un kilog. de gomme arabique ; relevez-la dans une grande terrine; couvrez-la d'eau; lorsqu'elle est fondue, concassez cinq kilog. de beau sucre; mettez-le dans une bassine et couvrez-le d'eau filtrée; placez-le ensuite sur un bon fourneau; faites cuire ce sirop au petit lissé; joignez-y aussitôt votre gomme; retirez votre bassine au coin du fourneau pour donner le temps à votre sirop de se mélanger à votre gomme; ceci fait, remettez votre bassine sur le feu; faites réduire à la nappe; écumez avec soin, et versez le tout dans une terrine; mettez-le en bouteille lorsqu'il est froid, et bouchez-le comme ci-dessus.

Sirop d'orgeat.

Pesez un kilog. de belles amandes flot, plus cent vingt-cinq grammes d'amandes amères; versez-les toutes deux dans une casserole d'eau bouillante; retirez votre casserole du feu; couvrez-la de son couvercle; laissez le temps nécessaire à ce que vous puissiez détacher les cosses de vos amandes; puis, égouttez-les; jetez-les dans l'eau froide; lavez-les bien; égouttez-les de nouveau, et ressuyez-les dans un linge blanc; pilez-les alors dans un mortier bien propre, tout en les mouillant avec deux litres d'eau filtrée; passez ce lait d'amandes dans une serviette que vous tenez suspendue au-dessus d'une bassine; ajoutez à ce lait quatre kilog. de beau sucre de canne cassé par petits morceaux; lorsque ce dernier est bien fondu, mettez votre bassine sur un feu ordinaire; aussitôt que votre sirop est en ébullition, laissez-le ainsi pendant cinq minutes; écumez-le; versez-le dans une terrine pour le laisser refroidir et le mettre en bouteille comme les autres sirops.

Sirop de vinaigre.

Cassez par petits morceaux cinq kilog. de beau sucre; relevez-le dans une bassine; couvrez-le d'eau filtrée; placez votre bassine sur un feu ardent; laissez réduire ce sirop à trente degrés; écumez-le avec soin, et retirez la bassine au coin du feu; mettez aussitôt dans un poêlon d'office un verre de vinaigre d'Orléans; faites-le bien réduire; jetez ensuite ce résidu dans votre bassine, et replacez-la sur le feu pour faire faire à ce sirop une nouvelle ébullition et en obtenir une nappe; versez-le alors dans une terrine; lorsqu'il est froid, mettez-le en bouteille comme les autres sirops.

Sirop de froment.

Lavez à grande eau un kilog. de beau froment (blé en grains) le plus frais possible; égouttez-le; mettez-le ensuite dans une casserole; couvrez-le d'eau; placez cette casserole sur un feu ardent; lorsque le froment est en ébullition, couvrez la casserole, et placez-la en dessous du fourneau; laissez-la le temps nécessaire pour que le froment soit bien crevé et ne forme plus qu'une pâte; versez-le aussitôt dans un tamis en crin; laissez égoutter parfaitement; pendant ce temps, cassez cinq kilog. de sucre dans une bassine; couvrez ce sucre d'eau filtrée, et faites-en un sirop réduit à trente degrés; retirez alors la bassine au coin du fourneau; joignez-y le résidu du froment qui se trouve passé au travers du tamis; lorsque ce tout est bien mélangé et forme nappe, remettez la bassine sur le feu; retirez-la au premier bouillon; transvasez ce sirop dans une terrine, et lorsqu'il est froid, mettez-le en bouteille comme les autres sirops.

Sirop de violettes.

Mettez dans un petit poêlon d'office un demi-verre d'eau; placez votre poêlon sur le feu; lorsque le contenu est en ébullition, joignez-y soixante grammes de violettes; retirez votre poêlon, et couvrez-le hermétiquement; pendant que cette infusion se fait, préparez votre sirop en opérant ainsi : mettez dans une bassine deux kilog. de sucre; versez dessus un litre d'eau; lorsque le sucre est fondu, placez la bassine sur un feu ardent, et laissez-la jusqu'à ce que le sucre soit réduit à trente degrés; ce résultat obtenu, ajoutez-y votre infusion de violettes; attirez la bassine au coin du fourneau pour donner au sucre le temps de se détendre et de se mélanger avec l'essence de violettes; lorsque le tout forme nappe, replacez la bassine sur le feu; faites faire un bouillon à votre sirop; puis transvasez-le dans un tamis posé sur une terrine; laissez-le refroidir, et mettez-le en bouteille comme les autres sirops.

Sirop d'ananas.

Versez dans un tamis une décoction d'ananas; recueillez le jus de ces fruits dans un vase quelconque; préparez un sirop à trente degrés; joignez-y votre décoction de fruits, et retirez votre bassine du feu pour donner le temps à votre sirop de se mélanger à la décoction de fruits; ceci fait, remettez le tout sur le feu, et faites cuire à la nappe; versez-le ensuite dans un tamis que vous placez d'avance sur une terrine; lorsque votre sirop est froid, mettez-le en bouteille.

Sirop de pommes.

Préparez une gelée de pommes (comme il est dit plus haut); faites ensuite dans une bassine un sirop à trente degrés; jetez votre gelée de pommes dans ce sirop; retirez la bassine du feu; lorsque ces deux corps ne forment plus qu'une nappe, remettez la bassine sur le feu; aussitôt son contenu en ébullition et que vous avez obtenu la cuite à la nappe, transvasez ce sirop dans une terrine et laissez-le refroidir avant de le mettre en bouteille.

Sirop de quatre fruits.

Faites réduire dans une bassine un sirop à trente-cinq degrés; joignez-y une décoction de cerises, fraises, groseilles et framboises; laissez

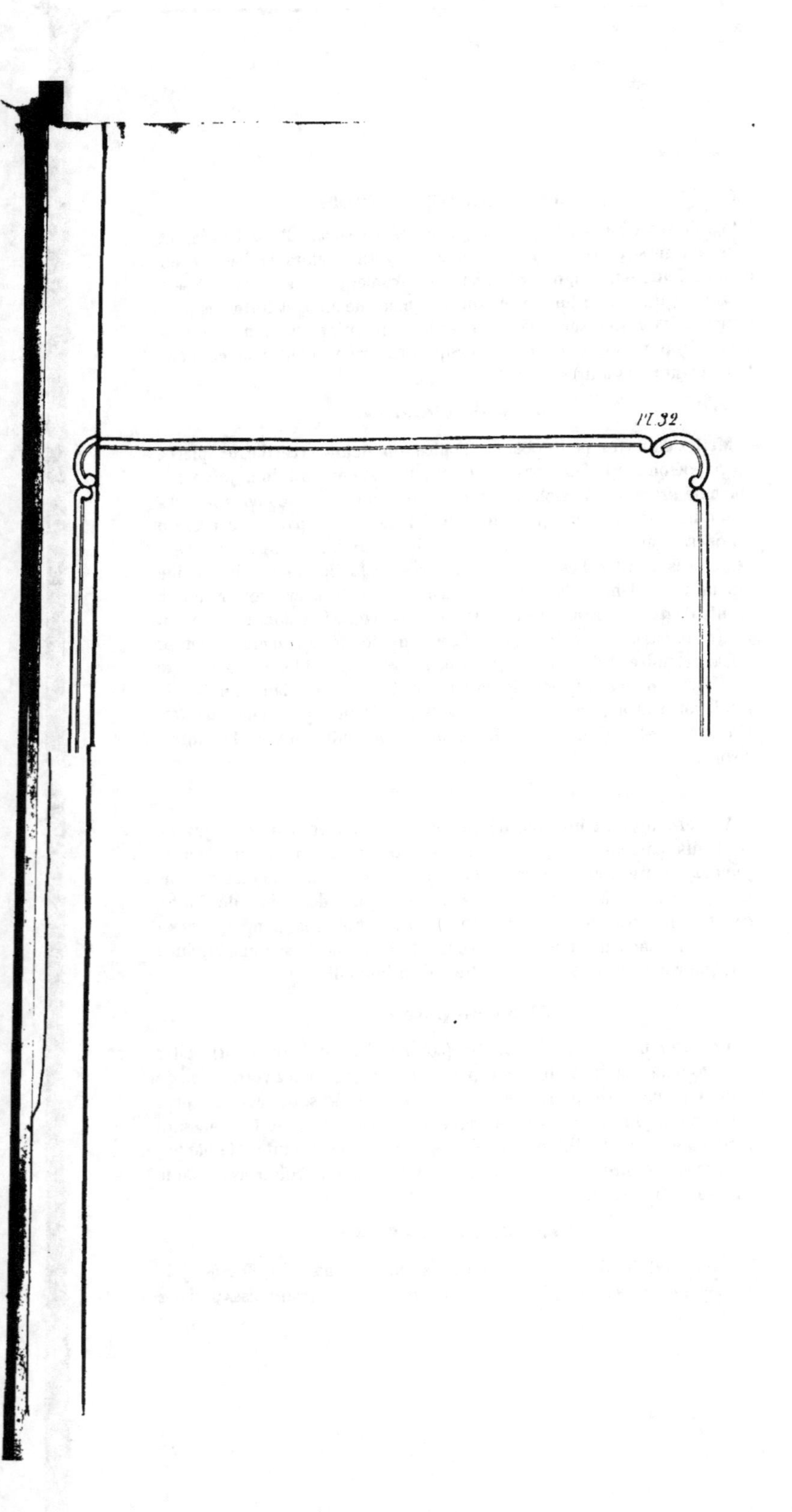

Pl. 32.

DESSERT MODERNE d'après **L'AUTEUR**

applicable à une Table de 40 couverts.

Longueur 10 mètres. Largeur 1 mètre 50 cent.

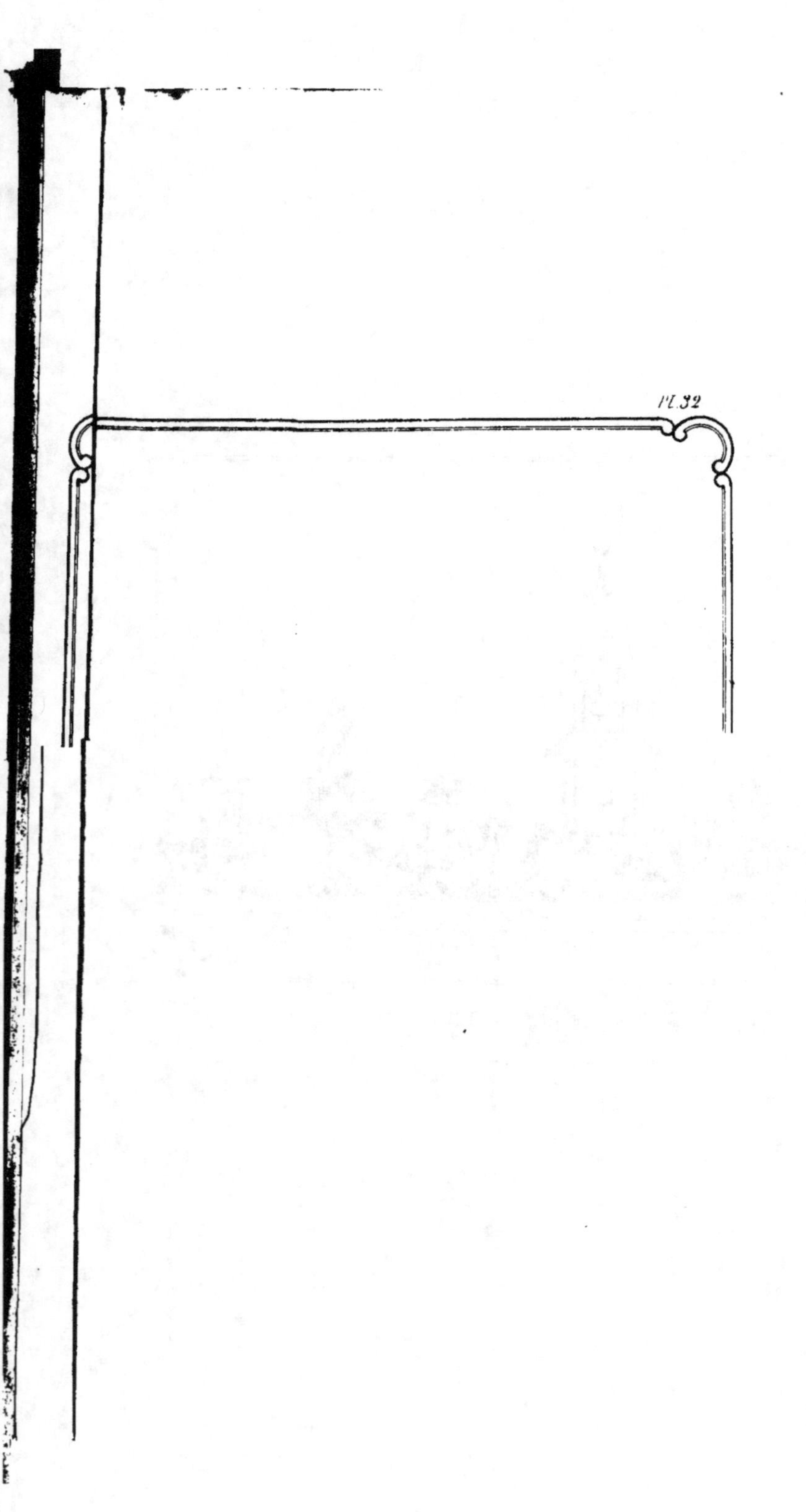
Pl. 32

ce sirop au coin du fourneau pour que sirop et décoction ne fassent qu'un seul corps ; ce résultat obtenu, replacez la bassine sur le feu ; faites de nouveau bouillir ce sirop pour obtenir une nappe ; versez-le ensuite dans une terrine, et, lorsqu'il est bien froid, mettez-le en bouteille.

NOTA. — On peut également faire des sirops avec certaines herbes et différents fruits, etc. ; tout ceci n'est que décoction, infusion ou réduction ; la cuite du sucre est à peu près la même pour tous les sirops ; elle ne diffère parfois qu'en raison du plus ou moins de liquide ou matière que vous pouvez y joindre ; le but principal est d'atteindre une cuite à trente-cinq degrés. Tous les sirops, une fois faits, doivent être placés au frais et les bouteilles couchées.

CHAPITRE XII.

—◦—

DES DIVERSES PRÉPARATIONS

A L'USAGE DE LA PATISSERIE.

Infusion de vanille.

Prenez un demi-kilog. de belle vanille; coupez par moitié et sur leur longueur chacune de vos gousses ; placez-les dans un bocal contenant cinq litres environ; remplissez ce dernier d'esprit de vin et bouchez-le bien; laissez-le ainsi pendant huit jours; vous pouvez ensuite faire usage de cette essence; à mesure que le bocal se vide, remplissez-le d'esprit, et continuez jusqu'à ce que vous jugiez votre vanille assez épuisée.

Sucre vanillé.

Hachez aussi fin que possible deux gousses de vanille, puis pesez un demi-kilog. de sucre en poudre; versez ce dernier par petite quantité sur votre vanille ; avec un rouleau de buis, écrasez ces deux ingrédients pour n'en faire qu'une poussière; ce résultat obtenu, passez le tout dans un tamis de soie et renfermez-le dans un vase que vous tenez hermétiquement fermé.

Eau de fleurs d'oranger.

Mettez dans un alambic contenant vingt litres un kilog. de fleurs d'oranger fraîchement cueillies; versez dessus dix litres d'eau de rivière; laissez infuser pendant vingt-quatre heures, puis chauffez-la pour en distiller l'essence, et recueillez ce résidu dans un litre que vous bouchez avec soin.

Fleurs d'oranger pralinées.

Faites cuire au grand cassé quatre kilog. de beau sucre de canne ;
puis jetez dedans un kilog. de fleurs d'oranger fraîchement cueillies ;
retirez aussitôt votre sucre du feu ; au moyen d'une cuillère de bois, faites
tourner votre sucre ; lorsqu'il est froid, versez-le dans un mortier ;
pilez-le ; passez-le dans un tamis de crin, et relevez cette poudre dans
un vase que vous couvrez hermétiquement.

Essence de bergamotte.

Pelez avec soin dix beaux citrons bien frais ; mettez le zeste dans un
litre d'eau ; laissez-le infuser pendant quarante-huit heures ; jetez ensuite le tout dans un petit alambic, et distillez selon le degré que
vous voulez obtenir ; recueillez cette essence dans une petite bouteille
bien bouchée.

Sucre de limon.

Concassez dans un poêlon d'office un kilog. de beau sucre de canne ;
versez dessus un demi-litre d'eau ; faites cuire ce sucre au grand cassé ;
lorsque vous avez obtenu ce degré, joignez-y le zeste de douze citrons,
plus le jus de quatre de ces derniers ; retirez aussitôt votre poêlon du
feu ; tournez votre sucre avec une cuillère en bois ; ceci fait, versez-le
dans un mortier ; lorsque votre sucre est froid, pilez-le et passez-le dans
un tamis de crin ; recueillez cette poudre dans un vase que vous tenez
hermétiquement fermé.

Sucre à l'orangeade.

Pelez avec soin six belles oranges (dites Valence) ; mettez le zeste de
côté ; puis faites cuire un kilog. de beau sucre au grand cassé ; ceci fait,
joignez-y votre zeste d'oranges ; laissez le tout faire un bouillon ; sortez
aussitôt votre poêlon du feu, et, au moyen d'une cuillère en bois, faites
tourner son contenu, que vous versez ensuite dans un mortier ; lorsqu'il est bien froid, pilez-le et passez-le dans un tamis de crin ; relevez
cette poudre dans un vase bien fermé.

Sucre à la rose.

Pesez un kilog. de sucre ordinaire en poudre ; versez-y cinq gouttes
d'essence de roses et un peu de carmin rose végétal ; ce sucre, bien mélangé, doit avoir une teinte rose ; relevez-le sur des feuilles de papier
que vous placez d'avance sur des plaques d'office ; étalez ce sucre en
couches minces ; faites-le sécher à l'étuve ; ayez soin de le remuer de
temps en temps ; ce résultat obtenu, relevez ce sucre dans un vase bien
fermé.

Sucre à la groseille.

Servez-vous d'un kilog. de sucre ordinaire en poudre; placez-le sur une feuille de papier blanc; joignez-y cinq gouttes d'essence de groseilles, plus une quantité de carmin nécessaire pour que votre sucre, une fois bien mélangé, soit d'un rouge foncé; relevez ensuite votre feuille de papier sur une plaque carrée; étalez votre sucre en couches minces, et faites-le sécher à l'étuve; ceci fait, versez-le dans un bocal que vous couvrez avec soin.

Sucre à l'orange.

Choisissez un beau morceau de sucre blanc; râpez dessus l'écorce de plusieurs oranges, et, chaque fois que votre sucre en est bien imprégné, grattez la partie imbibée sur une feuille de papier blanc; continuez cette opération jusqu'à ce que vous jugiez la quantité suffisante pour colorer un kilog. de sucre en poudre, que vous placez également sur le papier; joignez en plus le jus d'une orange et quelques gouttes de carmin jaune pour donner à votre sucre une teinte d'un jaune léger; ce tout bien mélangé, faites-en une couche mince; mettez sécher à l'étuve; remuez de temps en temps pour bien sécher; puis renfermez-le dans un vase quelconque.

Sucre au citron.

Cassez un morceau de sucre; frottez dessus les cosses de plusieurs citrons; grattez la partie humectée et placez-la sur une feuille de papier; ajoutez-y un kilog. de sucre en poudre, plus le jus de quatre citrons; faites un mélange parfait; relevez votre feuille de papier sur une plaque d'office que vous placez ensuite à l'étuve; remuez votre sucre de cinq minutes en cinq minutes jusqu'à ce qu'il soit bien sec; versez-le alors dans un bocal; bien le boucher.

Fonds d'office.

Le fonds d'office n'est autre chose qu'une abaisse en pâte d'office de quatre à six millimètres d'épaisseur, selon la forme qu'il est nécessaire de lui donner; elle doit être bien dorée et bien piquée avec un couteau; on la relève ensuite sur des tourtières ou plaques d'office, qui doivent être beurrées légèrement; faire cuire à four ordinaire; aussitôt cuit, mettre sous presse sur une table de marbre ou de bois, mais extrêmement droite, jusqu'à son entier refroidissement.

Les fonds d'office servent de soubassement à toutes les pièces montées.

Bordures en pastillage et en pâte anglaise.

Les bordures se font en général en pastillage ou en pâte anglaise;

l'un et l'autre se disposent en abaisse de deux ou trois millimètres d'épaisseur, sur laquelle on enlève avec des emporte-pièces, dits moules à bordures, des petites parties, que vous choisissez pour être en rapport avec votre pièce montée; une fois ces petites parties enlevées et purement coupées, relevez-les sur des plaques d'office beurrées et légèrement farinées; séchez-les à l'étuve ou à four très doux, de manière à conserver leur couleur blanche et leur forme primitive. Beaucoup de praticiens profitent de certains moments perdus pour faire une quantité de diverses bordures, qu'ils conservent avec soin dans des vases hermétiquement fermés, ce qui leur procure une avance notable le jour où ils en ont besoin.

Bordures en feuilletage.

Ce genre de bordures est peu en usage dans ce temps moderne; cependant nous croyons urgent d'en faire mention dans cet ouvrage, afin que la collection soit complète.

Faites une abaisse de feuilletage que vous usez à force de tour; détaillez-la avec un emporte-pièce rond et uni de manière à en faire de petites couronnes, que vous videz avec un second emporte-pièce, mais plus petit que le premier; mettez-les sur des plaques d'office; faites-les sécher à four très doux; retirez aussitôt vos petites couronnes sèches, et relevez-les sur du papier jusqu'au moment de vous en servir.

NOTA. Ces bordures se collent avec le sucre cuit au cassé.

Bordures glace royale.

Les bordures en glace royale peuvent se varier à l'infini, suivant le goût et le style qui conviennent le mieux à la pièce que l'on doit monter; mais les plus ordinaires et les plus usitées sont celles qui se font au cornet; par exemple, pour décorer un fond d'office, vous le renversez et vous le suspendez, soit en le mettant sur le goulot d'une carafe ou d'une bouteille, etc.; puis, au moyen de votre cornet garni de glace royale, vous faites tout autour de votre fond d'office la bordure que vous désirez (*voir* planche des bordures); laissez-la bien sécher pour ensuite renverser ce fond d'office sens dessus dessous, ce qui fait un effet charmant.

Les bordures riches, imitant tous les dessins d'architecture, se font également au cornet; par ce moyen, vous obtenez les modèles les plus variés, tels que grilles, galeries, balcons, etc., etc.

Comme ce genre de décor demande beaucoup de soin et de goût et une science de l'art très approfondie, nous laisserons au praticien le soin de mettre en harmonie ce magnifique travail.

Nous ne terminerons cependant pas sans dire que c'est sur une feuille de verre double, ou sur un morceau de glace non étamé, que l'on a le soin de cirer à chaud, que se façonnent ces jolies bordures;

pour les ôter de dessus le verre, il suffit de le faire légèrement chauffer en dessous, et lorsqu'un petit claquement léger vous prévient qu'elles sont détachées, au moyen des barbes d'une plume, vous les faites glisser sur un objet à jours, ce qui vous permet, lorsque vous voulez vous en servir, de les soulever avec les doigts en les prenant en dessous, pour les placer à leur destination, vous les fixez avec un filet de glace fraîche ; une fois vos bordures posées, évitez autant que possible de les toucher à cause de leur fragilité.

On devra, en raison de cela, ne les placer qu'une fois toute la pièce terminée.

Bordures diverses.

Nous entendons par bordures diverses toutes celles qui sont confectionnées et que l'on assortit, tels que angélique taillée sous différentes formes; amandes douces fraîches émondées et coupées en deux; gimblettes de toutes couleurs, dragées, pastilles, etc., etc. Toutes ces bordures se collent au sucre cassé et une fois la pièce entièrement montée.

APPRÊT DU CARMIN ET COLORISATION DES SUCRES.

Carmin minéral liquide.

Pour faire ce carmin, il faut sept cent soixante-quinze grammes d'acide nitrique, soixante de cochenille, quarante-huit d'alun de Rome, quatre-vingt-dix de sel ammoniaque, cent de bois de Fernambouc et deux cent cinquante d'étain effilé. Mettez votre bois dans une casserole nouvellement étamée et de la contenance de dix litres environ ; remplissez-la d'eau filtrée ; mettez-la trois fois en ébullition, en y jetant chaque fois le tiers de votre alun; placez ensuite dans un petit sac en toile neuve votre cochenille ; pilez-la jusqu'à ce qu'elle soit réduite en poudre; faites dissoudre votre sel dans votre acide, et, lorsqu'il est fondu, joignez-y votre étain ; mêlez alors le tout ensemble dans la casserole, et, lorsque cette décoction sera froide, passez-la dans un tamis de soie; recueillez ce liquide dans un pot de grès, que vous remplissez d'eau filtrée, et que vous renouvelez aussi souvent qu'elle sera imbue.

Servez-vous d'une cuillère d'argent ou de bois pour extraire le carmin dont vous aurez besoin, et recouvrez le vase chaque fois avec le plus grand soin.

Décoction d'épinards pour obtenir le vert naturel.

Choisissez de beaux épinards bien verts et bien tendres; retirez-en la côte; lavez-les bien; faites-les bien égoutter, afin qu'il n'y ait plus d'humidité; pilez-les dans un mortier jusqu'à ce que ces feuilles soient bien réduites et forment un liquide, que vous relevez dans un torchon de toile neuve; posez-le sur un plat à sauter et tordez votre torchon autant qu'il est possible pour en extraire le jus de vos épinards; placez votre plat sur un fourneau doux; retirez-le à la première ébullition; versez le contenu sur un tamis de soie du numéro deux; une fois bien égoutté, recueillez avec une cuillère d'argent ou de bois la décoction d'épinards qui se trouve dans votre tamis, et servez-vous-en de suite pour colorer.

Carmin minéral en pierre.

Ce genre de produit se procure généralement chez tous les marchands de couleurs. Il est de toute nécessité, lorsqu'on veut en faire usage, de le dissoudre dans un vase profond et le couvrant d'eau filtrée; remuez-le de temps en temps, soit avec une cuillère d'argent ou de bois; lorsqu'il est dissous, égouttez-le et disposez-en selon votre besoin.

Par son infériorité bien connue, je ne saurais trop recommander de n'en faire usage qu'à la dernière extrémité, c'est-à-dire lorsqu'on est privé des autres carmins.

Carmin végétal liquide.

Cette précieuse découverte offre à la pâtisserie d'immenses ressources, soit pour le coloris des sucres en poudre, ou pour la teinte des sucres cuits. L'innovation en est due à M. C. Breton. Aujourd'hui, ce produit est devenu indispensable au travail de la pâtisserie, et principalement à l'ornement de nos pièces montées. Sa teinte a pour vertu de soutenir les sucres à leur cuisson, tout en conservant leurs nuances naturelles; il donne aussi au sucre en poudre le coloris le plus brillant et d'un goût parfait.

Ces produits sont analysés et offrent toute sécurité à la consommation.

On s'en procure de toutes nuances chez le fabricant lui-même.

PRÉPARATION DES SUCRES ET DU COLORIS.

Sucre en poudre ordinaire.

Cassez par morceaux un ou plusieurs pains de sucre de canne bien étuvés; pilez-les parfaitement dans un mortier; relevez votre sucre dans un tamis de crin du numéro trois; passez-le; remettez dans le mortier le sucre qui reste dans votre tamis; pilez de nouveau jusqu'à ce qu'il soit bien en poudre; relevez ensuite votre sucre dans un galon ou tiroir que vous couvrez hermétiquement et que vous tenez dans un endroit chaleur d'étuve.

Sucre glace extra-fin.

C'est le même sucre que ci-dessus que vous passez dans un tamis, dit tambour à glace, qui se trouve garni intérieurement d'un tissu de soie extra-fin; fermez hermétiquement votre tamis d'un couvert emboîté; tamisez votre sucre; relevez-le dans un galon et placez-le chaleur d'étuve.

Préparation du sucre pour être coloré.

Cassez sur une feuille de papier collé, que vous placez sur le tour, un pain de sucre de canne bien cristallisé; écrasez-le fin, en frappant dessus avec un vieux rouleau en bois; passez ce sucre dans un tamis de crin numéro un; relevez-le dans un autre tamis numéro deux ; passez-le de nouveau de manière à obtenir un grain plus gros, dit mignonette, qui puisse supporter le coloris sans se détériorer, ni même fondre, en y ajoutant l'eau nécessaire pour le bien amalgamer.

Sucre rose.

Etalez sur une feuille de papier collé, et bien blanc, la quantité de sucre que vous voulez colorer; versez dessus un peu de carmin rose; mêlez bien avec les mains; tenez cependant votre sucre un peu humide de manière à ce qu'il ne reste aucun grain blanc; couchez-le le plus mince possible sur toute la surface de votre papier, que vous relevez sur une plaque; mettez-le à l'étuve; ayez soin de le remuer de temps en temps jusqu'à ce qu'il soit séché à point, et tenez-le dans un vase hermétiquement fermé.

Sucre vert vif.

Même apprêt que ci-dessus; seulement, si vous faites usage du vert épinard, mêlez-le tel qu'il est; si au contraire vous vous servez du carmin végétal vert liquide, humectez en même temps votre sucre avec un peu d'eau; dans l'un ou l'autre cas, il devra être parfaitement mélangé sans laisser apercevoir aucune trace de blanc. Ceci fait, relevez-le sur des plaques; séchez-le à l'étuve très douce; remuez-le souvent pour éviter les parties grumeleuses; lorsqu'il est sec, mettez-le dans un vase hermétiquement fermé.

Sucre jaune tendre.

Cette nuance s'obtient de deux manières : la première, en infusant du safran dit du Gâtinais, que vous passez alors comme les épinards, avec la seule différence que c'est le résidu et non pas l'eau qui vous sert pour colorer votre sucre; la seconde, en employant le carmin C. Breton. Cette dernière est préférable sous tous les rapports; la teinte est plus franche et le sucre se conserve plus brillant; le travail est le même que ci-dessus; seulement, il ne faut pas le renfermer dans un vase, mais s'en servir dans sa fraîcheur, car à la longue il se ternit.

Sucre bleu clair.

Nos devanciers, pour obtenir cette nuance, faisaient dissoudre dans un demi-verre d'eau trente grammes de bleu végétal. Le résultat en était toujours fâcheux, non-seulement parce que cette couleur était terne, mais encore désagréable au goût. Le carmin bleu clair végétal C. Breton remédie à cet inconvénient : il est limpide, pur, sans odeur, et d'un beau bleu de ciel. Le sucre se prépare comme pour les coloris ci-dessus.

Sucre violet.

Préparez votre sucre sur un papier blanc et parfaitement collé; versez dessus goutte à goutte une légère quantité de carmin violet; mélangez bien votre sucre; lorsque votre opération est faite; relevez votre papier sur une plaque que vous placez à l'étuve pour le sécher complétement; n'oubliez pas de le remuer de temps en temps, et relevez-le dans un vase bien fermé.

Sucre nonpareil.

C'est un mélange, par égale quantité, de tous les sucres colorés ci-dessus désignés; vous passez ce mélange dans un tamis de crin de manière à obtenir une nuance diamantée.

Sucre cassonné.

Prenez un pain de sucre de canne; détachez-en la tête, que vous écrasez avec le bout d'un rouleau; placez ce sucre dans un tamis numéro six, c'est-à-dire à grands trous; puis relevez-le dans un autre du numéro cinq; une fois tamisé, vous avez obtenu un grain de la grosseur d'un petit pois; il faut casser votre sucre sur une feuille de papier collé que vous étendez sur le tour : c'est le seul moyen de conserver votre sucre très brillant.

Sucre religieux.

Cassez, comme pour le sucre cassonné, une tête de beau pain de sucre; écrasez-le avec le bout d'un rouleau; passez ce sucre dans une passoire numéro deux; repassez de nouveau dans une autre passoire du numéro un, ce qui vous donnera un grain de semoule un peu prononcé, mais toujours fin et régulier; tenez ce sucre hermétiquement fermé dans un vase quelconque.

Panaché.

Prenez un kilog. de sucre dit cassonné, et poids pour poids d'objets indiqués ci-après, tels que pistaches émondées et hachées carrément, bonbons bijoux assortis et raisin de Corinthe; remuez le tout jusqu'à parfait mélange; relevez ce panaché dans un bocal bien bouché que vous placez dans un endroit sec.

Clarification du sucre pour être mis à l'état de sirop.

Concassez un beau pain de sucre de canne du poids de huit à neuf kilog.; mettez-le dans une bassine dans laquelle vous versez cinq à six litres d'eau filtrée, plus deux verres de sirop de froment; placez cette bassine sur un feu de charbon ardent; aussitôt le contenu en ébullition, joignez-y un blanc d'œuf battu dans un verre d'eau fraîche, ou un peu de noir animal, ou du sang de bœuf; ôtez-le; écumez parfaitement; une fois bien reposé, sans cependant le laisser refroidir, vous le versez doucement et sans remuer, dans un vase propre et profond autant que possible; couvrez-le de manière à éviter la poussière; lorsque vous avez besoin de ce sirop, ne le prenez qu'avec une cuillère d'argent ou de bois. Le sirop de sucre doit toujours être cuit dans le cuivre non étamé, et sert en général à tout ce qui concerne le travail du praticien; il doit avoir, à son état de cuisson, de trois à cinq degrés centigrades. Pour bien se renseigner, il faut se procurer un pèse-sirop; ce dernier se trouve chez tous les opticiens.

ÉTUDE SCIENTIFIQUE SUR LES DIFFÉRENTES CUISSONS DES SUCRES.

Cuite au petit grain.

Prenez du sucre à son degré de clarification (*voir* ci-dessus); mettez-le à moitié dans un poêlon d'office en cuivre non étamé; versez dedans une goutte de vinaigre de bois ou une pincée de crême de tartre; puis placez-le sur un feu de charbon ardent; écumez constamment jusqu'au moment de l'ébullition; laissez-le ainsi pendant trois minutes environ; trempez ensuite le bout de l'index dans votre sucre; touchez-le avec votre pouce; si vos deux doigts se collent, sans pour cela que votre sucre soit filandreux, votre cuite est au petit grain, et vous avez obtenu dix degrés; retirez-le du feu immédiatement.

Cuite au gros grain.

Même opération que pour le sucre petit grain, excepté qu'au lieu de le faire bouillir trois minutes, on le laisse en ébullition deux minutes de plus; touchez de même votre sucre avec vos doigts; s'il s'y attache et tourne au gras, il est au gros grain et porte alors de vingt à vingt-cinq degrés.

Cuite au petit lissé.

Même sirop que pour les sucres précédents, seulement l'ébullition doit durer dix minutes ; touchez-le du bout du doigt ; aussitôt que, par la pression et la séparation de l'index et du pouce, vous aurez obtenu un seul filament, votre sucre est cuit au petit lissé et porte, à cet état de cuisson, de vingt-huit à trente degrés.

Cuite au grand lissé.

Toujours même sirop et même opération, le temps seul de l'ébullition en diffère ; ainsi, pour le petit lissé, il nous faut un seul filament ; pour cette cuite on devra cuire, jusqu'à ce que l'on ait obtenu plusieurs filaments à la fois ; ce sucre porte alors trente-cinq degrés environ. Nous rappellerons toujours qu'à chaque ébullition le sucre doit être écumé.

Cuite au petit soufflé.

Servez-vous toujours de votre sucre clarifié ; mettez-le en ébullition ; trempez dedans une écumoire en cuivre non étamée que vous tenez couchée au-dessus de votre poêlon jusqu'à ce qu'il ne reste plus que quelques gouttes de sucre ; soufflez dessus fortement ; si votre sucre se nappe d'un corps cassant en s'évaporant, il est cuit au petit soufflé.

Cuite au grand soufflé.

C'est le même procédé que pour le petit soufflé, avec une cuite plus serrée ; soufflez derrière votre écumoire pour en détacher à travers les trous une partie de la nappe ; votre sucre, en s'éloignant par l'action du souffle, doit rentrer sur lui-même comme un fil élastique.

Cuite au petit boulé.

Prenez comme toujours de votre sirop clarifié, et n'oubliez pas, comme aux autres sirops, de l'écumer avec soin et d'y ajouter une goutte de vinaigre de bois ou une pincée de crême de tartre ; faites subir à ce sirop une longue ébullition ; trempez alors l'index dans un peu d'eau, puis dans votre poêlon ; si le sucre qui s'attache à votre doigt forme un corps solide et qu'en le touchant avec le pouce et l'index il ne s'en détache que difficilement, votre cuite est réalisée.

Cuite au grand boulé.

Même opération que pour les sucres précédents ; seulement, la cuisson doit être encore plus serrée ; trempez ensuite, comme ci-dessus, votre doigt dans l'eau et dans le sucre ; touchez immédiatement ce sucre avec le pouce et roulez-le sur l'index ; si vous en obtenez une boule, votre cuite est à son degré.

Cuite au petit cassé.

Même préparation que les autres sucres; lorsque vous verrez sur la surface pointiller un grain argenté, trempez votre doigt dans l'eau fraîche, puis dans votre sucre; détachez-le du doigt en le trempant lui-même dans l'eau; si votre sucre se ploie et qu'aussitôt froid il casse, il est au petit cassé.

Cuite au grand cassé.

Le sucre arrivé à son extrémité de cuisson, nous demandons toute l'attention du praticien, car ce sirop, pour arriver au grand cassé, subit tous les degrés.

Il est urgent de ne pas changer l'activité du feu, de tenir votre sucre constamment en ébullition et de ne pas le quitter un seul instant pour l'écumer; aussitôt qu'il se dépouille, lorsque votre sucre a le brillant du vif-argent, trempez-y votre doigt et replongez-le vivement dans l'eau fraîche; si le sucre qui s'en détache casse sous les doigts ou sous la dent, il est au grand cassé.

On doit toujours, lorsqu'on s'en sert, le tenir chaudement pour le conserver jusqu'à la dernière goutte au même degré de chaleur; par cette précaution, on évite qu'il graisse; ayez toujours bien soin de ne toucher à votre sucre qu'avec une cuillère en argent et d'observer la plus grande propreté en nettoyant constamment le bord du poêlon; s'il arrive parfois qu'il graisse en refroidissant, remettez-le fondre légèrement, et vous pouvez par ce moyen le rappeler à son degré primitif.

Caramel.

Le caramel n'est autre chose qu'un sirop de sucre consommé qui, aussitôt qu'il a atteint cinquante degrés, tourne immédiatement au brun et perd totalement son corps; il se décompose, se calcine, se durcit; le caramel étendu d'une certaine quantité d'eau ne sert qu'à donner de la couleur aux diverses sauces ou liquides.

Sucre nappé.

Mélangez par quantités égales du sirop de sucre léger et une partie de gelée de pommes; mettez ce tout dans un poêlon d'office et sur un feu ardent; ayez le soin d'écumer tout le temps que dure l'ébullition; lorsque vous aurez obtenu de ce mélange le degré de cuite du petit soufflé, retirez promptement et versez-en une couche de deux ou trois millimètres d'épaisseur dans des plats ou assiettes plates que vous beurrez le plus légèrement possible; posez ces assiettes sur une table de marbre ou de bois bien droite; mettez sur chaque nappe une feuille de papier collé que vous ferez adhérer partout avec la paume de la main; ceci fait, lorsque vous voudrez détacher la nappe de dessus l'assiette, faites-la chauffer à peine, et avec votre papier enlevez votre nappe ; posez-la ensuite à destination ; imbibez légèrement d'eau votre papier, et enlevez-le immédiatement.

Cette préparation peut se conserver pendant plusieurs jours.

Coulage du sucre pour décors et ornements de pièces.

Faites cuire, après y avoir ajouté une pincée de crême de tartre, du sirop de sucre au grand cassé, de préférence dans un poêlon d'office ayant un bec exprès ; sitôt à point, laissez ce sucre refroidir un instant ; beurrez à l'avance le dessus de vos moules au beurre mélangé de cire (le même que pour les biscuits de Reims) ; puis, laissez échapper peu à peu par le bec de votre poêlon le filet de sucre nécessaire pour couvrir plus ou moins promptement votre moule ; aussitôt vos empreintes refroidies, mettez du feu à l'intérieur de votre moule ; lorsque vous entendrez un léger craquement, c'est la pièce qui s'en sépare ; détachez-la alors.

En général, tous les objets en relief, tels que anses, bordures, guirlandes, balcons, rideaux en tapisserie, etc., etc., se coulent sur des tablettes de verre double ou de glace, que l'on beurre également et saupoudre de fécule.

Ce genre de décor offre un grand avantage, c'est que l'on peut faire son tracé sur le verre avec un carrelet ou tout autre objet pointu ; par ce moyen, la réussite est toujours plus certaine ; puis vient enfin la jolie collection de fleurs, que l'on obtient avec l'empreinte d'un petit madrier en plomb, trempé dans le sucre, et que l'on démoule lorsqu'il est à l'état de tiédeur.

On peut huit jours à l'avance filer ou couler toutes espèces de sultanes, que l'on tient hermétiquement renfermées dans des boîtes en fer-blanc faites à cet usage ; il est dans ce cas nécessaire de saupoudrer ces mêmes boîtes d'une poudre de riz et de les tenir constamment à l'étuve.

Sucre filé.

Préparez dans un poêlon un sucre cuit au grand cassé ; faites joindre les dents de deux fourchettes d'argent en les croisant légèrement ; rejoignez les deux manches, que vous tiendrez d'une main, et de l'autre main prenez une canne ou bâton rond uni ; placez-le horizontalement à la hauteur de votre coude ; trempez alors dans votre poêlon, légèrement refroidi, vos deux fourchettes, qui ont une forme d'œuf, et fouettez par secousses réitérées au-dessus du bâton sans le toucher, jusqu'à ce qu'il soit suffisamment garni ; enlevez-le à la hauteur de l'épaule ; passez doucement l'autre bras sous vos fils et étendez-les en nappes sur une table bien droite ; coupez alors de la longueur dont vous avez besoin.

N'oubliez pas dans cette manipulation, c'est-à-dire lorsque vous filez le sucre, d'étendre à vos pieds plusieurs plaques pour éviter que vos filants ne touchent au sol, afin qu'ils se conservent frais et transparents,

Préparation des fruits de conserve pour être glacés et prêts à garnir les pièces montées.

Sortez vos fruits de leur sirop; égouttez-les sur une grille; séchez-les à l'étuve jusqu'à ce que leur superficie soit arrivée à l'état de candi; piquez-les ensuite au bout d'une brochette pointue aux deux extrémités; ces brochettes doivent être en bois, fil de fer ou osier; rangez-les sur un clayon en évitant qu'elles se touchent, pour pouvoir les prendre sans difficulté; préparez alors un poêlon de sucre cuit au grand cassé; lorsqu'il est cuit, placez-le sur un réchaud de chaleur modérée; puis, trempez vos fruits en entier et très vivement dans votre sucre; piquez vos brochettes sur une passoire renversée; laissez-les ainsi pendant cinq minutes environ; aussitôt vos fruits froids, détachez-les et placez-les sur un plafond d'office étamé jusqu'au moment de s'en servir.

On emploie ces fruits pour garnir différentes pièces montées; on les pèse également au kilog. pour bals et soirées.

Oranges glacées.

Choisissez de belles oranges, dites de Valence, fines et bien fermes; enlevez l'écosse et détachez tous les quartiers que l'orange comporte; retirez l'épiderme et rangez-les sur un clayon en les tenant assez éloignés les uns des autres; mettez sécher à l'étuve; piquez-les ensuite avec les mêmes brochettes que les fruits ci-dessus et glacez-les par le même procédé.

Marrons glacés pour garniture de pièces pour soirées.

Prenez de beaux marrons, dits de Lyon; pelez-les sans entamer les chairs; mettez-les dans une bassine; couvrez-les d'eau froide; placez-les ensuite sur un fourneau de chaleur modérée; lorsque votre liquide est arrivé à son degré d'ébullition, enlevez votre bassine du feu en la maintenant au coin du fourneau de manière à ce que votre eau conserve toujours son même degré de chaleur et que vos marrons blanchissent sans se détériorer; prenez de temps en temps quelques marrons avec une écumoire; si au toucher ils fléchissent sous les doigts, sans pour cela s'écraser, et que l'épiderme s'enlève avec facilité, éloignez votre bassine du fourneau; versez dedans quelques verres d'eau froide; puis, épluchez le plus promptement possible, et avec grand soin, chacun de vos marrons, que vous placez à mesure sur un tamis de crin; lorsque cette opération est entièrement terminée, préparez dans une bassine un sirop de sucre au grand soufflé; lorsque votre sucre a atteint ce degré, éloignez votre bassine du fourneau, et, au moyen d'une cuillère de bois, faites tourner votre sirop au gras; cette opération se fait en le remuant par petite quantité aux parois de votre bassine; sitôt que votre sucre forme un corps grenu, joignez-y vos marrons; laissez-les ainsi pendant deux heures environ; puis, égouttez-les sur des grilles et placez-les dans une étuve pour candir le sucre qui les environne; ceci n'a lieu que lorsqu'ils sont assez essuyés pour ne pas coller aux doigts quand on les touche.

Si l'on veut faire emploi de ces marrons pour garnir les pièces montées, on devra les glacer de nouveau au sucre cuit au cassé et avec le même procédé que pour les quartiers d'orange ci-dessus.

FIN.

TABLE DES MATIÈRES.

CHAPITRE PREMIER.

DU FOUR ET DES USTENSILES.

CHAPITRE II.

DES SUBSTANCES ET INGRÉDIENTS QUE L'ON EMPLOIE EN PATISSERIE.

"

CHAPITRE III.

PATE DE FONDS.

CHAPITRE IV.

DIVERS APPAREILS.

CHAPITRE V.

TRAITÉ DES PETITS GATEAUX DE DESSERT SECS ET GARNIS POUR DÎNERS,
BALS ET SOIRÉES.

CHAPITRE VI.

DES ENTREMETS ORDINAIRES ET FRAPPÉS.

CHAPITRE VII.

DES ENTRÉES CHAUDES ET HORS-D'ŒUVRE.

CHAPITRE VIII.

PATÉS FROIDS.

CHAPITRE IX.

DESCRIPTION GÉNÉRALE SUIVIE DE LEURS DESSINS DES SOCLES ET PIÈCES MONTÉES.

CHAPITRE X.

DES PETITS - FOURS.

CHAPITRE XI.

DES CONSERVES ET SIROPS.

CHAPITRE XII.

DES DIVERSES PRÉPARATIONS A L'USAGE DE LA PATISSERIE.

FIN DE LA TABLE DES MATIÈRES.